U0793364

本书是教育部人文社会科学重点研究基地重大项目
“华侨华人与我国‘一带一路’战略的实施”
（项目批准号：16JJD810006）课题的阶段性成果

高校人文社科重点研究基地
Key Research Institute of Humanities and Social Sciences at Universities
暨南大学华侨华人研究院
Academy of Overseas Chinese Studies in Jinan University

“一带一路”相关地区与国家侨情观察

2018

张振江　吉伟伟　主编

暨南大学出版社
JINAN UNIVERSITY PRESS
中国·广州

图书在版编目（CIP）数据

“一带一路”相关地区与国家侨情观察.2018/张振江，吉伟伟主编.—广州：暨南大学出版社，2018.6

ISBN 978-7-5668-2357-1

Ⅰ.①一…　Ⅱ.①张…②吉…　Ⅲ.①华侨—研究报告—世界　Ⅳ.①D634.3

中国版本图书馆 CIP 数据核字（2018）第 059698 号

“一带一路”相关地区与国家侨情观察 2018

YIDAI YILU XIANGGUAN DIQU YU GUOJIA QIAOQING GUANCHA 2018

主　编：张振江　吉伟伟

出 版 人：徐义雄
策划编辑：黄圣英
责任编辑：郑晓玲　雷晓琪
责任校对：黄志波　苏　洁
责任印制：汤慧君　周一丹

出版发行：暨南大学出版社（510630）
电　　话：总编室（8620）85221601
营销部（8620）85225284　85228291　85228292（邮购）
传　　真：（8620）85221583（办公室）　85223774（营销部）
网　　址：http：//www.jnupress.com
排　　版：广州市天河星辰文化发展部照排中心
印　　刷：广州家联印刷有限公司
开　　本：787mm×1092mm　1/16
印　　张：12.5
字　　数：308 千
版　　次：2018 年 6 月第 1 版
印　　次：2018 年 6 月第 1 次
定　　价：49.80 元

（暨大版图书如有印装质量问题，请与出版社总编室联系调换）

前 言

自习近平主席2013年下半年分别在哈萨克斯坦和印度尼西亚提出“丝绸之路经济带”和“21世纪海上丝绸之路”倡议以来，“一带一路”逐步成为中国新一轮“改革开放”的旗帜。对内来讲，它旨在实现海陆联通、东西互济的新发展格局；对外而言，它无疑是世界经济以及主权国家发展的一种新思路。中国政府低调地统称它是一种“倡议”，但这一倡议是来自中国几十年来取得举世瞩目发展成就的实实在在的经验，是中国回馈和反哺国际社会的善意和行动。

中国政府在推广和落实“一带一路”倡议方面取得了一系列成就：2015年3月28日，国家发展和改革委员会、外交部和商务部联合发布了《推动共建丝绸之路经济带和21世纪海上丝绸之路的愿景与行动》。之后，中国政府相继在能源、融资、环保、农业、文化、中医药、海上合作、联通标准、中欧班列等方面出台了一系列文件和政策，推动“一带一路”建设在相关领域的实施。2017年5月，“一带一路”国际合作高峰论坛在北京举行，共有30多位外国元首、政府首脑以及联合国秘书长、红十字国际委员会主席等重要国际组织负责人、130多个国家约1 500名代表参加了论坛，来自全球4 000余名记者注册参与并对论坛进行了广泛报道。不仅如此，“一带一路”倡议还被列入了联合国安全理事会2017年3月17日第7902次会议通过的联合国第2344号决议。据不完全统计，到2017年下半年，已有100多个国家和国际组织表达了对“一带一路”倡议的支持，有40多个国家和国际组织与中国签署了50多份与“一带一路”相关的合作协议。这表明中国的“一带一路”倡议逐步得到越来越多国际社会成员的认可与支持。

两千年前开始的“古代丝绸之路”以及“古代海上丝绸之路”成为亚洲、欧洲与非洲之间人口迁移、贸易流通、文化交融的和平繁荣之路，它是世界各国人民的共同文化遗产。2014年，在第38届世界遗产大会上，联合国教科文组织批准了由中国、哈萨克斯坦和吉尔吉斯斯坦三国联合申报的“丝绸之路：长安—天山廊道的路网”项目，“丝绸之路”被正式列入世界遗产名录。这一人类共有的历史遗产继续受到当代诸多国家的重视，很多国家都在借用它来加强当代国与国之间的多领域合作，其中包括日本的“新丝绸之路外交战略”，俄罗斯、印度、伊朗的“南北走廊计划”，欧盟的“新丝绸之路计划”，美国的“新丝绸之路计划”，伊朗的“铁路丝绸计划”，哈萨克斯坦的“新丝绸之路”项目等。从目前来看，中国的“一带一路”倡议的国际影响更大，也最可能成为一项延续“古丝绸之路”精神的伟大国际合作事业。正因为如此，中国政府一直呼吁“一带一路”需要所有有志于此的国家密切合作，只有大家“共商”“共建”，才能“共享”“共荣”。

“一带一路”将会是一个长期的国际合作工程，需要中国和世界各国政府、企业和社会各界力量的共同参与。华侨华人是中国国际化与世界近现代历史进程中逐渐形成的社会群体，他们既是近代以来中国与外部世界关系演变的独特现象，又具有全球进程中越来越显著的跨国移民群体的普遍特征。无论是从庞大的人群数量和广泛的地理存在去看，还是从源远流长的中央政府的侨务治理和侨务政策来说，华侨华人都是一个极富"中国特色"同时又具"世界意义"的话题，如何发挥华侨华人在"一带一路"建设中的作用，不仅仅是一个重要的现实问题，也是一个值得精耕细作的学术话题。

作为国务院侨务办公室下设的一所高校，暨南大学一直把"侨"当成是自己的安身立命之本。从1906年清王朝为从爪哇岛来中国学习的第一批学员开设暨南学堂开始，"宏教泽而系侨情"就成为暨南学堂、国立暨南学校（1917年）、国立暨南大学（1927年）的使命，历经清王朝和中华民国，到中华人民共和国时期在广州重建，暨南大学命运多舛，但培养侨生和从事涉侨研究之弦歌不辍。到今天为止，暨南大学仍然是中国内地拥有港澳台侨学生人数最多的大学。在涉侨研究方面，1927年，暨南大学设立"南洋文化事业部"可谓开启了近现代中国系统研究东南亚和华侨华人的先河，催生了一大批影响至今的中国涉侨研究专家。1980年，暨南大学又在全国率先成立"华侨研究所"，在著名学者朱杰勤的带领下从事华侨华人研究和培养学生。1996年，"华侨华人与中外关系"被列入暨南大学"211工程"建设项目。2000年，华侨华人研究院获批教育部人文社科重点研究基地。2011年，学校整合成立国际关系学院/华侨华人研究院，专门投入设立"华侨华人研究优势学科创新平台"。2015年，"华侨华人与国际问题研究"成为广东省高水平大学建设的学科组团。2016年，华侨华人研究院顺利通过教育部人文社科重点研究基地评估，在社会服务和决策咨询方面进入全国前三十名。2016年，华侨华人研究院被列入南京大学和《光明日报》研发的"中国智库索引"（CTTI）首批来源单位。2017年，华侨华人研究院以专业性智库（高校智库A类）入选中国社会科学院中国社会科学评价研究院发布的"中国智库综合评价核心智库榜单"。简言之，暨南大学是中国华侨华人研究最重要的学术重镇。

本书是我们发挥暨南大学华侨华人研究力量来解答华侨华人与"一带一路"倡议关系的一个尝试。习近平主席在2017年5月"一带一路"国际合作高峰论坛开幕式演讲中指出，"'一带一路'建设是伟大的事业，需要伟大的实践"。华侨华人在未来"一带一路"建设中到底可以扮演什么样的角色、发挥什么样的作用、得到什么样的利益与发展，不是从事华侨华人研究的学者们可以进行主观界定的，而一定是广大华侨华人参与"一带一路""伟大实践"的结果。作为专门从事华侨华人研究的学术机构，我们将如实跟踪、记录和总结这些答案。就此而言，本书是我们从事这项研究的一个阶段性小结。需要说明的是，该书在2016年底就已完稿，但因各种原因拖至今日出版，时效性大受折损。但随着"一带一路"被写入党章和宪法，世人皆知这项伟大事业的实践将会进入新的发展阶段。所以，探索华侨华人与"一带一路"建设的实践也算刚刚起步。我们将继续紧密跟踪华侨华人与"一带一路"建设的进展，陆续推出新的相关研究成果，以期助力"一带一路"的"伟大事业"，助力华侨华人建设"一带一路"的"伟大实践"！

张振江

2018年3月12日

目　录

东南亚地区

自2013年中国“一带一路”建设构想提出之后，中国与东南亚地区的关系不断推进。2014年是中国—东盟文化交流年，2015年是中国“一带一路”倡议的开局之年，2016年中国—东盟经济合作进一步加深，2017年被指定为中国—东盟旅游合作年。中国与东南亚在“一带一路”建设的政治、经济、社会、文化等领域所取得的收获和进展，使东南亚成为中国“一带一路”建设的先行区。而这一成绩是与居住在东南亚的大量华侨华人密不可分的。作为推动“一带一路”建设不可或缺的独特力量，东南亚华侨华人在中华文化的向外传播以及国家之间的增信释疑、经贸合作、智力支持、信息沟通等方面扮演了无可替代的重要角色。下文着重对东南亚华侨华人社会表现突出的四个方面，即中华文化在东南亚地区的传承、华商发展的新特点，以及华人社团和华文媒体对于“一带一路”建设的参与等进行分析，揭示近些年东南亚华侨华人社会所呈现出的一些新的时代趋势和特征。

一、东南亚地区概况

东南亚地区概况

包含国家	该地区共有11个国家：越南、老挝、柬埔寨、泰国、缅甸、马来西亚、新加坡、印度尼西亚、文莱、菲律宾、东帝汶
地理位置	位于亚洲东南部，包括中南半岛和马来群岛两大部分
气候	以热带雨林气候、热带季风气候为主
领土面积	约457万平方千米
政体	包括人民代表大会制（越南、老挝）、议会制共和制（新加坡、东帝汶）、总统制共和制（印度尼西亚、菲律宾、缅甸）、君主制（泰国、柬埔寨、马来西亚和文莱）
人口数量	6.4亿（2016年）①
华侨华人数量	超过4 000万②
华侨华人所占比例	约占东南亚总人口的6%
主要民族	有数千个民族，主要有马来族、高棉族、越族、佬族、泰族、缅族等

① 数据来源：Internet World Stats：http：//www. internetworldstats. com/asia. htm#kh。

② 根据国务院侨办最新统计资料。赵健：《华侨华人：建设21世纪海上丝绸之路的独特力量》，《玉林师范学院学报》2015年第3期，第39页。

（续上表）

GDP	25 574.8 亿美元（2016 年）①
人均 GDP	3 996.1 美元（2016 年）②

二、东南亚与"一带一路"

继2013年中国国家主席习近平提出"一带一路"建设构想之后，经过2014年的酝酿，2015年国家发展和改革委员会、外交部、商务部联合正式发布《推动共建丝绸之路经济带和21世纪海上丝绸之路的愿景与行动》，确定了"一带一路"建设的共建原则、框架思路、合作重点、合作机制等。由此，2015年成为"一带一路"建设的开局之年。

以东盟为核心的东南亚地区是"一带一路"建设的重要区域，具有特殊的意义。在地理位置上，东盟十国是"一带一路"中"21世纪海上丝绸之路"的交通枢纽。在地缘政治上，东南亚是中国周边外交的核心区域和优先方向，2015年中国—东盟完成了《落实中国—东盟面向和平与繁荣的战略伙伴关系联合宣言行动计划（2016—2020）》磋商，举办了"中国—东盟海洋合作年"活动，并首次在中国举办中国—东盟防长非正式会晤，以及中国—东盟执法安全合作部长级对话，使双方的政治安全合作进入了一个新阶段。2017年，美国新总统特朗普执政后，调整美国内外政策，退出"跨太平洋伙伴关系协定"(TPP)，这对亚太政治格局现状产生了重要影响，也为"一带一路"倡议下中国—东盟合作升级提供了相对良好的外部环境和难得的历史机遇。

在双边贸易上，相比"一带一路"沿线的中亚、西亚、中东欧和北非等地区，东南亚是"一带一路"沿线对华进出口贸易额最高的区域。2015年1—10月，中国与东盟的双边贸易额达到3 792亿美元，③ 占到同一时期中国与沿线国家双边贸易总额的近50%。在经济合作上，东南亚是中国在亚洲区域经济合作的中心"轮轴"，并建有本地区一体化程度最高的自贸区。2015年，中国与东盟成功结束了自贸区升级谈判，区域全面经济伙伴关系协定谈判正在加快进行，中国—东盟将建成世界涵盖人口最多、成员构成最多元化、发展最具活力的自贸区。在对外投资上，东南亚也是亚洲基础设施投资银行与"丝路基金"重要的投资目标国。截至2015年12月30日，东盟国家已全部成为"亚投行"成员，中国在东南亚的一批产业园、跨境经济合作园区、临港工业园开工建设，中印（尼）铁路、中老铁路、中泰铁路等项目陆续启动。进入2016年，基于各种政治、经济和外交等原因，中国与东南亚之间一些经贸合作项目的开展遇到一定阻碍，但根据2016年国家信息中心发布的《"一带一路"大数据报告（2016)》，东南亚仍是与中国"一带一路"合作最为紧密的地区。中国与东南亚国家的政策沟通效果整体较好，投资合作成效显著。截至2016年5月

① 根据 IMF 世界经济展望 2016 年 10 月数据计算所得。数据来源：International Monetary Fund. http://www.imf.org/external/pubs/ft/weo/2016/02/weodata/index.aspx。

② 根据 IMF 世界经济展望 2016 年 10 月数据计算所得。数据来源：International Monetary Fund. http://www.imf.org/external/pubs/ft/weo/2016/02/weodata/index.aspx。

③ 《李克强在第18次中国—东盟（10+1）领导人会议上的讲话（全文）》，新华网：http://news.xinhuanet.com/2015-11/22/c_1117218197.htm。

底，中国—东盟双向投资累计已超过1 600亿美元。[①] 尤其在资金融通水平方面，中国与东南亚国家之间的金融支撑环境建设也好于“一带一路”沿线的其他国家和地区。[②] 此外，互联互通建设进一步推进，2016年8月，中国和印度尼西亚全面合作兴建的首条高铁——雅万高铁正式获得全线建设许可证，2016年12月25日，中老铁路项目也宣布全线开工。

在人文交往上，2014年被定为中国—东盟文化交流年，仅中方报送的文化交流项目就有150余项。中国—东盟文化展、中国—东盟戏剧文化周、中国—东盟武术大赛、中国—东盟礼仪大赛等相继在2014年和2015年展开；2016年中国和东南亚人文交流进一步深化，举办了中国—南亚东南亚艺术周、中泰文化旅游友好行、第十三届中国—东盟博览会等；2017年被指定为中国—东盟旅游合作年。中国与东南亚已经形成了全方位、多层次的人文交流格局。

从2014年至今，中国“一带一路”建设在东南亚地区取得了可喜的收获，东南亚成为中国“一带一路”建设的先行区。而这一成绩是与居住在东南亚的大量华侨华人密不可分的。中国国务院侨办主任裘援平在2015年1月召开的全国侨办主任会议上明确指出，华侨华人是推动“一带一路”建设不可或缺的独特力量。[③] 根据国务院侨办最新统计资料，在6 000多万世界华侨华人中，东南亚地区的华侨华人超过4 000万，占世界华侨华人总数的68.62%。其中，20世纪80年代以后进入东南亚的中国移民及其眷属在250万以上。[④] 数量庞大的东南亚华侨华人在国家之间的增信释疑、经贸合作、智力支持、信息沟通、人文交流等方面扮演了无可替代的重要角色。下面将围绕着“一带一路”建设，从中华文化在东南亚地区的传承、华商发展的新特点，以及华人社团和华文媒体对于“一带一路”建设的参与等方面进行分析，揭示东南亚华侨华人社会所呈现出的一些新的时代趋势和特征。

三、东南亚地区侨情的特点

（一）华侨华人与中华文化传承的特点与挑战

1. 特点

华侨华人是中华文化在海外传承的重要载体，其从个人、群体、组织、机构等多层面推动了中华文化在东南亚地区的传承与发展。

在个人与群体层面，当前东南亚地区传承中华文化的华侨华人主要来自三方面：在中国出生成长或接受华文教育的早期移民；“再华化”的华人；20世纪80年代以后移居东

① 《港媒：“一带一路”令中国东盟经济更紧密》，参考消息网：http：//column. cankaoxiaoxi. com/2017/0109/1592025. shtml。

② 《〈“一带一路”大数据报告（2016）〉出炉》，中国民族广播网：http：//www. cnrmz. cn/jrrd/201610/t20161030_1081360. html。

③ 《裘援平冀华侨华人为“一带一路”建设发挥独特作用》，新华网：http：//www. chinaqw. com/sqjg/2015/01－14/33902. shtml。

④ 《海外华人华侨已超6 000万　分布于198个国家和地区》，中国网：http：//news. china. com. cn/2014lianghui/2014－03/05/content_31685623. ht；赵健：《华侨华人：建设21世纪海上丝绸之路的独特力量》，《玉林师范学院学报》2015年第3期，第39页。

南亚的新移民。

对于在中国出生成长或接受华文教育的早期移民而言，中华文化已经深深地内化和积淀在他们的身上。随着移居异国他乡，对于故土和亲人的思念转化为一种浓厚的文化情结。这一文化情结使他们无法忘记自己的文化渊源而成为中华文化在海外的自觉传承者。他们除了自身坚守中华文化外，还通过家庭教育、日常生活经验以及成立社会组织等方式将中华文化传递给子孙后代。在这些早期移民中，侨领凭借着自身的财力与智慧，对于中华文化在海外侨居社会的存留与发展起到了重要推动作用，如在新加坡创办华侨学校的陈嘉庚和创办南洋大学的陈六使、在马来西亚致力于维护华文母语教育的林连玉、在菲律宾大力支持华文教育发展的陈永栽等，这些具有中华文化情结的早期移民成为推动中华文化在海外传承与发展的重要力量。

"再华化"指的是"新生代华人重新审视他们的身份和文化认同，在保持和维系自身政治认同（效忠于出生国/居住国）的大前提下，对自己的华人族群身份感到自豪和骄傲，对中华文化和语言的热情日渐高涨，并将与祖籍国的文化、经济和社会联系视为一项对自己和居住国的发展有利的因素"①。如近年来菲律宾、泰国的数位政要均公开承认自己的华人背景、身份或联系。在印尼 2000 年全国人口普查中，仅有 240 万即占全国总人口 1.2% 的人承认自己的族群身份为华人，而到了 2010 年，这一比重却增加至 3.7%，即 880 万承认自己为华人。② 这种对华人身份和中华文化认同的增强所显示出来的"再华化"现象，固然与所在国宽松的政治环境和多元文化的社会氛围有关，但又离不开近年来中国经济崛起这一大的时代背景。

20 世纪 80 年代以后移居东南亚的新移民是近 30 年来向海外传播中华文化的又一大主力军。自 20 世纪 70 年代中国改革开放以来，一部分中国人开始以各种方式移居到东南亚各国，迄今，东南亚的中国新移民人数估计有 400 万。③ 新移民的大量涌入及其直接的中国背景，为中华文化在东南亚地区的传播与发展带来了新的生机。如泰国华文报纸为了迎合新移民的需求，不仅在排版印刷方面将昔日的竖排、从右到左改成了横排、从左到右，而且在内容方面更注重中华文化的弘扬与传播，如开辟"历史与文化""教与学""学唱中文歌"等版面，并逐字标注汉语拼音。④ 新加坡的华文媒体也因新移民的到来而销量大增，华文电视台的收视率不断升高。中国新移民数量在东南亚地区迅速增长，极大地带动了东南亚地区中华文化的勃兴。

在华侨华人的社会组织与机构层面，推动中华文化在东南亚地区传承的主要载体是家庭和社会团体。

家庭是推动华侨华人传承中华文化最基层的社会组织。通过人类的繁衍和家庭模式的延续，文化得以持续与发展。这种文化传承方式的特点主要是，华侨华人依靠从日常生活中习得传统的价值体系和行为模式，如通过家庭使用语言、日常生活方式、民俗庆典文化等，来加强对自身族群文化的认同与传扬。这种方式在保存族群固有文化方面的力量非常强大，如在一些东南亚国家，由于多种因素的影响，华文教育和华文媒体正在走向衰微，

---

① 刘宏：《总论》，国务院侨务办公室政策法规司编：《未来 5—10 年海外侨情发展趋势与侨务对策》，第 4 页。

② ZAKIR HUSSAIN. Chinese Indonesians come full circle. Jakarta post，June 8，2012.

③ 庄国土：《东南亚华侨华人数量的新估算》，《厦门大学学报》2009 年第 3 期。

④ 《曼谷随笔：追随时代潮流　泰国华文传媒涤荡新风》，http：//news. sina. com. cn/o/2004 -05 -28/09562651812s. shtml。

甚至在一些国家已经无法发挥积极的影响，华人家庭这支力量则成为中华文化能够传承下去的关键因素。在苏哈托执政时期的印尼，华文教育被禁止，公共场合禁止说华语，也不准公开过华人的传统节日，但是，许多华人家庭仍然偷偷地庆祝华人的节日，尊奉华人自己的神明，华人家长仍然在家庭教导子女讲汉语普通话或方言。

推动文化传承的另一机构载体是华人社会的民间团体，主要表现为各种承载中华文化和教育的社会机构或组织，如华人社团、华文学校、华文媒体等。相比于基层组织家庭而言，这些社会机构的力量更强大，更具有规模性、计划性和组织性。

社团是东南亚华人最主要的社会组织形式之一，其一直发挥着凝聚乡情、同济互助、传承中华文化的重要作用。迄今为止，马来西亚是东南亚华人社团数量最多的国家，有1万个左右，印尼社团数量也在迅速增长，仅在2000年之后就成立了1 000多个华人社团。近两年，随着全球化的加快，东南亚华侨华人成立了一系列跨越地理、国家和政治边界的社会文化机构，如区域或世界范围的同乡会、宗亲会以及各种联谊大会等，凸显了社团组织在推动与传承中华文化方面的整合性、跨界性和网络化。华文学校是华人社会传承中华文化，增进土生华裔文化认同的重要社会机构之一。通过对中华语言和文化的学习，中华文化在海外华人社会得以保存、传承和发展。马来西亚是目前东南亚各国里华文教育最发达的国家，拥有从幼儿园、小学、中学到大学的完整华文教育体系，有1 294所华文小学、60所华文独立中学、3所华文大学，学生总数为80万左右。① 菲律宾的华文学校也有131所，在校生达到千人以上的就有26所。

华文媒体是东南亚华人除华人社团、华文学校之外传承中华文化的又一个核心载体，也是体现东南亚华侨华人对中华文化认知和发展的具体表现形式。与世界其他地区相比，东南亚的华文媒体历史最久、数量最多、体系最全。根据依托媒介的不同，东南亚的华文媒体可分为华文报刊、华文电台、华文网络以及华文电视等，其中以华文报刊的普及性最广，如马来西亚是海外拥有华文日报最多的国家，共有18家华文报纸，其日销售量超过马来文报和英文报。新加坡拥有5份华文报纸，总发行量超过60万份。

华人社团、华文学校和华文媒体作为传承中华文化的三种社会组织，功能各异，但彼此之间相互促进，彼此推动。华人社团在不同历史时期为华文学校和华文媒体的发展提供了历史基础和经济支持；华文学校为华人社团和华文媒体的发展提供了文化供给和人才后备；华文媒体则为华人社团和华文学校的壮大塑造了群众基础和舆论力量。

上述来自个人、群体、组织、机构等不同层面的推力相互作用，彼此促进，并随着不同历史时期文化内涵、受众和作用的不同，对东南亚华侨华人传承中华文化起到了多元的推动作用。

2. 挑战

当前东南亚华侨华人传承中华文化，无论是在内部的传承机制与载体还是在外部的环境与氛围上，均面临着一系列问题与挑战。

从华人社会内部来看，问题之一是东南亚华人社会文化断层的出现。所谓“文化断层”，指的是随着东南亚华族社会的代际更替，东南亚华人在中华文化的传承链条上出现断裂，主要表现为中华文化传统在土生华人社会的衰退乃至消失。华语是文化传承的主要

① 参见中国侨网：http：//www. chinaqw. com/hwjy/2014/08 –09/13392. shtml。

载体，透过当前东南亚华文教育的状况以及华人子弟华语水平的低下，中华文化的失落与衰微由此可管窥一斑。2013 年的一项调查研究显示，新加坡华裔儿童使用中文的频率有下降趋势，在家中与父母用中文沟通的儿童仅占40%，大部分儿童用英语与兄弟姐妹及同伴沟通，他们所接触的华文读物、卡通节目和电脑游戏的时间也远不及英语的多。[①] 在语言偏好方面，新加坡华族学生对于华语的喜欢度仅为 38.9%，比英语还要低 10%；认为华语最有用的华族学生仅有 13.7%，而认为英语最有用的华族学生则高达 67.67%。[②] 在泰国、菲律宾、缅甸等国家，由于华族人口比例相对较小，以及所在国对华人与华文教育强有力的同化与压迫政策，当地土生华人绝大多数都不能以华语交流。[③] 马来西亚是东南亚地区唯一保留了完整的华文教育体系的国家，但近年来由于教育政策的偏颇，越来越多的华裔学生转学或不报读华文小学，而是选择就读私立小学或国际学校。[④] 究其原因，文化断层的出现固然与20 世纪以来西方文化对东南亚华族社会的冲击有关，但20 世纪后半期东南亚各国压迫和同化华人移民的政策导向，以及东南亚华侨社会自身的代际繁衍并向华族社会的过渡演变，也与当前文化断层的出现有着不可分割的联系。

问题之二是中华文化在东南亚华族社会的运作与传承机制有待完善。目前，华人社团、华文学校、华文媒体由于自身体制建设的不完善，均出现了乏力、不稳定的局面。在华人社团方面，一方面随着东南亚华族社会的代际更替，多数土生华人不热衷参与社团事务，使社团出现后继乏人、名存实亡的状态。如在马来西亚，全国近 9 000 家华人社团，1/3 都处于冬眠状态。[⑤] 另一方面，社团在文化功能方面表现出乏力与疲软，正如马来西亚一位华族行政长官所指出的，"大马华人应该朝向中华文化教育发展，善用会馆及社团的资源，努力整合资源，不要只是把资源放在产业，而是应该充分利用资源往文化教育发展"[⑥]。在华文教育方面，由于师资短缺，硬件设施落后，教材版本不一，无法适应当地国情，还有学校财务管理不当等，严重阻滞了一些东南亚国家华校的发展，出现了各种困难与问题。如印尼华文师资老化，年龄在 65 岁以上的老教师占到 65%；菲律宾华校学生流失严重，当地华文师资严重匮乏[⑦]；缅甸郊区的华校发展严重滞后[⑧]等。在华文媒体方面，尽管新加坡、马来西亚的部分华文媒体在当地主流社会具有一定影响力，但就东南亚总体而言，华文媒体仍然薄弱，传播力有限，读者多局限于老年移民和新移民，鲜少触及土生华人群体等。

东南亚华侨华人在传承中华文化上也面临着来自外部环境的两方面挑战：

第一，因容易受到移居国大环境以及移居国与母国政治外交关系的影响而带有天生的脆弱性。东南亚华人社会虽经过几百年的发展，表现出了一定的韧性和自主性，但终究无法脱离东南亚这一外部大的生存环境。马来西亚政府颁布的《2013—2015 年教育发展大

---

① 《新加坡华族儿童用华语频率下降》，（新加坡）《联合早报》，2013 年 9 月 16 日。

② 陈玉清、黄明：《新加坡双语教育与华人语言习惯和态度的变迁》，《集美大学学报》2012 年第 2 期。

③ 曹云华：《变异与保持：东南亚华人的文化适应》，台北：五南图书出版公司 2010 年版。

④ 《华裔学生不读华小引担忧 大马华教人士吁华社关注》，（马来西亚）《南洋商报》，2013 年 10 月 17 日。

⑤ 《马来西亚华人社团近 9 000 个 1/3 处于"冬眠状态"》，《侨情简报》2013 年第 6 期。

⑥ 《大马官员：华裔说好华语不足够 应提升文化底蕴》，（马来西亚）《光明日报》，2014 年 1 月 14 日。

⑦ 菲华商联总会：《2013—2014 学年度"挽救华生流失补助金"颁发仪式》，http://www.ffcccii.org/2013－2014 学年度挽救华生流失补助金颁发仪式－2/。

⑧ 《缅甸腊戍市办华校座谈会 郊区华校发展滞后成共识》，（缅甸）《金凤凰》，2013 年 10 月 15 日。

蓝图》规定，所有幼儿园必须采用教育部学前教育课程并最终以马来语为教学媒介语，大幅度增加华族小学马来语教学时间，剥夺华族小学的董事会主导权等。这一教育政策的偏颇使得马来西亚华族小学正在逐步被边缘化，华人报考华文科目的人数也在逐年递减。在菲律宾，近两年中菲关系紧张致使本已制订好的一些中菲教育交流计划被迫取消。

第二，面临全球化的挑战。随着20世纪后半期全球化进程的加快，西方文化价值观念对东南亚社会造成了强烈的冲击与挤压，也对东南亚华人社会对本族文化的认同形成了威胁，一些地方文化传统，如方言、华族节日庆典正在逐步被取代。即使得以保留，也基本演变成一种获取商业利益的手段或象征性的符号，文化传统本身所蕴含的一些道德观念和本土价值正在逐步丧失。如在马来西亚，华人每年都在隆重庆祝农历春节，但多数人不懂得新年活动背后的文化内涵；年青一代华裔懂得方言的人数目前已经少于47%，也有少于40%的华裔青年知道自己的籍贯。[①] 在印尼，一些华人的宗教仪式已经变成供外国人旅游参观的活动。

在全球化浪潮下，中国经济的快速发展对东南亚地区造成了一股强大的辐射效应，表现之一是东南亚华语教育热的兴起。然而，在经济全球化背景下兴起的华语教育，其背后的功利化目的却是显而易见的。如对于在泰国兴起的华语学习热，一位在泰国的中国官员就曾指出：中国是推动泰国经济发展的“火车头”，懂华语的大学毕业生不仅较容易找到好工作，而且工资一般可高出两三千铢。在这种情况下，华文教育的重心更多地转向华语教学，华文教育的文化内涵遭到了极大的削弱与剥离，导致华语在很大程度上变成了一种语言工具。随着20世纪90年代与中国的复交和经贸往来的日益频繁，印尼在华语人才方面出现了极大缺口，随之出台了一系列放宽抑制华文的政策，兴起了一股华文教育热。然而，针对当前印尼的华文教育热，一位印尼华人在将当前形势和二十世纪五六十年代的华文教育进行比较后，一针见血地指出：“两个不同的时代，都是学习华文，但是差别太大了。当时，他（我）们学习华文，是为了掌握和学习中华文化，虽然身在中国以外的地方，却非常向往中华文化，以作为华人而自豪，努力学习华文，那时有一种自豪感和责任感。他（我）们那时学习都是自觉的、争先恐后的。而现在学华文，学生和家长学习的功利性比较强。”[②] 可见，在全球化的冲击和各地政府因势利导的政策导向下，华文教育的发展与其传承中华文化的初衷在一定程度上出现了偏离。

总之，当前中华文化在东南亚所面临的问题与挑战既与东南亚华人社会自身的发展因素有关，也与中国国内文化发展现状相连，如当前中国的文化发展与经济发展不同步，对外文化交流渠道多为官方垄断和主导，民间互动空间较为受限等。要克服当前在东南亚地区中华文化传承过程中所遇到的问题与挑战，我们就要清楚认知华侨华人社会的现状以及华侨华人所能扮演的角色，以最大限度地发挥其作为载体和桥梁的作用。

（二）华商的“双重嵌入”

东南亚华商在海外华商中资本最为雄厚，2013年《亚洲周刊》评出的全球华商1 000强，除中国企业占据了912家外，其余多为东南亚华商企业，其中新加坡28家、马来西

---

① 《大马官员：华裔说好华语不足够　应提升文化底蕴》，（马来西亚）《光明日报》，2014年1月14日。

② 《世界侨情报告》编委会编：《世界侨情报告（2012—2013）》，广州：暨南大学出版社2013年版，第15页。

亚26家、印度尼西亚9家、菲律宾10家、泰国9家。[①] 2015年以来，东南亚华商与中国在“一带一路”建设中形成了积极互动、彼此期待、同益共赢的局面，各种活动先后举办，如2015年在北京举办的首届世界华侨华人工商大会，2016年3月在海南召开的博鳌亚洲论坛2016年年会“华商领袖与华人智库圆桌会议”，2016年6月在云南昆明举办的东盟华商论坛，2016年12月在云南西双版纳举行的“首届中国—东盟企业家论坛·2017正和岛新年论坛”等。中国重视东南亚华商在“一带一路”建设中发挥的重要作用，希望华商成为中外经济合作共赢的“彩虹桥”和促进中国经济转型发展的“生力军”，华商期待2015年正在加速建设的中国—东盟自贸区升级版和区域全面经济伙伴关系这两个议题的谈判尽快完成，以从不同侧面、用不同方式发挥影响力，参与到海上丝绸之路建设中，[②] 体现了东南亚华商对于“一带一路”建设中所蕴含的众多商机的强烈期盼。

东南亚华商基于对中国和住在国的经济、社会、文化和法规的熟知，在与中国和住在国双边长期经济互动的过程中得以发展和壮大。近年来，在中国经济迅速崛起的大背景下，随着中国与东盟经贸外交关系发展良好，再加上东南亚与中国地缘相近的地理优势等因素，东南亚华商目前正呈现出一种在住在国与中国两地社会“双重嵌入”的特征，即华商在本土（住在国）融入和跨国（与中国之间）网络两方面并行的特点。基于笔者自2014年以来对于东南亚华商的调研，这一“双重嵌入”特征主要体现在以下三个层面：商业管理策略、社会经济网络、商业价值取向。[③]

在商业管理策略上，华商的“双重嵌入”主要表现为：

第一，与本土人士共享企业所有权。其优势主要在于两点：一是帮助企业在较短时间内提升竞争力，包括接触本土的市场资源和获取成熟的商业网络；二是移民企业家能够轻松而快速地实现从“局外人”到“内部人”的转变。在笔者近一两年接触访问过的东南亚华商中，60%都与本土人士有企业合伙关系，并因此使所获的商业利润有明显提升。

第二，人力资源本土化，即雇员绝大多数为本土人士。企业雇用本土员工的优势颇为明显，如降低了雇用成本，本土雇员没有语言障碍，能够快速深入本土市场；此外，通过为本土人士提供就业机会，企业提升了在当地社会的形象等。人力资源本土化是华商的重要管理战略。一位受访的新加坡新移民华商就表示：“我虽然熟悉这一行业技术，但对新加坡本土市场而言，完全是一个局外人。因此，在新加坡成立公司后，我的所有员工都是新加坡人。我只控制着公司发展的方向和目标。其他业务全部由我聘用的本土经理人进行管理。你越信任他们，他们会为这个公司更加努力工作。”[④]

第三，多维空间的商业运作机制。在商业运作上，华商显现了明显的跨国性特征，即作为华人的文化背景和在中国或第三国的广泛社会网络，使商业形成多维空间运作机制的特点，即由两国或两国以上的商业资源组合而成的运作模式，如“中国市场+西方技术+本土管理”或“本土资本+本土技术+中国原材料”或“中国货源+本土市场”等。跨国商业运作模式将华商在中国和住在国“双重嵌入”的优势进行了最大化，提升了在全球

① 《2013全球华商1000排行榜》，世界华人企业家协会：http：//www. wea. com. cn/newsdet. asp？ ids=1221。

② 刘锦庭：《华商华人大有可为》，《北大商业评论》2015年第6期。

③ 笔者以新加坡新移民企业家作为个案研究对象，对当前华商所呈现出的这一特征做了详细分析。具体内容详见任娜、刘宏：《跨国性与本土化：新加坡华人新移民企业家的双重嵌入》，《世界民族》2016年第2期。

④ AQX访谈录，2013年11月12日，新加坡。

市场的竞争力。

在社会经济网络上，主要表现为他们嵌入住在国和中国的双边社会经济网络中。网络建构渠道有两种：一是制度化渠道，华商通过参加住在国和中国的社会组织来嵌入两个社会。如一位受访的马来西亚华商 DT，他不仅加入了马来西亚和新加坡两地的中华总商会，而且也积极加入了上海的多个商业和社会组织。① 二是个人网络，包括与中国家庭亲人朋友的联系，以及与住在国本土人士的日常交往等，其同样构成华商嵌入双边社会的重要渠道。

在商业价值取向上，华商显示了两种不同的商业“面孔”，即适应本土社会的“本土面孔”和适应中国社会的“中国面孔”。以新加坡华商为例，他们同时展现了“新加坡面孔”和“中国面孔”。“新加坡面孔”强调了华商对于新加坡商业价值观念的认同，如重视效率、商业竞争的公平性、任人唯贤等，并在自己的企业中将上述原则加以实践。华商 LY 说：“在中国经商，需要花费大量的时间和精力去应酬合作伙伴和客户，建立商业关系。在新加坡，我们很少有这样的应酬。维持我们与客户之间的关系就是我们的产品质量，而不是私下关系。”②“中国面孔”强调了关系、人情和面子在商业行为中的重要性。③在新加坡华商的商业理念和实践中同样显现了“中国面孔”的一面。由于拥有华人社会文化背景，在中国，他们能够从容地在商业活动中面对和处理一些“中国式”的麻烦和问题。他们的华人背景在竞争激烈的商业环境中变成了他们的巨大优势，并在无形中强化了他们对于华人背景的认同。

东南亚华商呈现出来的这种“双重嵌入”特征将会随着中国“一带一路”建设在东南亚地区的深入而日渐彰显，并成为华商参与“一带一路”建设的独特优势，最终促使华商成为中国“一带一路”互联互通建设中的参与者、实践者和受益者。

（三）华人社团与“一带一路”

东南亚是海外华人社团存在历史悠久且数量最为集中的地区。一直以来，东南亚华人社团在扶助华人社群、凝聚华人力量、整合华人资源等方面发挥着无可替代的重要作用。2016 年第八届世界华侨华人社团联谊大会在北京召开，“一带一路”成为其热议的焦点。④纵观近三年，华人社团在中国—东南亚国家关系中扮演着积极的推动角色，主要表现在以下几个方面：

第一，推动中国与东南亚国家之间的民间人文交流与合作，助力民心相通。推进“一带一路”建设，夯实双方睦邻友好的民间社会基础是关键。华人社团凭借着在当地社会的影响力和广泛的区域社会网络，在深化中国—东南亚民间人文交流方面扮演着积极的桥梁角色。如 2015 年菲律宾菲华各界联合会为庆祝中华人民共和国成立 66 周年举办的“爱和

---

① DT 访谈录，2016 年 1 月 10 日，广州。

② LY 访谈录，2013 年 10 月 28 日，新加坡。

③ MAYFAIR YANG. Gifts, favors, and banquets: the art of social relationships in China. New York: Cornell University Press, 1994.

④ 《海外华侨华人联谊会上热议“一带一路”》，中国国务院新闻办公室网站：http://www.scio.gov.cn/ztk/wh/slxy/31217/Document/1480435/1480435.htm。

平　共繁荣”大型文艺晚会，[①] 印尼百家姓协会等社团邀请中印（尼）两国人士参加并主办的“2015 新春元宵节交响音乐会”，[②] 新加坡宗乡总会颁发奖学金资助新加坡学生前往北京大学深造，[③] 2016 年新加坡潮州八邑会馆组织潮汕文化考察团，以及[④] 2017 年马来西亚笨珍潮州会馆筹办“儿童潮语班”，组建潮乐团推广乡音戏曲[⑤]等，都显示了东南亚华人社团在动员社会人士、民间团体力量，积极促进中外人文交流方面所发挥的重要桥梁作用。

第二，努力凝聚海外华人力量，营造和平稳定的国际环境。东南亚国家是中国的近邻，其中东南亚的成员国越南、老挝、缅甸又与中国云南、广西等省、自治区接壤，因此，构建稳定和谐的边疆环境，营造安宁和平的周边国际氛围，是中国开展“一带一路”建设的必要条件。社团作为东南亚华人社会建构的重要基石，易于在较大范围内组织和动员华侨华人。2015 年是纪念中国人民抗日战争暨世界反法西斯战争胜利 70 周年，东南亚一些华人社团纷纷组织活动，如马来西亚七大乡团主办南侨机工回国抗战史——“南侨颂”演出，[⑥] 菲律宾晋江同乡总会举行世界反法西斯战争胜利 70 周年征文活动[⑦]，泰国华人团体在曼谷举行抗战历史图片展[⑧]等，都显示了社团在团结海外华人、营造和平国际氛围的协调和组织能力。

第三，协助中外人文理念沟通，传播“一带一路”的正确内涵。“一带一路”理念提出后，国外不少民众对其产生误解。东南亚华人社团通过主办研讨会、庆典、论坛等活动，向国外民众更好地传达了中国和平发展的规划和理念，维护了中国在海外的正面形象。如 2015 年马来西亚中华总商会与中国银行共同举办了马中“一带一路”经济大会，向马来西亚工商界详细揭示了“一带一路”的概念、内涵以及中马合作的目标、领域和重点项目。[⑨] 印尼中国商会在 2015 年庆祝成立十周年活动之际，邀请中国驻印尼大使、印尼投资协调委员会副主席以及当地企业家等 2 000 余人，讨论了中国“一带一路”建设与印尼经济发展的结合和机遇。[⑩] 2017 年印度尼西亚广东总商会成立，目的在于推动中国（广

---

① 《驻菲律宾使馆与侨团合办国庆 66 周年文艺晚会》，中国侨网：http：//www. chinaqw. com/hqhr/2015/09 – 30/65968. shtml。

② 《印尼社团隆重举办“2015 新春元宵节交响音乐会”》，国家数字文化网：http：//www. ndcnc. gov. cn/zixun/huanqiu/201503/t20150324_1077711. htm。

③ 《新加坡宗乡总会颁奖学金　四学生赴北京大学深造》，中国侨网：http：//www. chinaqw. com/hqhr/2015/08 – 25/61909. shtml。

④ 《新加坡潮州八邑会馆组团考察潮汕文化》，新浪网：http：//news. sina. com. cn/0/2004 – 06 – 26/123229146765. shtml。

⑤ 《马来西亚地方华团推动方言文化　戏曲传乡音乡语》，中国侨网：http：//www. chinaqw. com/hqhr/2017/02 – 08/125405. shtml。

⑥ 《马来西亚七大乡团联合举办“南侨颂”演出》，中国侨网：http：//www. chinaqw. com/hqhr/2015/09 – 28/65764. shtml。

⑦ 《菲律宾晋江同乡会举办抗战胜利 70 周年征文奖评选》，中国侨网：http：//www. chinaqw. com/hqhr/2015/09 – 30/65947. shtml。

⑧ 《泰国中国和统总会举办纪念抗战胜利 70 周年图片展》，泰华网：http：//www. thaicn. net/news/qsxw/2015 – 08 – 20/12379. html。

⑨ 《吴政平参赞出席中国银行与马来西亚中华总商会共同举办的马中“一带一路”经济大会》，中国驻马来西亚大使馆经济商务参赞处网站：http：//my. mofcom. gov. cn/article/todayheader/201507/20150701031916. shtml。

⑩ 《“印尼中国商会成立十周年庆典”在雅加达隆重举行》，印度尼西亚中国商会：http：//www. chinachamber. co/Detail. aspx？ id = 236。

东）—印度尼西亚双方在“一带一路”建设中的经贸合作。[1] 泰国、菲律宾、新加坡等地的华人社团及其侨领也在不同场合阐释了中国“一带一路”的正确理念，表达了“一带一路”为住在国所带来的发展契机。[2] 这些都为中国“一带一路”内涵在海外社会的正确传播产生了积极的辅助作用。

第四，整合社团资源，为“一带一路”建设提供人力和智力等多方面的支持。近年来，东南亚地区华人新移民数量不断增加，其中不乏专业人士和中国留学生。由这些成员组成的社团是东南亚华侨华人专业社团的典型代表，是“一带一路”建设在东南亚开展的重要参与者。如国际潮籍博士联合会与深圳侨商智库研究院深化合作，将更多的科研成果转化为生产力；新加坡中国学者学生联合会与中国高校和创业园区合作，举办多场人才招聘会、创业大赛和学术论坛等。这些华人专业社团虽然历史较短，经济基础薄弱，但在人力与智力资源方面具备丰厚的能量，为中国“一带一路”建设提供了重要的智力支持和助推力量。

总之，东南亚华人社团历史长、数量多以及稳定性等特点，使之成为中国“一带一路”建设的重要辅助力量。

（四）华文媒体与“一带一路”

东南亚是华文媒体的诞生地。1815 年，世界上第一份近代华文媒体《察世俗每月统记传》在马六甲诞生。2015 年是海外华文媒体诞生 200 周年。目前，东南亚华文媒体规模庞大，市场化程度较高，具有深远的传播力和影响力，在“一带一路”建设中担负着向海外传播中华文化、讲好中国故事的重要责任。2014 年以来华文媒体稳中求进，对“一带一路”进行了大量关注和报道，发挥了应有的传播力和影响力，但也面临着来自时代转型的巨大挑战。

首先，东南亚华文媒体继续在传播中华文化、建构中国国家形象、与住在国主流社会互动等方面发挥着重要作用，日趋彰显了大平台效应。2015 年，包括东南亚华文媒体在内的 60 余家海外华文媒体参加了“文化中国——海外华文媒体地方行”活动，对中国的四川、山东、江苏、新疆等省、自治区进行参观、考察和报道，显示了海外华文媒体在深化民间交流，向海外社会积极传播和推介中国地方文化，建构良好的中国形象方面发挥着积极的作用。此外，东南亚华文媒体积极与主流社会互动，正确引导当地社会的舆论走向。如对于中国的“一带一路”理念和国际社会对之持有的各种偏见，新加坡《联合早报》举办过数次研讨会，对一些重要的政经学界人士的言论加以报道，如新加坡财政部兼交通部高级政务部长杨莉明、新加坡巡回大使许通美、新加坡历史学者柯木林等。[3] 2016 年 11 月，泰国华文媒体与“一带一路”新机遇研讨会在泰国曼谷举行，会上，泰国 8 家华文媒体与中国新闻社签订了《“一带一路”华文媒体协作网媒体协议书》，以不断增强华文媒

① 《印度尼西亚广东总商会成立　古少明任首任会长》，中国侨网：http：//www. chinaqw. com/hqhr/2016/10 –06/106416. shtml。

② 《泰国中华总商会主席：中泰合作是互惠互利之举》，中国侨网：http：//www. chinaqw. com/hqhr/2017/03 –10/130534. shtml。

③ 《新加坡掀起“一带一路”热》，新华网：http：//www. xinhuanet. com. sg/2015 –11/12/c_128420314. htm。

体的公信力、影响力、科学性和服务性。[①] 华文媒体在引导当地社会对"一带一路"的舆论走向，建构良好的中国国家形象方面，起到了积极的作用。

其次，东南亚华文媒体加大了对中国"一带一路"建设信息的关注和报道力度。主要体现在：第一，重视对于"一带一路"相关时事活动的传播和介绍。以印尼地区最具影响力的华文报纸《国际日报》2015 年上半年的发文为例：在数量上，平均一天大约有一则关于"一带一路"的报道，且通常都安排在报纸的重要版面；在内容上，覆盖了政治、经济、军事、文化等各个领域，报道的评估态度多为中立且客观；在稿源上，除本报采编的新闻外，稿件均来自其他 20 个权威机构，如新华社、中新社、环球时报社等，显示了其稿件的丰富性和权威性。[②] 第二，与中国媒体互动频繁，积极参加了中国举办的以"一带一路"为主题的媒体活动。如多家东南亚华文媒体参加了 2015 年"一带一路"世界华媒经济论坛、"2015 行走中国·海上丝绸之路华文媒体海南行"、2016 年"一带一路"媒体合作论坛等活动；印尼《国际日报》《千岛日报》，马来西亚《光华日报》、Astro 电视台，新加坡《联合早报》等对厦门—东南亚"一带一路"专题进行采访报道；2017 年 200 多家海外华文媒体共同组建"国际华文媒体联盟"，以宣传和参与中国"一带一路"建设等。[③] 上述活动均显示了东南亚华文媒体对于中国"一带一路"主题的热情和关注。

最后，东南亚华文媒体普遍面临着来自新媒体和自媒体的挑战和时代转型。随着传统纸媒在世界市场的萎缩，以传统媒体为主的东南亚华文媒体正面临着严峻挑战。新加坡《联合早报》是在海外华人社会影响力颇大、本土日发行量高达 20 多万份的一份华文报纸，但在当前也面临着年轻读者群严重流失的问题，且读者群年龄每年都长一岁，目前已达到 53 岁的态势。[④] 2015 年召开的第八届世界华文传媒论坛和 2016 年举办的世界中文媒体发展论坛均明确指出了当前海外华文媒体所面临的多种挑战，传统媒体到了革新图存的重要关口。但在感到危机的同时，近几年我们也欣喜地看到当前东南亚华文媒体在互联网时代的新发展，网络电视、门户网站、微博、数字电视、微信平台、手机 App 等新媒体传播渠道已经开始在东南亚华文媒体领域形成，如新加坡《联合早报》开发了 iPad 系统的 App 客户端，缅甸中文网利用微信平台进行传播并荣居微信海外排行榜第五名[⑤]，泰国亚洲大众集团联合泰国三大电信公司推出的"泰国头条新闻——华文新闻 SMS 短信平台"正式上线[⑥]，首届"海外华文新媒体合作委员会"也于 2015 年在泰国正式成立[⑦]。这些都显示了东南亚华文媒体向新媒体转变和发展的新态势。

---

① 《泰国华文媒体与"一带一路"新机遇研讨会举行》，中国国务院侨务办公室网站：http：//www.gqb.gov.cn/news/2016/1124/41231.shtml。

② 王梦雪：《印尼〈国际日报〉对"一带一路"报道的分析》，《国际传播》2015 年第 10 期。

③ 《助力"一带一路" "国际华文媒体联盟"成立》，中国侨网：http：//www.chinaqw.com/hwmt/2017/03-08/130151.shtml。

④ 《〈联合早报〉总编：新媒体让报人和政府都在检讨》，腾讯文化：http：//cul.qq.com/a/20150321/014836.htm。

⑤ 《缅甸华人媒体走上世界舞台讲缅甸故事，受泰国皇室亲切接见》，缅甸中文网：http：//toutiao.com/a6214041378772500737/。

⑥ 《泰国推出华文新闻短信平台》，人民网：http：//m2.people.cn/r/MV80XzQ3MTA0ODRfMjNfMTQ0MjQwMzkxOQ==。

⑦ 《首届海外华文新媒体合作发展论坛在泰国清迈召开》，中国侨网：http：//www.chinaqw.com/hwmt/2015/11-08/69700.shtml。

四、结语

东南亚华侨华人是中华文化和“一带一路”理念在东南亚地区的重要传播者、实践者和受益者。在具体制定实施政策，发挥华侨华人的积极作用时，应当注意到以下几点：

第一，东南亚华侨华人社群构成的复杂性。在这一群体中既有对祖（籍）国中国充满感情的老一辈华侨华人和新移民，也有深刻同化于当地的华人和华裔，既有与中国保持密切联系的华侨华人社团，也有疏离中国、完全当地化的华人或华裔团体。因此，在具体推动中华文化向外传播和实施“一带一路”倡议时，我们既要看到东南亚华侨华人社会文化与中华文化的一脉相承，也要避免因过分放大同种同根而忽略了东南亚华侨华人社会与中国社会的巨大差异，伤害到东南亚华侨华人对中国的文化情感。因此，在强调东南亚华侨华人在“一带一路”建设中发挥主体性的同时，也要注意和充分尊重他们的客体性，在求同存异的基础上，广泛调动东南亚华侨华人参加“一带一路”建设的积极性。

第二，根据东南亚不同国家华侨华人社会的特点，因地制宜地发挥当地华商、华侨华人社团和华文媒体的效能。尽管东南亚经常被作为一个整体区域来看待，但东南亚地区十一国历史发展迥异，文化政治经济皆有不同，各地的华侨华人社会也各有特色和优势，因此，应针对各国的实际情况，结合各国华商的不同特点，选取若干重点华人社团、华文媒体作为支点，分重点、有层次，张弛有度地推进“一带一路”建设的进程。

第三，“一带一路”建设的复杂性和风险性。东南亚地区地缘政治关系错综复杂，大国政治博弈突出，华商经济在一些国家仍属敏感议题，这些区域的不确定因素使东南亚华侨华人在参与过程中可能面临不可预料的挑战与风险，从而给当地华侨华人带来许多不确定性甚至利益损失。因此，我们在“一带一路”建设的推进过程中，要及时总结经验教训，并在政策上对之加以正确合理的引导，在最大限度上避免或降低对东南亚华侨华人造成的负面影响。

中亚地区

一、中国与中亚五国交流现状

哈萨克斯坦、乌兹别克斯坦、吉尔吉斯斯坦、土库曼斯坦和塔吉克斯坦作为中亚地区五个重要国家，具有极为重要的战略位置，并蕴藏丰富的能源矿藏。“冷战”结束以来，随着中亚五国走向独立以及分别推动国内经济社会发展向平稳方向过渡，中国与中亚五国的关系也从单一、个别领域走向贸易往来、跨境人口管理、能源合作、水资源利用、安全合作、交通合作等全面合作发展之路，特别在共同应对和解决事关本地区的重大事务问题上，已建立起包括上海合作组织在内的对话和协商机制。中亚五国可以说在地理位置上是关系中国西北安全稳定的重要地区，在经贸关系领域则是中国推进“丝绸之路经济带”构想的重要合作伙伴。2012 年中国与中亚五国贸易总额超过 460 亿美元，是 20 年前的近 100 倍。① 而从 2013 年起，中国与中亚五国全部建立起战略级别关系。但受全球经济形势不景气以及国际社会对俄经济制裁、中亚五国国内经济发展滞缓、俄白哈关税同盟建立等多重因素影响，2015 年中国与中亚五国贸易总额仅约 245. 36 亿美元，② 比起 2012 年高峰时期有明显回落。在多边合作领域，2015 年 7 月 10 日，上海合作组织成员国元首理事会第十五次会议在俄罗斯乌法举行。习近平主席同俄罗斯总统普京、哈萨克斯坦总统纳扎尔巴耶夫、吉尔吉斯斯坦总统阿塔姆巴耶夫、塔吉克斯坦总统拉赫蒙、乌兹别克斯坦总统卡里莫夫共同出席了会议。习近平主席在会上发表了题为“团结互助　共迎挑战　推动上海合作组织实现新跨越”的讲话，其中提出：要坚持“上海精神”，打造本地区命运共同体；要继续以“上海精神”为指引，维护国际公平正义，倡导多边主义和开放主义，相互尊重彼此利益，不干涉别国内政，以和平方式解决分歧争端，以共赢理念促进发展繁荣。③ 2016 年 11 月，中国国务院总理李克强出席上海合作组织成员国政府首脑（总理）理事会第十五次会议并发表讲话，其讲话也指出：“当前经济全球化出现波折，但其潮流不可逆转。坚持开放合作，促进贸易和投资自由化便利化，培育区域大市场，构建跨境大通道，促进经济大融合，符合上合组织成员国的共同利益。我们应加强各国经济发展战略协调对接，中方倡议的‘一带一路’建设正在与欧亚经济联盟建设对接合作。中方愿与各方推进区域贸易和投资自由化便利化，加强海关、检验检疫、认证认可等领域合作。中方对建设上合组织自贸区等倡议持开放态度，愿与各方开展自贸区可行性研究，充分考虑各方利益

---

① 《中国与中亚国家近 20 年贸易总值增长近 100 倍》，中国商务部网站，2013 年 5 月 31 日。

② 《中国与中亚五国关系之双边贸易关系》，中国外交部网站：http：//www. fmprc. gov. cn/web/gjhdq_676201/gj_676203/yz_676205/。

③ 《习近平出席上海合作组织乌法峰会并发表重要讲话》（2015 年 7 月 10 日），人民网：http：//politics. people. com. cn/n/2015/0710/c1024 –27287215. html。

关切和地区特点，积极探索更加全面、紧密、高效的区域经济合作架构。”①

与双边合作发展相伴随的是跨国人口流动的加快，特别是中国西北地区向中亚以及西亚、南亚等地人口流动的数量呈现逐年上升趋势，因探亲、访友、贸易、留学、劳务、婚姻、定居等开展的活动日渐频繁。当然这一现象与中亚地区和中国西北地区存在大量的同源跨境民族也有着重要关系。这类跨境民族按照分布地区人数多少大概分两类：一类是在中国西北和中亚地区长期生存发展，且在民族国家边界确定后人口大多数在中亚地区的民族，如哈萨克族、吉尔吉斯族（柯尔克孜族）、塔吉克族、乌兹别克族（乌孜别克族）等。另一类是在中国西北与中亚地区长期生存发展，且在民族国家边界确定后人口大多数在中国西北的民族，如维吾尔族等。而哈萨克族、乌兹别克族、吉尔吉斯族、塔吉克族又分别是哈萨克斯坦共和国、乌兹别克斯坦共和国、吉尔吉斯斯坦共和国和塔吉克斯坦共和国的主体民族。同源跨境民族之间不仅在宗教信仰、体形外貌、文化风俗、情感表达和生活方式上相类似，而且关系往来十分频繁。②

据不完全统计，海外仅新疆籍侨胞就有约100万，归侨侨眷约50万，95%为少数民族侨胞。其中生活在中亚地区的新疆籍侨胞估计超过60万。从新疆地区来的哈萨克族人主要分布于哈萨克斯坦，柯尔克孜族人主要分布于吉尔吉斯斯坦，维吾尔族人主要分布于哈萨克斯坦、吉尔吉斯斯坦、乌兹别克斯坦和土库曼斯坦。在甘肃籍的海外侨胞中，少数民族较多也是其显著特点。据甘肃省人民政府外事侨务港澳事务办公室不完全统计，甘肃省有海外华侨华人及港澳同胞亲属十余万人，归侨侨眷近10万人。而国外的甘肃省籍回族等少数民族侨胞有1.5万余人，主要分布在哈萨克斯坦、吉尔吉斯斯坦等16个国家和地区。甘肃省内少数民族归侨侨眷有1.5万余人，主要分布在临夏回族自治州、甘南藏族自治州和酒泉市阿克塞哈萨克族自治县、肃北蒙古族自治县等地。目前主要生活于哈萨克斯坦、吉尔吉斯斯坦、乌兹别克斯坦的约12万东干人在历史上就主要来自甘肃以及陕西。③ 而据陕西官方数据，仅哈萨克斯坦就有来自陕西的东干人约8万人，生活习惯与传统关中回族群众十分相近。陕西省每年为中亚培养1 000名学生。④

二、中资企业在中亚投资不断获得发展

2015年9月，哈萨克斯坦的萨姆鲁克卡泽纳国家福利基金同中国公司签署了涉及交通、能源、核能、冶金和化工等领域的多项协议，总金额达51亿美元。其中，哈萨克斯坦铁路集团和江苏省人民政府签署了投资额高达6亿美元的关于连云港港口和“霍尔果斯—东大门”经济特区战略合作框架的协议，双方将共同实施交通物流、编组列车项目，以及在“霍尔果斯—东大门”经济特区建立仓储基础设施。马萨尔采矿加工厂（陶肯萨姆鲁克国家矿业公司子公司）同中国技术进出口总公司签署协议，在阿克莫拉州马萨尔铁

① 李克强：《在上海合作组织成员国政府首脑（总理）理事会第十五次会议上的讲话》（2016年11月3日），新华网：http：//news. xinhuanet. com/politics/2016－11/04/c_129350200. htm。

② 丁建伟：《中亚与我国西北边疆地区同源跨国民族问题》，《西北第二民族学院学报（哲学社会科学版）》2004年第1期。

③ 《甘肃：最贴近中亚的新侨乡》，《人民日报（海外版）》，2012年10月19日。

④ 《娄勤俭谈“一带一路”陕西站到开放“最前沿”》，华商网：http：//news. hsw. cn/system/2015/0310/227766. shtml。

矿建立年产能为100万吨钢材的采矿冶金共合体。萨姆鲁克能源公司、哈萨克斯坦开发银行和中国开发银行商定了为舍列克走廊60兆瓦风电站项目（未来可达到300兆瓦）融资的基本条件。中国开发银行和哈萨克斯坦开发银行分别为阿拉木图州发展绿色能源提供1.2亿美元和3 500万美元资金。哈萨克斯坦原子能工业公司同中国原子能工业公司签署了关于经中国向美国和加拿大出口铀产品的协议。该协议将有助于公司实现铀产品供应多元化。联合化工公司签署了江布尔州草甘膦和三氯化磷生产项目融资和实施协议，中国开发银行为其提供1亿美元贷款。哈萨克斯坦石油天然气加工销售公司和中国庆华集团签署了建立合资企业的协议，该企业将实施卡拉干达州煤处理综合体建设项目，引进新技术，从煤炭中提取液体燃料。① 与中资企业在哈萨克斯坦的发展同步，中方人员赴哈萨克斯坦人数也在增长。据哈萨克斯坦卫生和社会发展部称，截至2015年6月1日，2015年已经向超过3.5万名外国人发放劳务许可，其中向2 038人发放一类许可，向6 411人发放二类许可，获得三、四类许可的分别有15 122人和11 534人。农忙季节来哈萨克斯坦务工的外国公民有1 759人。主要的外国劳务来源国是中国、土耳其、乌兹别克斯坦等。②

中国在塔吉克斯坦的贸易、投资也呈超越其他国家的态势。按塔方统计，塔吉克斯坦2016年1—2月对外贸易额为5.86亿美元，同比下降4.7%。其中塔吉克斯坦出口1.38亿美元，同比下降7.9%；进口4.48亿美元，同比下降3.7%。1—2月中塔贸易额为1.5亿美元，同比增长1.3倍。中国首次超越俄罗斯成为塔吉克斯坦第一大贸易伙伴。③ 据塔吉克斯坦统计署数据，截至2014年6月底，塔吉克斯坦吸引外资总额为26.59亿美元，中国对塔吉克斯坦投资额为4.67亿美元，是塔吉克斯坦第二大投资来源国。俄罗斯为塔吉克斯坦第一大投资来源国，投资额为9.86亿美元；伊朗为塔吉克斯坦第三大投资来源国，投资额为3.02亿美元。在接受无偿援助方面，2014年上半年塔吉克斯坦接受了来自32个国家约计4 360万美元援助。主要援塔国家有：美国（占比70.9%）、荷兰（占比8.2%）、俄罗斯（占比5%）、中国（占比3.9%）、韩国（占比2.2%）。中国是塔吉克斯坦第四大援助国。④ 2014年10月，据《金融时报》公布，塔吉克斯坦副财长亚莫利丁·努拉列表示，中国将在未来3年内向塔吉克斯坦投资至少60亿美元。这个投资相当于塔吉克斯坦2014年国内生产总值的2/3，并且是该国全年外国直接投资数额的40多倍。⑤ 目前塔吉克斯坦正在实施的投资项目有59个，总额为25亿美元。据塔吉克斯坦统计署资料，2015年前9个月外国对塔吉克斯坦直接投资额约为7.2亿美元，同比增加了2 060万美元。塔吉克斯坦吸引直接投资的主要领域有：地质及矿产开采、建筑、农业、工业、金

---

① 《萨姆鲁克卡泽纳基金同中国公司签署价值51亿美元协议》，中国驻哈萨克斯坦大使馆经济商务参赞处网站：http://kz.mofcom.gov.cn/article/zxhz/zhxm/201509/20150901102981.shtml。

② 《2015年以来超过3.6万名外国人取得哈萨克斯坦劳务许可》，中国驻哈萨克斯坦大使馆经济商务参赞处网站：http://kz.mofcom.gov.cn/article/zxhz/zhxm/201506/20150601019133.shtml。

③ 《2016年1—2月中国首次超越俄罗斯，成为塔吉克斯坦第一大贸易伙伴》，中国驻塔吉克斯坦大使馆经济商务参赞处网站：http://tj.mofcom.gov.cn/article/jmxw/201603/20160301278422.shtml。

④ 《数据解读：中国已成塔吉克第二大投资国第三大贸易伙伴》，中国经济网：http://intl.ce.cn/specials/zxxx/201409/11/t20140911_3520157.shtml。

⑤ 《中国将向塔吉克斯坦至少投资60亿美元》，中研网：http://www.chinairn.com/news/20141024/08303686.shtml。

融服务等。[①] 在两国政治关系顺利开展的前提下，以华新水泥、紫金矿业、特变电工、中国路桥公司、中石油、中国有色集团、中国水电股份公司等为代表的中国大型企业集团不断赴塔吉克斯坦开展合作、投资、援建等工作，在经济领域有力地推进了中塔关系向前发展。紫金矿业集团是地处闽西的一家大型国有控股矿业集团，是中国最大的黄金生产企业、第二大矿产铜生产企业和重要的锌、钨、铁生产企业。紫金矿业集团自 2007 年入股塔吉克斯坦的泽拉夫尚公司以来，在中塔两国政府的高度重视和大力推进下，累计投入 4 亿多美元，完成了泽拉夫尚公司矿山重建和技术改造，扭转了该公司过去长期亏损的状态，使泽拉夫尚公司成为塔吉克斯坦最大的黄金生产企业。截至 2015 年 9 月，该公司已累计生产黄金 12.7 吨，实现营业收入 5.2 亿美元，缴纳各类税费约 1.57 亿美元。2015 年 10 月，中塔泽拉夫尚公司吉劳万吨选厂项目正式投产，塔吉克斯坦总统拉赫蒙出席投产仪式。吉劳万吨选厂是中塔泽拉夫尚公司的重点工程项目，该项目如期实现建成投产，不仅是泽拉夫尚公司发展史上的重要里程碑，更是中塔矿业领域合作共赢的盛事。投产后，泽拉夫尚公司黄金产量将大幅增加，对该公司提升盈利水平、拉动驻地经济社会发展具有重要意义。拉赫蒙总统多次公开表示，“中国是塔吉克斯坦可靠的盟国、好朋友与好邻居，中塔泽拉夫尚合资企业是中华人民共和国与塔吉克斯坦共和国良好合作的结晶”[②]。

2016 年 2 月，应土库曼斯坦工业家企业家联盟邀请，中国商务代表团实现对土库曼斯坦的访问，双方签署了 9 份合作意向书，拟在土库曼斯坦成立合资企业，生产进口替代产品并出口。其中中国青海省绒业（集团）有限公司（Qinghai Cashmere Industrial Group）与土库曼斯坦 Oguzabat 公司在阿什哈巴德利用当地原料合作生产开司米毛线；有中国企业与土库曼斯坦 Merdana Turkmen 公司计划合作生产油气设备并提供服务。此外，另有中国企业准备在土库曼斯坦建造纸浆厂和轿车、载重车、农业机械过滤器厂，合作生产金属制品、气体发电机，加工花岗岩和大理石。双方甚至合作成立合营商场和饭店。[③]

三、华文教育获得发展

在华文教育方面，中亚国家近年来掀起了汉语学习热。2006—2012 年先后有 4 所孔子学院在哈萨克斯坦落户。汉语在该国高校乃至中小学课堂有着很高的受欢迎程度。吉尔吉斯斯坦国家广播电台与吉尔吉斯国立民族大学孔子学院合作开办的《跟我学汉语》栏目颇受当地汉语学习者们的青睐。乌兹别克斯坦政府非常重视汉语推广和中乌文化交流，撒马尔罕外语学院、费尔干纳大学等地方院校也陆续开设了汉语课程。虽然乌兹别克斯坦的汉语学校数量不断增加，但仍难以满足该国民众学习汉语的热切需求。土库曼斯坦已有 3 所大学——国立马赫图姆库里大学、阿扎季世界语言学院、土库曼斯坦外交部所属的国际关系学院开设了汉语课。当地学生学习汉语的热情很高，对中国文化、经济和国情很感兴

---

① 《塔吉克斯坦正在实施的投资项目总额为 25 亿美元》，中国驻塔吉克斯坦大使馆经济商务参赞处网站：http：//tj.mofcom.gov.cn/article/jmxw/201601/20160101237574.shtml。

② 《ZGC 吉劳万吨选厂正式投产　塔国总统拉赫蒙为项目剪彩》，紫金矿业网站：http：//www.zjky.cn/news/zjnews－detail－98374.htm。

③ 《中国企业家代表团访问土库曼斯坦，双方签订 9 个合作意向书》，中国驻土库曼斯坦大使馆经济商务参赞处网站：http：//tm.mofcom.gov.cn/article/jmxw/201603/20160301266644.shtml。

趣，但汉语师资仍严重匮乏，不能满足当地需求。①

塔吉克斯坦第一所孔子学院是与新疆师范大学合作的塔吉克斯坦国立民族大学孔子学院。该学院自2009年3月运行以来，积极面向幼儿、中小学、大学开展不同层次的汉语教育。该学院在塔吉克斯坦设有12个教学点，逐步形成了覆盖塔吉克斯坦全国的汉语教学网络，成为该国汉语教学的核心机构。2011年，学院有注册学员近2 000人。2013年有注册学员3 414人。孔子学院充分利用中塔文化的优势和特色，开展了不少大型文化交流活动，有效地提升了汉语的吸引力和感召力，成为中塔文化交流和互相学习的重要平台。②2014年9月13日，在国家主席习近平和塔吉克斯坦总统拉赫蒙的共同见证下，孔子学院总部总干事、国家汉办主任许琳与塔吉克斯坦教育科学部部长萨义德共同签署了中国石油大学（华东）与塔吉克斯坦冶金学院合作设立孔子学院的协议。这也是塔吉克斯坦设立的第二家孔子学院。③ 塔吉克斯坦冶金学院有在册学生近2 500名。该学院位于索格特州首府苦盏市。苦盏市是塔吉克斯坦第二大城市。中国的一些大型企业相继进驻苦盏市投资设点，并雇用大量塔吉克斯坦员工。中国企业对当地员工的汉语培训表现出极大热情，表示迫切需要孔子学院给予支持。2015年8月20日，塔吉克斯坦冶金学院孔子学院签约和揭牌仪式在该校举行，这也成为中国石油大学（华东）在海外设立的第一所孔子学院。两校代表共同签署了《中国石油大学（华东）与塔吉克斯坦冶金学院关于合作建设塔吉克斯坦冶金学院孔子学院的执行协议》和《理事会章程》。根据执行协议，中国石油大学（华东）将向塔吉克斯坦冶金学院孔子学院派驻汉语教师，开展汉语教学，培训当地汉语教师，提供汉语教学资源，开展汉语考试，提供中国教育、文化等信息咨询服务，并开展中外语言文化交流活动等。④

2013年6月，由新疆师范大学和吉尔吉斯斯坦奥什国立大学合作设立的孔子学院在奥什国立大学举行揭牌仪式。这是继比什凯克人文大学孔子学院、吉尔吉斯国立民族大学孔子学院之后，中国新疆高校在吉尔吉斯斯坦设立的第三所孔子学院。作为目前全球唯一一所以汉语本科教学为起点的孔子学院，奥什国立大学孔子学院开设了中国学专业及汉语言翻译专业，共招收全日制本科生102名。孔子学院在中方支持下配有多媒体教室、电脑室、汉语图书阅览室和中国文化活动室数间，为吉尔吉斯斯坦南部学习汉语者提供了优越的学习环境。⑤ 吉尔吉斯斯坦第三所孔子学院的成立，是近年来在中吉关系不断加强的形势下，孔子学院和汉语教育在吉尔吉斯斯坦发展的真实写照。再如，吉尔吉斯国立民族大学孔子学院自2009年建院至今，学生数量增长了10倍，已达2 000多人，而整个吉尔吉斯国立大学学习汉语的学生共有3 000余人。学院每年都有大量教师和学生赴中国学习，很多学成归来的学生又成为汉语教学一线的骨干。2013年3月，吉尔吉斯国立民族大学孔

---

① 《中亚多国兴起"汉语热"　孔子学院"遍地开花"》，中新网：http://www.chinanews.com/hwjy/2013/09-18/5298370_2.shtml。

② 《塔吉克斯坦国立民族大学孔子学院》（2011年12月），第六届孔子学院大会网站；《塔吉克斯坦民族大学孔子学院举行学期总结活动》，中新网，2012年7月11日。

③ 《习近平和拉赫蒙共同见证塔吉克斯坦冶金学院孔子学院签约》，国家汉办网站：http://www.hanban.edu.cn/article/2014-09/15/content_551001.htm。

④ 《石油大学与塔吉克斯坦冶金学院共建孔子学院》，山东省教育厅网站：http://www.sdedu.gov.cn/sdjy/_jycz/_bkgx/702133/index.html。

⑤ 《驻奥什总领事吴颖钦出席奥什国立大学孔子学院首届开学典礼》，环球网，2013年9月10日。

子学院还在吉尔吉斯斯坦内务部高等警官学院开设了新的汉语教学点。[①] 而乌兹别克斯坦的孔子学院建设最近十余年来也得到发展。2005 年建立的乌兹别克斯坦塔什干孔子学院不仅是中亚地区第一所孔子学院，也是全球较早建立的孔子学院之一，迄今培养了约4 000人次懂汉语的人才。[②] 2014 年 11 月，由乌兹别克斯坦撒马尔罕国立外国语学院和中国上海外国语大学合作创办的乌兹别克斯坦第二所孔子学院——撒马尔罕孔子学院在撒马尔罕市正式揭牌成立。[③]

中亚地区侨众的生存发展需要得到进一步的关注和重视。目前在“和谐侨社”建设发展方面至少还存在亲我友我的华侨华人社团发展不均衡、新老接续工作存在一定困难的问题。目前中亚地区相对成熟的侨团主要分布在哈萨克斯坦、吉尔吉斯斯坦、塔吉克斯坦等国。随着世情、国情、侨情的变化，近年来现有侨团组织陆续面临一些新问题，如一些社团的老一辈侨领年事已高，年轻侨领尚缺乏侨团工作的经验和实力，还要不断适应侨团工作的新内容、新任务。这就要求驻外使领馆、相关侨务部门给予年轻侨领更多关注、培养和帮助。再有，为配合国家“一带一路”建设构想的实施，我国国有银行应考虑在中亚五国普遍设立分行，方便广大侨胞的经济生活，并起到向其他中亚国家辐射的作用。货币流通是“一带一路”建设中所提的“五通”之一，加强中国国有银行在中亚地区的网点建设，是从金融角度服务国家建设的重大举措，是“丝绸之路经济带”得以健康有效运行的基础。此外，当地华文媒体的发展还需时日，华文学校的数量还有较大的提升空间，领事保护的力度也有待进一步加强，使领馆中懂少数民族语言的“侨务领事”岗位也应根据实际需要增加。只有做好这些，才能更好地为中亚广大侨胞在当地的生存发展奠定基础。

① 《推进中吉友好关系不断深化》，《人民日报》，2013 年 9 月 10 日。

② 《乌兹别克斯坦塔什干孔子学院校庆十周年》，中国经济网：http：//intl. ce. cn/specials/zxgjzh/201410/14/t20141014_3699216. shtml。

③ 《乌兹别克斯坦第二所孔子学院在撒马尔罕成立》，新华网：http：//news. xinhuanet. com/world/2014 - 11/28/c_127259255_5. htm。

欧洲地区

欧洲华侨华人以新移民居多，分布不均，但总体实力和影响力有较大提升。回顾2015年和2016年，欧洲经济逐步走出谷底，小步增长复苏，部分华商企业抓住结构调整机遇，获得新的增长；受地缘政治及难民问题影响，欧洲政治力量加剧分化，右翼势力崛起，反移民事件增加，社会治安有所恶化，华侨华人生命财产屡遭侵犯；欧洲多国调整移民政策，严格控制低技术和非法移民，但华人投资移民、技术移民、创业移民有所增加。展望2017年，欧洲经济前景继续保持低速增长状态，中欧关系及中欧合作发展顺利，华侨华人将迎来历史机遇，应该进一步抓住新经济特征，推进跨境电商发展，探索多元化、专业化、品牌化的高端发展路线。

一、中欧关系发展与欧洲地区侨情

（一）欧洲地区概况与中欧关系

1. 欧洲地区概况

欧洲，全称欧罗巴洲，源于希腊神话的“欧罗巴”。欧洲经济发展水平居各大洲之首，工业、交通运输、商业贸易、金融保险等在世界经济中占重要地位，在科学技术的若干领域内也处于世界较领先地位。绝大多数国家属于发达国家，其中北欧、西欧和中欧的一些国家经济发展水平最高，南欧一些国家经济发展水平相对较低。[①] 欧洲宗教主要有基督教、伊斯兰教、犹太教。其中基督教徒占91%，包括天主教、基督新教以及东正教的教徒。伊斯兰教徒占8%，犹太教徒少于1%，其他的宗教（如印度教、佛教等）也都仅有低于1%的信徒。[②]

欧洲联盟是欧洲乃至世界上具有重要影响的区域一体化组织。截至2016年6月，欧盟28国失业率为8.7%。[③] 2015年和2016年欧盟28国CPI分别为0和1.0%。[④] 欧盟的宗旨是“通过建立无内部边界的空间，加强经济、社会的协调发展和建立最终实行统一货币的经济货币联盟，促进成员国经济和社会的均衡发展”，“通过实行共同外交和安全政策，在国际舞台上弘扬联盟的个性”。目前，欧盟成员国当中有17个国家使用统一的货币欧元。欧盟现已发展成为一个超国家组织，是影响世界经济政治发展的重要因素。

---

① https：//en. wikipedia. org/wiki/Europe。

② Immigration in EU. http：//ec. europa. eu/dgs/home - affairs/e - library/docs/infographics/immigration/migration - in - eu - infographic_en. pdf.

③ http：//ec. europa. eu/economy_finance/publications/eeip/pdf/ip038_statistical_annex_ee_autumn_2016_en. pdf。

④ 欧盟网站：http：//ec. europa. eu/eurostat/statistics - explained/index. php/Europe_in_figures_ - _Eurostat_yearbook。

欧洲概况

包含国家	该地区共有48个国家和地区，包括爱沙尼亚、拉脱维亚、立陶宛、白俄罗斯、乌克兰、摩尔多瓦、俄罗斯、塞尔维亚、科索沃（单方面宣布独立，未获国际社会广泛承认）、黑山、克罗地亚、斯洛文尼亚、波斯尼亚和黑塞哥维那、马其顿、罗马尼亚、保加利亚、阿尔巴尼亚、希腊、塞浦路斯、意大利、梵蒂冈、圣马力诺、马耳他、西班牙、葡萄牙、安道尔、英国、直布罗陀（英）、爱尔兰、荷兰、比利时、卢森堡、法国、摩纳哥、冰岛、法罗群岛（丹）、丹麦、挪威、瑞典、芬兰、波兰、捷克、斯洛伐克、匈牙利、德国、奥地利、瑞士、列支敦士登等
地理位置	位于东半球的西北部，北临北冰洋，西濒大西洋，南濒大西洋的属海地中海和黑海
气候	温带海洋性气候、温带大陆性气候、地中海气候
领土面积	1 016万平方千米
政体	主要包括君主立宪制（英国、挪威、瑞典、丹麦、荷兰、比利时、卢森堡、西班牙、安道尔、摩纳哥、列支敦士登）、议会制共和制（法国、意大利、德国、希腊、匈牙利、爱尔兰、爱沙尼亚、奥地利、罗马尼亚、阿尔巴尼亚、黑山、捷克、斯洛伐克、克罗地亚、保加利亚、冰岛、芬兰、拉脱维亚、斯洛文尼亚、塞尔维亚、立陶宛、马耳他、马其顿、波斯尼亚和黑塞哥维那、摩尔多瓦、葡萄牙、圣马力诺）、总统制共和制（俄罗斯、白俄罗斯、乌克兰、波兰、塞浦路斯）、委员会制（瑞士）
人口数量	（欧盟28国）5.111 647亿（2016年6月）
华侨华人数量	250万—300万
华侨华人所占比例	约占欧洲总人口的0.5%
主要族群	99%属欧罗巴人种（白种人）
GDP	（欧盟28国）18.582万亿美元（2016年）
人均GDP	（欧盟28国）3.635 23万美元（2016年）

数据来源：根据欧盟网站公布的2016年相关资料数据整理而成。http：//ec.europa.eu/economy_finance/publications/eeip/pdf/ip038_statistical_annex_ee_autumn_2016_en.pdf。

2. 中国与欧洲关系发展

1975年5月6日，中国与欧洲经济共同体建立外交关系。1983年10月，中国与欧洲煤钢共同体和欧洲原子能共同体分别建立外交关系。1983年11月1日，中国与欧洲共同体正式宣布全面建交。1998年，中欧建立面向21世纪的长期稳定的建设性伙伴关系。2001年，双方建立全面伙伴关系。2003年，中欧建立全面战略伙伴关系。2014年，中欧提出打造和平、增长、改革、文明四大伙伴关系，中国发表第二份对欧盟政策文件。2015年6月，李克强总理在布鲁塞尔与欧洲理事会主席图斯克、欧盟委员会主席容克举行第十七次中国欧盟领导人会晤，双方发表了会晤联合声明和关于气候变化的联合声明，在科技、知识产权、区域政策、海关等领域签署多项合作文件，并就广泛议题达成共识。[①] 双方迄今已建立约 70 个磋商和对话机制，涵盖政治、经贸、人文、科技、能源、环境等领域。

自 2004 年以来，欧盟连续 12 年是中国第一大贸易伙伴。2015 年，中欧双边贸易额 5 648.5亿美元，同比下降 8.2%。截至 2015 年底，欧盟在华直接投资累计 1 031.4 亿美元。2015 年，欧盟 28 国对华实际投资金额 65.1 亿美元，同比增长 4.6%。中国对欧直接投资累计 614.2 亿美元，其中 2015 年中国对欧非金融类直接投资 72.2 亿美元，同比下降 26.3%。[②] 此外，中国与欧盟在能源、科技、气候变化、城镇化、文教、青年、工业、农业、环保、社会保障等领域也开展了富有成效的对话与合作。

（二）欧洲基本侨情

1. 欧洲华侨华人发展历史

中国人踏足欧洲可追溯至汉代，但真正意义上向欧洲移民是从 17 世纪才开始的。早期欧洲华侨华人社会中占主导地位的是浙江人和广东人。浙江人最早进入欧洲时是在一些城市贩卖一种叫“青田石”的石雕制品。“二战”后，欧洲华侨华人数量增长幅度较快。他们主要是来自中国香港、澳门、台湾地区以及东南亚国家的华侨再移民。广东人因与持英国护照进入欧洲的香港人同属粤语方言群，所以常混迹于经济实力较强的香港人之中。20 世纪 70 年代中期，中南半岛国家发生动荡，东南亚华裔大量进入欧洲，由于他们来自所在国的殖民地，并且会讲多种语言，所以发展较快。但总体上看，欧洲的华侨华人社会与同期东南亚或美洲的华侨华人社会相比，规模较小，层次较低，华侨华人多从事餐馆业、手工业及小商业，没有产生具有较强经济实力的商人或企业家。

1978 年中国改革开放后，出入境政策逐步放开，中国内地新移民开始进入欧洲，尤其是欧盟国家。1990 年以后，欧洲华侨华人紧随中国“国际化”和欧洲“一体化”两个战略机遇，移民规模迅速扩大，形成了自中国人移民欧洲以来人数最多、持续时间最长、分布最广泛的一次移民潮。这一阶段的中国内地移民主要还是通过“移民链条”走向欧洲。传统侨乡浙江温州、青田地区有移民欧洲的历史传统。他们依靠亲缘、乡缘网络进入荷兰、比利时、德国和法国等国，开始打工赚钱，之后为寻找商机和进一步发展，再到欧洲境内的其他国家如意大利、瑞士、奥地利、西班牙及东欧国家创业。福建新移民的产生主要是因为：福州、福清地区向东南亚移民已有 100 多年的历史，东南亚华裔向西欧的再移民对于该地区也产生了影响，当地一些人便通过这种“移民链条”来到了欧洲。另外，许多人因为在改革开放中率先富了起来，便将子女送出国留学，这成为改革开放后一种新的移民方式。[③]

2. 欧洲华侨华人社会现状与特点

欧洲华侨华人社会在经历了数百年历史和数十年快速发展后，在人口规模、经济实

---

① 《中国同欧盟的关系》，http：//www. fmprc. gov. cn/web/gjhdq_ 676201/gj_676203/oz_678770/1206_679930/sbgx_679934/。

② 《中国同欧盟的关系》，http：//www. fmprc. gov. cn/web/gjhdq_676201/gj_676203/oz_678770/1206_ 679930/sbgx_679934/。

③ 傅义强：《改革开放以来欧盟国家中的中国大陆新移民》，《世界民族》2009 年第 1 期。

力、社会地位等方面都有重大变化。据国务院侨办统计，2013 年欧洲有华侨华人约 255 万，另有短期游商、留学生、非法移民等中国人约 43 万，社团 1 199 个，中餐馆 5 万多家，华文媒体 142 家，华文学校 455 所。[①] 欧洲华侨华人在地理分布上与职业构成密切相关，基本特点是“小集中，大分散”。一方面，绝大多数华人移民较多的国家，多存在华人移民工作、生活聚居的“唐人街”；另一方面，由于市场分散、同业竞争等原因，华人移民又分散至欧洲各地。相对而言，专业技术移民比较分散，较易融入当地社会。

总体而言，欧洲华侨华人发展呈现以下特点：

（1）华侨华人人数增多，整体规模不断壮大。欧洲华侨华人数量由 20 世纪 50 年代的 1 万、60 年代的 5 万、70 年代的 50 万，增长到目前的 300 万左右。在国家分布上，第一层次是法国和英国，大约 60 万的规模。第二层次是荷兰、德国、意大利、西班牙，在 10 万—35 万。其中，德国、荷兰的华人数量基本上相对稳定，在 15 万左右，西班牙约有 20 万，意大利可能达到 35 万。[②] 其余为第三层次，在 3 万人以下。另外，俄罗斯华侨华人数量特殊，估算差异太大，目前一般估计在 20 万—45 万。[③] 近年来，由于欧洲各国限制移民，门槛提升，华侨华人增长有所放缓。

（2）华侨华人经济实力增强，积极拓展新领域，部分行业间竞争激烈。早期华人多从事餐饮业、手工业及小商业。20 世纪 90 年代以来，欧洲华人社会经济取得飞跃式发展。欧洲华商借助“中国制造”的强劲竞争力，纷纷投身于进出口和批发、零售业等行业。尤其是最近十多年来在欧洲各主要国家异军突起的大型华人商城（又有“华人批发市场”“中国商城”“亚洲商城”等不同冠名），已经取代了原先分散在欧洲各地的中餐馆、制衣厂、皮包店及零星商铺，并且因其具有的规模性、标志性及影响性，成为欧洲华人社会引人注目的新经济主体。[④] 随着新移民人数的不断增加，经济行业门类的不断开拓，包括保险、金融、房地产、电脑、旅行社、会计、律师等，呈现出专业化、多元化、本土化趋势。[⑤] 近两年来，跨境电商及跨境物流也快步成为欧洲华商的重要进军领域。

（3）华人参政意识增强，不断取得新成绩，政治社会地位有所提升。欧洲华人在自身经济地位提高，社会交往增加，突破了经济能力和语言文化能力局限后，参政意识也有了不同程度的提升，成绩也已开始显现。越来越多的华人从切身经历中认识到，以参政议政的形式反映诉求是争取自身权益最有效的途径。20 多年来，英国各地先后有约 20 位华人担任过地方议员，2015 年，Alan Mark 成功当选英国第一位华裔下议院议员，改写了英国华人参政历史。法国华人参政近年来也有明显进展。在 2008 年初进行的法国市镇选举中，陈文雄成为巴黎十三区副区长，2014 年又成为巴黎首位华裔市议员。

（4）华文媒体遍布欧洲，但多数影响力较小，亟待结合特色创新发展。目前，与华人社会共生的华文媒体也已遍布欧洲主要国家。形式包括报纸、杂志、电视台、电台和网络媒体，其中有的还是中外文双语刊物，多由华侨华人创办经营。但由于经济、人才、机制等原因，欧洲华文媒体影响力较弱，主要局限于华人圈内，其壮大还需各界力量付出长远

---

① 2013 年国务院侨务办公室海外侨胞概况及结构性分析调研报告。

② 法国、意大利、西班牙、德国、荷兰华侨华人数量经笔者咨询当地社团侨领得出。

③ 《世界侨情报告》编委会：《世界侨情报告（2011—2012）》，广州：暨南大学出版社 2012 年版，第 150 页。

④ 李明欢：《欧洲华人商城经济研究》，《世界民族》2013 年第 3 期。

⑤ 《浅析欧洲华侨华人经济现状、发展趋势》，http：//fass. net. cn/index. php/page－32－2748. html。

的努力。欧债危机以来，又有多家华文媒体难以为继，停刊歇业。目前，欧洲华文传媒协会有60余家会员。媒体形态也从当时单一的平面媒体发展到包括电台、电视台、网站、手机报、视频等在内的多种形态。欧洲华文媒体在服务华人、维护华人权益、帮助华人融入、反独促统、增进对华理解、增进欧中友谊等方面发挥了积极作用，已成为中欧沟通、交流、合作的一个重要平台。① 欧洲华文媒体虽然处于边缘地带，但还是要发挥自己独特的思维视角和优势，使报道更为客观，使思维更为辩证。跨文化的特质使欧洲华文媒体成为中欧文化思想交流的重要桥梁，华文媒体要联合起来，加强对新媒体的研讨，形成不同于中欧主流媒体的一道独特的风景线。②

（5）部分华侨华人聚散多变，区域内流动性强，呈现跨国化发展方式。这一特征主要体现在新移民当中，尤其是新华商。很多新移民都是先到意大利、西班牙、法国等地打工生存下来，等到有一定实力后再去其他地方发展。20世纪90年代的俄罗斯及东欧地区曾经是中国轻工业产品的天堂，聚集了很多华商。但随着后来各国产业结构的调整，中国商品过剩，很多华商又转移到其他国家去了。希腊华侨华人在2008年欧债危机爆发后走了近一半。西班牙小城市的华商也待不下去了，纷纷挤到大城市寻找机会。意大利罗马等华人聚集区也没有了昔日的繁华与热闹，不少华侨存在骑墙心态，对于去留欧洲摇摆不定。另外，部分商界、学界等精英分子，还有部分想叶落归根、退休回国居住者和非法移民回国者，频繁来往于祖（籍）国、居住国或第三国之间。不少海外华侨华人都争取享有事实上的"双重国籍"。这是全球化时代跨国移民社会业已存在的一个倾向，即"跨国化策略"（transnational strategy）或"跨国社会空间"（transnational social space）在欧洲华人社会中的具体表现。③

二、欧洲经济、政治、社会发展变化对华侨华人的影响

欧洲经济、政治、社会发展变化对华侨华人的影响主要体现在以下五方面：

（1）欧洲经济复苏疲软不均衡，增长率低于预期，经济环境依旧面临不确定性；华商经济重新洗牌，分化加剧，部分华商抓住机遇，找到新的增长点。

欧洲主权债务危机自2009年希腊债务危机引爆以来，一波三折，目前仍未能得到实质性解决。许多救灾协议措施要进一步实施，其执行进程与效果都需拭目以待。欧债危机的影响不仅是地区性的，也是全球性的；欧债危机的表现不是单一层面的，而是全方位的。它由经济领域引发，逐步延伸至政治、文化、社会等各个层面。乐观的是，受益于石油价格下降、投资拉动、量化宽松等利好，2014年和2015年欧盟GDP增长率分别为1.5%和2.2%。④ 2016年欧委会预计欧元区经济增长率为1.7%，欧盟增长率为1.8%，并预测2017年欧元区和欧盟经济增长率分别为1.7%和1.6%。⑤ 欧元区财政状况将持续

① 《欧洲华文传媒协会举办年会》，http：//int. gmw. cn/2012 - 08/25/content_4891591. htm。

② 《海外网"走进"欧洲华文媒体圈——第十一届欧洲华文媒体论坛侧记》，http：//paper. people. com. cn/rmrb-hwb/html/2014 - 07/25/content_1456873. htm。

③ 李明欢：《欧洲华人社会剖析：人口、经济、地位与分化》，《世界民族》2009年第5期。

④ http：//ec. europa. eu/eurostat/statistics - explained/index. php/National_accounts_and_GDP。

⑤ http：//ec. europa. eu/economy_finance/publications/eeip/forecasts_en. htm。

好转，财政赤字占 GDP 比重将下降至 2%。[①] 低油价和量化宽松政策对欧洲经济的刺激作用好于预期，但新兴国家经济放缓和全球经济不确定性上升将减弱欧洲的增长动力。

尽管欧洲经济有所增长，但政府债务负担率仍然处于上升趋势。欧债危机爆发后，欧元区制订了非常稳健的预算巩固计划，以克服债务危机。严格的财政巩固措施使欧盟和欧元区的财政状况得以改善。但欧元区的政府债务余额占 GDP 的比重逐年增加，并处于较高水平。欧元区政府总债务/GDP 于 2014 年达到最高点 94.2%，2015 年回落至 93.7%。欧元区总体政府债务水平下降并不意味着其债务风险降低；相反，由于其部分重债国的债务负担持续加重，欧元区债务风险其实比以往更大。[②] 2015 年，欧元区在进一步实施更宽松的货币政策的同时，又实施温和紧缩的财政政策。[③] 总体而言，近年来各国紧缩财政，一定程度抑制了国民消费水平，对华侨华人经济相对集中的餐饮、服装、旅游等消费型市场产生了较大冲击。不少华商缺乏对市场环境的有效评估，错误地估计了形势，以为经济危机很快就会过去而盲目跟进铺开生意。尤其是一些中小华商企业，由于资金有限，难以为继。但部分华商抓住机遇，调整战略，迎来了新的增长点。一是加快跨境电子商务发展，包括在欧洲和国内设立平台，加强与国内电子商务平台——京东、淘宝等的合作。二是创立品牌，或自主创立，或收购当地品牌，尤其是法国、意大利、西班牙等华商凭借当地诸多传统品牌，取得较大发展。三是华商借助华媒，共同发展。海外华人有其特殊的生活环境和生活方式，内部交往密切。海外华文网络的发展也为电子商务提供了更广阔的发展空间。例如，欧洲时报传媒集团旗下的法纵网、微信平台“欧洲时报内参”也转向电子商务平台，并且成功策划了很多企业推广活动。而一些华文媒体有一定的受众人数，运用读者优势“兼职”电子商务，对华商的转型有一定的引导意义。[④]

（2）周边地缘政治动荡，引爆难民危机和恐怖主义袭击；难民潮和恐袭事件加剧了欧洲政治力量分化，右翼势力快速崛起，社会裂痕加深。

当前欧洲面临的一大危机是源于 2010 年以来由“阿拉伯之春”引发的“二战”以来最大的难民潮。[⑤] 由于地理位置、历史文化、移民惯性等因素的影响，涌向欧盟的难民人数急剧上升，2014 年 28 万，2015 年超过 100 万，[⑥] 其中多来自叙利亚、阿富汗、索马里等国。[⑦] 此次难民潮的形成原因主要有：①欧美俄等大国对中东北非局势的干涉，伊斯兰国在叙利亚、伊拉克引发的武装冲突，导致当地局势大规模动荡。②非洲尼日利亚等国极端贫穷没有好转，部落武装冲突、恐怖主义等依旧猖獗。③难民来源国邻国难民急剧增

---

① European Commission. Autumn 2015 Economic Forecast：moderate recovery despite challenges. Brussels，5 November 2015，http：//europa.eu/rapid/press－release_IP－15－5996_en.htm.

② 《2015—2016 年世界经济形势分析与展望》，http：//news.xinhuanet.com/politics/2016－01/20/c_128646984.htm。

③ 《2015 年上半年欧洲经济形势：复苏疲软，通缩风险增加》，http：//www.zxhy012.com/showonecontent_2_6842.html。

④ 《后危机时代的法国华商：抓住电商　转型有道》，http：//www.oushinet.com/home/mainnews/20141230/177212_4.html。

⑤ European Commission. Addressing the refugee crisis in Europe：the role of EU external action，joint communication to the European parliament and the council. Brussels，09/09/2015 JOIN（2015）40 final.

⑥ 《2015 年超百万难民涌入欧洲　明年 6 000 万人无家可归》，http：//news.xinhuanet.com/gongyi/2015－12/24/c_128562439.htm。

⑦ UNHCR global trends forced displacement in 2014. http：//www.unhcr.org.hk/files/Reports/2014% 20Global% 20Trend.pdf.

加，压力外溢。截至2014年底，欧盟周边国家难民数达到650余万，占全球注册难民的46%。[①] ④人口偷运组织开拓了新的路线，加快了难民的输送速度。2014年，难民主要从中地中海路线进入欧洲大陆，但2015年，从东地中海路线进入欧盟的难民大幅增加。[②] 此外，无政府治理、暴力蔓延、经济管理不善、国家失败、欧盟对中东和北非地区的全面支持策略没有完全兑现等，[③] 也是引发难民危机的可能性因素。而这场地缘政治动荡带来的另一个恶果是2015年11月13日发生在法国巴黎的恐怖主义连环袭击、2015年12月德国科隆性侵案、2016年8月法国马赛"布基尼禁令"等一系列由难民引发的事件，它对欧洲的文明价值观、国际关系、移民政策、族群关系等一系列问题带来了极其深刻的影响。

首先，难民危机引发了欧盟超国家行为体之间的矛盾，加剧了成员国之间的分歧。欧盟至今尚未完全走出欧债危机以来低增长、高失业的困境，2015年的整体失业率为10.5%。[④] 难民问题不仅将进一步给欧盟带来财政压力，同时也使得超国家组织内部对治理思路产生异见。在2015年6月25日的布鲁塞尔峰会上，提出强制性配额计划的欧盟委员会主席容克与欧洲理事会主席图斯克之间发生了对抗，后者认为应该采用自愿性的框架。欧盟28个成员国中有12个对此提案表示明确反对。过去多年来，由于缺乏充分有效的沟通渠道，欧盟委员会与欧洲理事会之间的紧张关系日趋明显。[⑤] 其次，部分成员国对待难民的态度导致国内左、右翼力量分化。在欧洲各国，难民和移民既是一个社会问题，也是一个政治问题。一方面，难民危机爆发后，多国民众游行示威，抗议政府的冷漠，要求加大难民接受力度；另一方面，大量难民的涌入又加速排外情绪的增长和右翼势力的聚集。在德国，既有以鲜花掌声欢迎难民到来的，也有打着"保护家乡，禁止移民"旗号反对难民，并主张废除《基本法》中避难权的。在法国，国民议会中左翼和中左翼议员多数愿意接受欧盟难民分配方案，但右翼议员表示坚决反对。法国《快报》2015年9月援引的一项民调显示，55%的法国人表示反对放宽接收难民的政策，尤其是不能效仿德国给予叙利亚移民以难民身份。2015年底的法国地方议会选举中，极右翼政党民族阵线曾经一度领先，最终也和右翼势力党派都占有更多席位，反映了部分民众右转的立场。

在欧洲许多城市里，难民融合问题拉大了社会鸿沟，族群之间的"新铁幕"正在扩展。移民形成的社区自成体系，语言、文化、宗教与主流社会迥然不同。新难民的加入将促使新移民"孤岛"在一个个城市里形成，使融合问题更加凸显、尖锐，给当地居民带来焦虑与不安，引发保守势力煽动民族主义情绪。在过去的2014年欧洲议会选举中，欧洲政治重新洗牌，一大批欧洲怀疑主义政党（eurosceptic party）出现。[⑥] 极端政党从难民危机中渔利，中间力量衰退。难民危机中，一线的希腊和匈牙利，一个是极左政党在台上，一个是极右，对难民的态度与德国形成鲜明对比，而且他们对难民的"铁腕"政策反而强

---

① UNHCR global trends forced displacement in 2014. http：//www. unhcr. org. hk/files/Reports/2014% 20Global% 20Trend. pdf.

② European Commission. A European agenda on migration. Brussels，13/05/2015 COM（2015）240 final.

③ 《德学者：能否共担难民危机将决定欧盟未来走向》，http：//www. yicai. com/mnews/2015/09/4687173. html。

④ http：//ec. europa. eu/eurostat/tgm/table. do? tab = table&language = en&pcode = teilm020&tableSelection = 1&plugin = 1。

⑤ ELIZABETH COLLECTT. The development of EU policy on immigration and asylum：rethinking coordination and leadership，2015：p. 2.

⑥ ELIZABETH COLLECTT. Future EU policy development on immigration and asylum：understanding the challenge，2014.

化了其执政地位。[①] 如果无法解决这一问题，如果没有能力找出可持续的解决方案，欧洲大陆上极右分子将会激增。[②]

（3）难民潮给欧洲社会安全带来严重冲击，犯罪率大幅上升，华侨华人受牵连，生命财产屡遭侵害。

在2015年9月3日叙利亚一名儿童难民尸体曝光海滩后，欧洲多国城市曾经爆发游行，抗议政府冷漠，要求接纳更多难民。但随着大量难民的涌入，欧洲各国应对能力面临挑战。部分难民甚至因对接待条件不满意而举行各种程度的示威，而在他们衣食住行有了着落又无所事事之时，新的问题更加层出不穷。2015年12月31日跨年夜之际，德国西部重镇科隆爆发一起史无前例的大规模性侵案。上千名醉醺醺的男子在科隆火车站对女性进行调戏、性侵和抢劫。其中大部分嫌疑人为来自阿尔及利亚、摩洛哥、叙利亚等国的难民。科隆警方数据显示，近年来的罪案率大幅上升，以偷窃为例，已经从2010年的7 002宗翻倍到2014年的14 059宗。2014年11月1日至2015年4月30日的570宗罪案中，就有195名犯罪者来自摩洛哥，162人来自阿尔及利亚，117人来自罗马尼亚，27人来自叙利亚。[③] 2016年1月25日，瑞典一处难民中心发生袭击事件，一名15岁的未成年难民刺死了一名22岁的工作人员。瑞典移民署的信息显示，由于抵达瑞典的难民人数创新高，庇护设施里发生的威胁与暴力案件，从2014年的148起增加到2015年的322起。[④]

随着“欢迎文化”带来的兴奋渐渐消退，危机感重创欧洲国民，转为另一种情感反应——一种担心新来者的男权中东价值观与自由的价值观格格不入所带来的情感反应。移民问题为欧洲右翼势力攻击当前政府的经济与社会安全危机找到了空间，针对难民、移民的排斥言论及侵害行动增加。2015年1月，法国极右翼政党国民阵线直接将袭击《查理周刊》的根源以及当前的高失业率归咎于“移民过于庞杂”。[⑤] 根据德国警方统计，自2015年初以来，至少发生了817起针对难民庇护所的袭击事件。在2014年，只发生了199起同类事件，而这一数据在2011年仅为18起。[⑥] 针对华人中餐馆、批发店铺现金交易较多的特点，盗窃抢劫案更加不在少数。在意大利，近几年，由于经济低迷，非法移民多，失业率高，社会治安日趋恶化，针对华人的暴力抢劫和偷盗等犯罪活动日渐频繁，歹徒猖獗，犯罪手段令人发指，已严重威胁华侨华人正常生活，华侨华人财产也蒙受巨大损失。[⑦] 2016年，德国、意大利、法国等地先后发生华侨华人及中国留学生遇害和受侵犯事件。据意大利普拉托通报，2014年普拉托检察机关累计公诉盗窃案件9 211起，抢劫案件464起，敲诈案件2 080起，其中不包括正在侦办尚未起诉的案件。而在普拉托具有合法居留

---

① 《难民问题让欧洲分裂　“新铁幕”开历史倒车》，http：//world. people. com. cn/n/2015/0925/c1002 – 27635153. html。

② 《欧委会：若不解决难民危机　欧右翼激进主义将剧增》，http：//news. sina. com. cn/o/2015 – 09 – 25/doc – ifxiehns3238565. shtml。

③ 《“科隆性侵案”里大众的眼球和“失范”的界限》，http：//www. guancha. cn/ChuXin/2016_01_27_349360. shtml。

④ 《少年难民凶杀案给欧洲添堵　多国舆论场又现担忧》，http：//world. people. com. cn/n1/2016/0127/c1002 – 28087974. html。

⑤ 《难民营引公愤？德国今年发生了202起攻击难民营事件》，http：//www. oushinet. com/news/europe/germany/20150725/200464. html。

⑥ 《科隆性侵案引发民众恐慌　德国右翼势力趁机发展壮大》，http：//www. thepaper. cn/newsDetail_forward_1417794。

⑦ 《意普拉托侨界举行联合会议　商议应对华人治安环境恶化》，http：//www. huarenjie. com/article – 286490 – 1. html。

权的外来移民 43 016 人中，华人移民占 27 823 人。将检察机关通报的盗窃案件数量与华人住宅数量对比，2014 年普拉托平均每套华人住宅被盗次数约为 1.66 次。事实上，个别华人住宅被盗过两次、三次甚至更多次。① 2016 年 2 月 6 日，在意大利普拉托市温州鹿城区同区会、CNA 华人中小企业协会、旅意福建华侨同乡总会、意大利普拉托华商会等社团的呼吁和组织下，普拉托的华侨华人举行了声势浩大的"反对暴力"游行示威，希望当地政府予以重视，采取行动加以改善。活动得到了意大利各地华侨华人的积极声援和支持。②法国巴黎一直治安形势严峻，2016 年 8 月 7 日，旅法侨胞张朝林在遭暴力抢劫重伤后不治身亡。此事件引发2016 年 9 月 5 日 5 万余旅法华侨华人及各族群代表在巴黎举行有史以来最大规模的依法争取权益的大游行。维权活动取得良好社会效应，得到法国政府高层回应，未来相关维权行动还将进一步开展。

（4）多国移民政策调整，收紧难民政策，排斥低技术移民和非法移民；但投资移民和技术移民依旧前景较好，中国赴欧投资移民数量持续增长。

受地缘政治、难民危机和恐怖主义影响，欧洲增加了边界管理的经费预算和人员编制，加大了边境控制，即使是申根国家之间，在特殊时期也要进行边检。同时，各国还加大了对非法移民和人口贩运的打击力度。③ 随着难民问题的不断出现，各国纷纷收紧难民政策，加强对违法难民的遣返力度。即使是德国，默克尔总理也于 2016 年就难民问题表态，要求在叙利亚和伊拉克的战争、冲突结束之后，现居德国的难民必须返回自己的国家。这是因为无论是民众还是政党都敦促默克尔政府采取措施，限制难民入境。④

但出于经济危机和人才短缺的考虑，各国在吸引投资和高技术移民的政策方面相对稳定，部分国家门槛甚至有所降低。如西班牙除了 50 万欧元的购房移民项目外，还有一个更适合中产阶级的移民项目，即 15 万欧元非营利性居留项目：只需要证明申请者有足够的经济条件并能在西班牙居住 1 年以上，申请人可以通过在西班牙指定区域购买房产，获取本人及其家人的长期居留权。自葡萄牙 2012 年 10 月推出"黄金居留许可"计划以来，至 2014 年 12 月 30 日，葡萄牙移民局（SEF）共批准 2 022 个黄金居留投资申请，其中 1 629 位投资人来自中国。⑤ 若以每位成功获得黄金居留许可人员附带申请的家庭成员为平均 3 人计算，华人社会因此增加的新移民有近 5 000 人之多。⑥ 2015 年 9 月 4 日，葡萄牙又出购房移民新政，购房移民门槛由 50 万欧元降至 35 万欧元。截至 2015 年 12 月 31 日，全球共有 2 788 位投资者获得葡萄牙的居留权，中国投资者居于第一位。⑦ 希腊于 2015 年 1 月 1 日开始实施的购房移民最新改革条款有所放宽：一是投资者可以获得永久居留许可；二是允许其父母、配偶、子女、配偶父母随行；三是居住满 7 年，每年住满 6 个月，通过

① 《普拉托治安恶化逼近华人容忍底线》，http：//www. chinanews. com/hr/2015/02 – 05/7037315. shtml。

② 《普拉托华人举行"反对暴力"游行示威活动》，http：//www. huarenjie. com/article – 288177 – 1. html。

③ Management of the refugee crisis：commission shows the way forward. http：//ec. europa. eu/news/2015/09/20150923_en. htm.

④ 《默克尔：战争结束之后 难民必须回家》，http：//world. chinadaily. com. cn/2016 – 01/31/content_23326108. htm。

⑤ 《世贸通：移民葡萄牙可规避恐袭后对申根签证影响》，http：//finance. sina. com. cn/stock/usstock/mtszx/20150114/131921296219. shtml。

⑥ 《形形色色新移民 ——华人社会新移民生活和工作现象观察》，http：//www. puhuabao. com/portal/qiaojie/ptqiaoxun/4164 – 2015 – 01 – 15 – 16 – 55 – 132。

⑦ 《2016 年葡萄牙购房移民或迎全新利好》，http：//news. xinhuanet. com/abroad/2016 – 01/27/c_128675620. htm。

希腊语考试，可申请入籍。意大利关于“入境签证类型和获取条件”的850号法令规定：欧盟以外国家的富裕人士，只要在当地购买30万欧元以上房产，并能提供3.1万欧元以上长期、稳定的非工资性生活来源，本人及其家人可获得意大利长期居留权，并且购房移民项目申请条件简单，无语言、学历要求，无须解释资金来源，一人申请全家移民。英国于2014年11月16日调整了英国投资移民法案细则，投资金额由100万英镑抬高到200万英镑，同时取消了融资模式和允许25%购置房产的规定。但由于老牌的移民国家政策变化原因（美国面临变政、加拿大联邦移民关停），并且凭借其文化底蕴、社会福利和一流教育，英国依然是移民者心中的首选“黄金宝地”。在法国，可通过向政府提供捐赠金（400万人民币）的方式获得法国公民身份。德国也启用“欧盟蓝卡”（Blue Card EU）计划，申请条件为：本科及以上学历；工作合同：薪资至少4 100欧元/月，短缺职业如科学家、数学家、工程师、医生和IT专家至少3 200欧元/月，以方便国外专业劳动力进入本国劳动力市场。①欧洲投资移民项目在移民市场上逐渐升温，不仅是因为其宽松的移民政策以及利率的波动，更是出于投资者对于资产全球配置、高品质教育以及免签通行主流国家的追求。此外，欧洲申根国居留权的最大优势在于：移民者可以自由在26个申根国中居住、学习、经商，享受当地教育、医疗、养老等福利。

（5）中欧关系发展书写新篇章，中欧合作取得全面进展，华侨华人机遇不断。

2015年是中欧关系全面发展丰收年。10月，习近平主席对英国展开“超级访问”，开启了中英关系的“黄金时代”，将中英关系提升到前所未有的新高度，而且对中欧关系、亚欧合作均具有重要的推动作用。6月，李克强总理出席中欧第十七次领导人会晤，双方发表了会晤联合声明和关于气候变化的联合声明，在科技、知识产权、区域政策、海关等领域签署多项合作文件，并就广泛议题达成共识。9月，刘延东副总理赴欧盟总部与欧盟委员会教育、文化、青年和体育委员瑙夫劳契奇共同主持中欧高级别人文交流对话机制第三次会议，赴英国与英国卫生大臣亨特共同主持中英高级别人文交流机制第三次会议。②2015年中欧领导人密集互访的成果集中体现在双方同意要推进三大对接，即中方的“一带一路”倡议与欧洲的发展建设相对接、中国国际产能合作同欧洲容克投资计划相对接、中国—中东欧“16+1合作”与中欧整体合作相对接。双方正在探讨建立中欧共同投资基金，打造中欧互联互通平台。中欧之间的经贸合作领域大大拓宽，具体合作成果纷纷落地。一是中欧双方互相加入对方主导的政策性开发银行，加强政策互动。英国率先宣布加入中国发起的亚洲基础设施投资银行（简称“亚投行”），共有17个欧洲国家（不含俄罗斯）成为亚投行的创始成员国。12月，欧洲复兴开发银行通过接受中国加入该行的决议。二是中欧在基础设施领域开展合作。10月，中法宣布共同参加英国欣克利角核电站项目；11月，中核电参加罗马尼亚核电项目；12月，匈塞铁路塞尔维亚段正式启动。三是中欧开展产能合作，并共同开发第三方市场。中法发表了关于第三方市场合作的联合声明。中德加强发展战略对接，推动“中国制造2025”和德国“工业4.0”携手，并就拓展战略性新兴产业合作、探索三方产能合作等取得共识。③

---

① 《2015年五大热门欧洲移民项目　门槛低至15万欧》，http：//www.ccidnet.com/2015/0915/10025964.shtml。

② 《2015年中欧关系十件大事》，http：//www.china.com.cn/news/world/2015-12/23/content_37380802.htm。

③ 《盘点2015年中欧经贸关系》，新华网：http：//news.xinhuanet.com/comments/2015-12/31/c_1117642417.htm。

2016年，中欧关系继续稳步推进。6月，习近平主席先后对塞尔维亚、波兰进行访问，展开欧洲经济战略布局。11月，李克强总理出席"16+1合作"会议，该框架确立4年来，使得中东欧国家与中国的政治关系处于转型以来的最好阶段、最好状态。双方合作伙伴关系不断增进，并有实质性成果。中欧关系的平稳发展与各方面合作交流的深化为欧洲华侨华人发展带来历史性机遇。中欧经济、文化、教育、旅游等各方面具有较大的互补性，双边合作空间很大。广大华侨华人在当地生存发展，经过多年的艰苦打拼，拥有雄厚的经济实力、广泛的人脉联系，还有丰富的生产营销经验，以及融通中外的文化优势。因此，他们将发挥独特且重要的作用，成为"一带一路"建设中的重要力量。①

三、东欧地区侨情

传统上，学术界研究华侨华人问题，主要关注的地区包括东南亚、北美、澳大利亚、西欧以及东亚的日本等国家，而对东欧地区华侨华人的研究则较少，虽然近年来有所增加。本部分主要分析探讨东欧华侨华人的简要历史、经济、社团和华文媒体以及东欧华侨华人与我国的关系、东欧与我国的关系等。本部分所述及的东欧国家主要包括乌克兰、波兰、捷克、斯洛伐克、匈牙利、罗马尼亚、保加利亚、奥地利等国。

（一）东欧华侨华人简史

根据台湾1990年、1991年《海外华人经济年鉴》，联合国1988年、1989年《人口统计年鉴》，1992年《不列颠年鉴》，《欧洲国际移民评论》特刊和苏联、阿富汗、保加利亚、捷克斯洛伐克、匈牙利、蒙古、波兰、罗马尼亚等国家的人口统计资料，经过比较研究，可大致计算出，1990年前后，全球华侨华人共有3 066万人，其中2.5%居住在各欧洲国家。欧洲的华侨华人共约126万人，即东欧68万人、西欧58万人。欧洲的华侨华人80%以上是"二战"后的新移民。欧洲的华侨华人祖籍以广东、福建、浙江等省为主，山东、安徽等省次之。

根据以上相关数据，1935年，奥地利有华侨华人30人，波兰有华侨华人139人，捷克有华侨华人250人，总体上当时东欧华侨华人人口很少。到了1955年，波兰、捷克斯洛伐克、匈牙利、瑞典、挪威、芬兰六国共有2 347人。当年奥地利华侨华人人口增至1 000人。1995年，东欧华侨华人人口有了明显增加，其中匈牙利2万人、罗马尼亚2万人、捷克1万人、波兰1 500人。

总体上，截至20世纪80年代中期，在东欧国家生活居住的中国移民极少。此后，"世易时移"，中国内地居民开始出现涌向东欧地区的移民潮，东欧华人社会也随之发生重大变化。

2010年，匈牙利华人人口总数为11 173人，占该国总人口的0.11%②。2010年，奥地利华人人口总数为21 101人，捷克为3 364人，波兰为3 174人，罗马尼亚为6 205

① 《裘援平：华侨华人是"一带一路"建设的重要力量》，中新网：http://www.chinanews.com/hr/2015/03-08/7110967.shtml。

② 台湾中正大学编：《2010华侨经济年鉴》，2011年，第567页。

人。[①] 2012 年，根据奥地利官方统计数据，该国有华人 15 700 名；但根据非官方估计，奥地利可能有华人 3 万名，其中包括已拥有当地国籍的第二代华人，或已经获得其他国家国籍但在奥地利居住生活的华人。[②]

根据匈牙利华人民间估算，到 2010 年左右时，当地华人总人口为约 2 万。[③] 到 2015 年，匈牙利华侨华人有 3 万多人，主要居住在首都布达佩斯，他们的祖籍以浙江和福建两省居多，尤其集中于浙江青田和福建福清两地。[④]

根据厦门大学李明欢教授的调研，2013 年初，罗马尼亚有正式居留权的中国新移民大约有 4 000 人，加上短期停留及尚未办理身份手续的总计约 6 000 人。[⑤] 与 20 世纪 90 年代的 2 万人相比，罗马尼亚华侨华人的流动性非常明显。实际上，整个东欧地区的华侨华人都具有比较强的流动性。

另据“中国留学生之家”网站的数据，目前斯洛伐克华人总人口为 2 000 人，捷克为 4 000 人，罗马尼亚为 9 000 人。

此外，东欧各国的华人留学生也是一支不可忽视的力量，特别以乌克兰为代表，近年来乌克兰的中国留学生数量迅速增长，人数已达 1 万，99% 以上是自费生。波兰的中国留学生有近 600 人，除每年 20 多名公费生外，其余也是以自费生为主。[⑥] 截至 2010 年，在匈牙利的中国留学人员为 400 多人，其中公派留学人员 33 人。[⑦]

2009 年 5 月中旬，罗马尼亚中国留学生会创办季刊《北纬 45°》。《北纬 45°》是该国的中国学生创办的第一本刊物，旨在为所有华人学子提供一个展示才华、相互交流的平台。同年 9 月，罗马尼亚中国留学生网站（www. beiwei45. org）开通，旨在为留罗的中国学子以及在罗华人搭建一个沟通信息、相互交流的平台。

东欧各国新移民来源较为广泛，除浙江、福建之外，来自北京、东北、河南等全国各地的淘金者也在这里大展身手。例如，在捷克居住的中国移民绝大部分来自浙江、福建以及山东，其他一些省市也有。[⑧]

（二）东欧华侨华人经济

目前东欧各国的新移民都以商人为主。例如，在匈牙利的中国内地新移民的身份比较单一，留在匈牙利的中国人可以称得上是全民皆商，其中 80% 以上的人都从事商业。在罗马尼亚，华人大多经营超市、餐饮店和中医诊所等，因此，罗马尼亚有很多著名的中国小商品批发中心。

旅居奥地利的华人大多数来自中国或中南半岛。奥地利约 3 万华人中，九成从事餐饮

---

① 台湾中正大学编：《2010 华侨经济年鉴》，2011 年，第 500、505、578、622 页。

② 《奥地利华人料达 3 万，九成从事餐饮业工作》，（法国）欧洲时报网，2012 年 5 月 10 日。

③ 中国留学生之家网站：http：//www. kina. cc。

④ 张行、董婧涓：《匈牙利华侨华人与“一带一路”建设》，http：//pit. ifeng. com/a/20151010/44808186_0. shtml。

⑤ 李明欢：《罗马尼亚中国新移民研究：新华商与新市场》，《华侨华人历史研究》2013 年第 4 期。

⑥ 《12 国学子寻访：留学东欧考验语言难关》，《人民日报（海外版）》，2007 年 2 月 1 日。

⑦ 《英爱匈三国行》，《神州学人》2011 年第 3 期。

⑧ 曲北兰：《移民政策与社会网络——九十年代以来捷克的中国新移民》，台湾政治大学硕士学位论文，2009 年，第 41 页。

业工作。2012年，奥地利全境有中餐馆1 200家①，仅在维也纳地区就约有300家，使得当地的中餐馆呈现饱和状。除了餐饮业之外，少数赴奥厂商投资于制造业。奥地利华人中有台湾人2 100名，当地台商组织有奥地利台湾商会，会员有十余家。台商主要从事的行业有计算机、石化、贸易、航空、旅游及食品杂货。②

在东欧，有越来越多的台湾人移入当地谋求发展机遇。在波兰，台商的投资以组装或成立发货中心营销居多，亦有部分台商开始发展成技术支持及服务中心。早在1995年，台商就开始到捷克投资，他们多从事通信产业，也有从事经营贸易或旅游业、物流业及液晶屏幕展售业等。而目前在罗马尼亚，也有少量台商主要从事化纤工业、木材出口以及综合性贸易等。

罗马尼亚华侨华人主要从事有关中国商品的进口、零售批发贸易，他们主要聚居在该国首都布加勒斯特的欧罗巴、尼罗、红龙这几个华商市场及"唐人街""中国城"附近，在克卢日、锡比乌等城市亦有分布。截至2014年，中国人在罗注册公司1.08万家，占外国投资总数的5%。在欧盟国家，罗马尼亚是华资公司数量最多的国家，华资公司在该国全部16个州都有分布，但是90%集中在布加勒斯特。这些华资公司大多以批发市场的店铺形式存在，虽然数量庞大，但是多是小规模的夫妻店或家族式经营。近几年，罗马尼亚华侨华人经济开始从商贸业向多元化方向发展。部分经营小商品批发而发财的华商将资本投入制造业、中餐业和蔬菜种植业。此外，一些中国国企或大型投资集团也开始进入罗马尼亚，一些企业员工以外派形式来此。来自上海的丰佳集团在罗马尼亚南部布泽乌县投资建设的"欧洲中国工业园"，是该国最大的实业投资和综合配套服务区之一，吸引了很多中资企业和华商入驻，实现了"中国制造，欧洲生产，当地销售"。但总体而言，罗马尼亚华商经济仍然以商贸零售批发为主。③

受欧洲债务危机影响，当地经济近年来不景气，进而冲击到了东欧的华侨华人。在匈牙利，当地华侨华人零售业遭遇的冲击很明显，布达佩斯原本十分火热的四虎市场如今生意萧条，不少华侨华人商店被迫倒闭。市场的惨淡迫使很多外来移民商人离开当地。④

此外，一些国家政策措施的变化调整也会影响当地华侨华人经济的发展。2012年7月，罗马尼亚政府整治调查外国人公司。布加勒斯特红龙市场的100多家华商公司接到罗方最高检察院的传讯检查通知。它们为浙江商人经营，以经销批发鞋类产品为主。近几年，罗马尼亚针对外国人公司的账目、税务及经营商品是否具有合法商标等问题进行了持续性的调查整治工作，而且检查打击的方式趋于细致深入，力度加大。在数次大检查中，部分华商公司因为比较严重的违法经营等问题遭到当地有关部门的查封惩处，引起广大华商的关注。

东欧各国的经济情况不尽相同，欧盟各成员国之间的经济状况差异为华人提供了发展空间。捷克最近几年也是市场不景气，迫使许多华商转向他方寻找发展机遇，一些人来到

① 《奥地利华人料达3万，九成从事餐饮业工作》，（法国）欧洲时报网，2012年5月10日。

② 台湾中正大学编：《2010华侨经济年鉴》，2011年，第500－501页。

③ 张行、董婧涓：《罗马尼亚华侨华人与"一带一路"建设》，http：//www.globalview.cn/html/global/info_6305.html。

④ 《匈牙利华人零售业危机中受冲击大，生意惨淡难经营》，（匈牙利）《新导报》，2012年2月10日。

波兰。该国最西南方的西里西亚省是著名的工业基地，越来越多的华商企业来到这里[①]，他们艰苦创业的精神令人敬佩。

（三）东欧华侨华人社团与华文媒体

进入2010年以来，东欧各地的华团与华文媒体也举办了不少活动，处于不断的整合与发展进程中。

1. 新的华侨华人社团和华文媒体组建成立

2011年3月21日，由捷克华侨华人青年企业家及第二、三代华侨华人青年组成的捷克华侨华人青年联合总会正式宣布成立，周灵建当选首任会长。全美中华青年联合会、全澳中华青年联合会、俄罗斯华侨华人青年联合会等世界各国的主要华裔青年社团也发来贺电祝贺。[②] 2013年9月17日，罗马尼亚江苏华侨华人联合会在布加勒斯特成立，张建军当选会长。

2014年7月9日，欧洲时报维也纳中国文化中心正式成立，以传承和弘扬中国文化为主要目的，也借此促进中奥两国文化交流，增进两国人民友谊，为华人、奥国以及国际同胞提供多元化交流平台。该中心在2016年一共举办了49场丰富多彩的活动，包括名家讲座、民俗活动，各类音乐会、文化展览、小型会议、美术作品及图片展览等，接待访客近6 000人，受到了华侨华人及国际友人的一致喜爱。[③]

2016年，东欧地区新成立了不少华侨华人社团。2016年2月29日，匈牙利四川商会在布达佩斯成立，沈洪当选第一届理事会会长。7月2日，南通世界通商总会罗马尼亚分会成立。9月29日，波兰中国学生学者联谊会成立，下设秘书处、宣传外联部和组织生活部，并在学生人数较多的华沙、克拉克夫、罗兹、弗罗茨瓦夫、格但斯克、波兹南等城市设有分会。11月22日，罗马尼亚宁波总商会暨慈溪商会成立。12月2日，罗马尼亚上海商会和罗马尼亚华人创业者联合会成立，两会的成立为侨胞实现经营转型升级提供了很好的交流和发展平台。

华文媒体方面，2012年3月7日，捷克中国和平统一促进会等9个华侨华人社团的侨领和《布拉格时报》编审委员会成员在中国驻捷克大使馆举行《华商导报》重组和《布拉格时报》创刊会议。《华商导报》《欧洲商业周刊》自创办以来，坚持办报宗旨，在服务侨社、促进中捷合作等方面做出了有益贡献。它们在9个侨团的协商努力下得以重组并以“布拉格时报”的新报名创刊。目前，《布拉格时报》成为经捷克文化部注册，面向中东欧地区华人读者发行的重要中文媒体。其主办单位为捷克华文传媒集团有限公司，董事单位包括：捷克中国和平统一促进会、捷克青田同乡会、捷克华商联合会、捷克温州商会、捷克华人华侨餐饮协会、捷克华侨华人妇女联合会、捷克华人华侨妇女协会、捷克华侨华人青年联合总会、捷克中国学生学者联谊会。

2014年2月28日，《欧洲时报》斯洛伐克分社成立。

---

① 《金融危机下的波兰华商：遇挫折不减创业热情》，中新网，2012年12月28日。

② 博源：《捷克华侨华人青年联合总会成立　总统夫人出席》，http：//www. chinanews. com/hr/2011/03 -21/2919033. shtml。

③ 《裘援平访〈欧洲时报〉中东欧版报社　向侨胞拜年》，http：//www. gqb. gov. cn/news/2017/0203/41696. shtml。

2. 不断完善自身组织建设

2013年年初，匈牙利中资企业商会举行2013年年会，总结了上年度工作，改选了理事会，修改完善了商会章程，研究部署了下一阶段主要任务。商会新任会长为中国银行匈牙利分行总经理陈怀宇。2013年9月21日，捷克台商会在捷克第二大城布尔诺举行年会，会上选出吴瑞泉为新任会长。捷克台商会成立于2002年，目前其会员包括英业达、友达、华硕、和硕和伟创公司的人员。

3. 加强社团之间的团结合作

2013年8月14日，捷克华侨华人妇女联合会与意大利华侨华人妇女企业联合会在布拉格签署了结成友好姐妹会的协议。在目前欧债危机的阴影下，旅欧侨胞们要加强团结，相互帮助，互通信息，才能使旅欧华商早日走出困境。① 同年8月26日，在会长林胜琴率领下，匈牙利华人妇女联合总会参加了在冰岛首都雷克雅未克举行的第8届欧洲华人妇女联合大会。

4. 积极开展各种活动，扩大社会影响

2013年10月12日，由匈牙利中医药学会主办、匈牙利东方国药集团承办的世界中医药学会联合会成立10周年暨首届匈牙利中医药文化节在匈牙利青田同乡会文化中心成功举行。当天，由15名中医专家组成的义诊团为在匈华侨华人开展了全科义诊咨询活动。侨胞不仅可以免费咨询、看病，还旁听了主题为"中医养生秘籍和智慧"的中医保健讲座。活动吸引了华侨华人共百余人参与。此次匈牙利中医药文化节的主要内容还包括：禅武联盟向来宾传授太极拳、八段锦等养生功法，旅匈华人书法家进行现场书法教学，茶道养生，药膳保健。② 此次文化节不仅对解决当地华侨华人的健康问题有一定帮助，也为传播中华文化做出了积极贡献。2016年8月24日，欧华联会第19届大会在斯洛伐克首都布拉迪斯拉发举行。来自瑞典、匈牙利、意大利、奥地利、法国、荷兰等25个欧洲国家的华侨华人社团参会。

2015年10月30日，罗马尼亚集体音乐会发生重大火灾。旅罗华侨为受害者积极捐款，据统计，捐款总额为85 350列伊，由旅罗青田同乡会、福建同乡会、妇女联合会、义乌同乡会、福建青年联合会等8个社团及多名华侨华人捐赠。罗马尼亚卫生部为此向中国驻罗使馆致感谢信。③

（四）东欧华侨华人与我国的密切互动

1. 我国驻东欧各国使馆注重加强与当地华侨华人的联系

2013年春节期间，中国驻捷克、乌克兰等国大使馆举行华侨华人新春招待会，旅捷华侨华人、中资机构、留学生代表等积极参加了活动，共庆新春佳节。同年9月16日，中

---

① 《意大利华侨华人妇女企业联合会与捷克华侨华人妇女联合会结成友好姐妹会》，http：//qtnews. zjol. com. cn/news/text. asp？ id =428647。

② 《匈牙利将举办首届中医药文化节为华人义诊》，（匈牙利）《新导报》，2013年10月9日；《首届匈牙利中医药文化节圆满落幕》，http：//www. xindb. com/news/huabuxiaoxi/2013/1015/10368. html。

③ 《罗马尼亚卫生部感谢华侨为火灾受灾人员捐款》，http：//www. fmprc. gov. cn/ce/cero/chn/sgxw/t1318339. htm。

国驻罗马尼亚大使馆举行2013年国庆暨中秋节电影招待会。旅罗华侨华人、中资企业和留学生代表近百人应邀出席，并观看了介绍“中国梦”的短片。2013年9月27日晚，中国驻匈牙利大使馆举行国庆64周年华侨华人招待会。旅匈华侨华人、中资企业、留学生代表和使馆部分外交官共200余人出席。

2. 我国驻东欧各国使馆尤其重视积极促进华侨华人在当地的生存和发展

上文提到，处于社会、经济转型时期的东欧各国，一些国家政策措施的变化调整影响到了当地华侨华人经济的发展。对此，我国驻东欧各国使馆及时引导华侨华人，组织华商与当地经济、税务等部门的负责人举办对话会、座谈会等，使馆针对华商如何更好地了解掌握在当地经商须知的法律法规、如何尽快适应各国经济发展与经商环境变迁等相关问题，为东欧各国华商进行了深入的讲解、诠释与相关指导。

2013年7月19日、7月31日和8月14日，为帮助旅罗侨胞进一步增强法律意识，知法守法，更好地了解在罗经营纳税、投资兴业等领域的法律法规，中国驻罗马尼亚大使馆领事部举办三场系列法律讲座，邀请该国知名律师为旅罗侨胞介绍新税法的主要内容，公司经营过程中涉及雇主和雇员关系的法律及相关经营常识等，并且现场提供免费咨询，答疑解惑。2014年7月18日，我国驻罗大使馆举办华侨华人信息通报会。大使馆方面向华侨华人介绍了罗马尼亚最新财税政策及措施，引导并要求华商遵纪守法、合法经营，加强对当地法律法规的学习、掌握。同年12月5日，我国驻罗大使馆举行侨情通报会。大使馆方面提醒广大华商，罗马尼亚政府已决心整顿税务、打击腐败，希望华商转变经营观念，正规合法经营。

2014年5月20日，我国驻捷克大使馆举办在捷中资企业、华侨华人代表座谈会。会上通报了近期涉我驻外中资企业和公民、华社的安全形势及典型案例，要求在捷中资企业、华侨华人提高警惕，加强防范，保护好人身和财产安全。

2015年11月5日，我国驻匈牙利大使馆举行小型座谈会，邀请在匈主要侨团负责人、华商及华文媒体代表，就华商市场安全防范和规范经营等问题进行交流。领事部主任介绍当时匈牙利内外市场环境，重点就当年圣诞、新年销售旺季前有关注意事项提出建议，促请与会代表提醒市场经营者和华商提高安全意识，认真做好防盗抢和消防检查等工作，同时始终坚持依法合规经营，谋求实现长期可持续发展。

2015年2月6日，我国驻捷克大使走访布拉格中国商贸城。中国商贸城是旅捷中国侨胞从事贸易批发的聚集地，主要经营来自中国的数百个品牌、上千种规格的服装、鞋帽、家纺、皮革等轻工产品，以捷克为主要市场，同时辐射至中东欧及部分西欧国家，成为捷克最大的中国商贸城。针对当前国际和欧洲经济复苏缓慢，国内经济下行压力加大的趋势，大使希望侨胞们学会把握、善于分析市场及其需求，按照市场规律办事，遵守当地法律法规，积极开拓，抓紧转型升级。中国驻捷克大使馆愿与当地侨胞一起，共同打造海外民生工程。①

3. 东欧各国华侨华人在中国传统节日举办庆祝活动，传承中华传统文化

2013年2月22日晚，旅匈华侨华人2013年迎新春元宵节中匈联欢晚会在布达佩斯举

① 《驻捷克大使马克卿走访捷克中国商贸城》，http：//www. fmprc. gov. cn/ce/cecz/chn/zxdt/t1235768. htm。

行。嘉宾们与小朋友们一起滚元宵、剪窗花，并欣赏了舞狮、武术、乐器演奏及中匈两国歌舞等精彩演出。此次活动系匈牙利青田同乡会主办，罗兰大学孔子学院、匈中双语学校、国际禅武联盟、华人妇女联合总会、瑞安同乡会、温州商会、《新导报》协办。[①]

同一天，捷克布拉格的华侨华人热情参加了由中国国务院侨办和中国海外交流协会主办、中国驻捷克大使馆和旅捷华人社团协办的"文化中国·四海同春"迎春文艺晚会。为做好本次巡演，活动组织方上海市政府侨办从上海歌舞团、上海民乐团、上海杂技团、海虹影魔幻艺术团、总政歌舞团等许多单位选拔优秀演员，组成"四海同春"艺术团。而为了迎接"四海同春"艺术团首次来捷慰问演出，13 个旅捷侨团进行了为期数月的精心准备，他们带领广大侨胞齐心协力，周密筹划，细致分工，热情服务，并提供一切必要的支持，使艺术团领导及演职员们感受到旅捷侨胞对祖国的一片深情。[②]

4. 新移民占主体的东欧各国华社尤其注重加强与祖（籍）国的联系，新华侨华人对中国的热爱之情发自内心深处

2013 年 4 月 20 日，我国四川芦山发生强烈地震。灾情出现后，东欧各国华侨华人也纷纷行动起来，以各种形式进行救助。4 月 21 日，捷克中国和平统一促进会、捷克华侨华人妇女联合会、捷克华侨华人青年联合总会、旅捷华人联谊会、旅捷华人青年联合会等 13 个旅捷侨团以及《布拉格时报》《捷华通讯》两家华文媒体联合发表倡议书，呼吁为灾区人民奉献爱心。4 月 22 日和 23 日两天，大使馆收到来自部分侨团和侨民的捐款达 221 400 克朗。之后，4 月 24 日至 4 月 27 日，中国驻捷克大使馆又陆续收到来自温州商会、餐饮协会、妇联会、华商会等侨团，华为、梅林、长虹等中资公司，以及侨民和中资机构个人捐款共计 230 000 克朗。[③] 截至 5 月 9 日，中国驻捷克大使馆共收到来自大使馆馆员、旅捷侨团及在捷企业、中资公司等以团体或个人名义捐款总计 716 650 克朗、3 350 美元和 500 欧元。

捷克的华侨社团尤其有着极高的爱国热情，对于在当地出现的"台独""藏独"以及"法轮功"等损害国家利益的行为，都进行了针锋相对的斗争，维护了祖国的利益。早在 2008 年汶川大地震后，旅捷华侨华人就踊跃捐款，支持汶川灾后重建。尽管旅捷华侨华人人数总体上并不多，但是捐款人均数额在欧洲各国华人社会中是最高的。

四川芦山强烈地震发生后，匈牙利华侨华人也纷纷致电，向罹难和受灾同胞表示哀悼和慰问，并自发为灾区捐款。部分侨团发起支援灾区倡议书，主动开展募捐活动。截至 4 月 27 日，中国驻匈牙利大使馆已收到旅匈侨胞、侨团善款 19 765 欧元、3 801 500 福林，折合人民币 266 360 元。尽管受欧债危机影响，侨胞自身经营发展面临诸多困难，但当祖（籍）国同胞有难时，侨胞们一如既往地慷慨解囊，伸出援手，体现了海外侨胞心系祖（籍）国的拳拳赤子之心。[④] 到了 5 月初，又有一批旅匈侨胞以及在捷中资机构为四川芦山地震灾区慷慨解囊，捐出善款 3 976 500 福林，连同上一批善款，合计 19 765 欧元、7

---

① 《肖千大使出席旅匈华侨华人元宵节联欢晚会》，http：//www. fmprc. gov. cn/ce/cehu/chn/xwdt/t1015931. htm。

② 《"欢乐春节——文化中国·四海同春"文艺演出在布拉格受到热烈欢迎》，http：//www. chinaembassy. cz/chn/zjgx/whjl/t1016005. htm。

③ 《旅捷侨团、侨民及中资机构继续踊跃为灾区捐款》，http：//www. chinaembassy. cz/chn/zxdt/t1035910. htm。

④ 《匈牙利华侨华人踊跃为四川芦山地震灾区捐款》，http：//www. fmprc. gov. cn/ce/cehu/chn/xwdt/t1036066. htm。

778 000 福林，折合人民币 381 281 元。①

5. 东欧各国华侨华人积极加强与中国各地在经济、文化等领域的联系

2012 年 6 月 27 日，由捷克福建商会与福建省新闻出版局共同建设的捷克中华闽侨书屋在布拉格举行揭牌仪式，为广大旅捷华侨华人及捷克汉学界服务。“闽侨书屋”项目是福建省应用“中国元素、国际表达”理念、发挥千百万闽籍海外侨胞“形象代言人”作用、探索对外文化交流模式的先行先试项目，对于弘扬中华优秀文化、宣传中国国家形象，在海外构建一个和睦相融、合作共赢、团结友爱、充满活力的华侨华人社会，推动建设和谐世界具有重要意义。②

2013 年 2 月，中国四川甘孜州民族歌舞团在保加利亚举行文艺表演，“欢乐春节”品牌首度走进保加利亚。同年 11 月 9 日，第 3 届“中国武术之夜”在斯洛伐克首都布拉迪斯拉发文化宫举行。来自斯洛伐克中国武术协会、捷克翟华武院的华侨华人武术家及中外弟子 30 余人和来自嵩山少林寺的武僧同台献艺。中国武术已成为中国的一个文化符号，同时也成为中外文化交流及民间交往的重要载体。

2016 年 2 月 23 日晚，中国侨联“亲情中华”新春巡演团在布达佩斯演出，慰问华侨华人。5 月 27 日至 5 月 30 日，匈牙利华侨华人社团联合总会、匈牙利中国和平统一促进会、匈牙利四川商会组织匈牙利发明家携带创新专利参加郑州跨国技术转移大会和德阳市匈牙利专利技术德阳对接会。

2017 年 2 月 2 日至 4 日，在传统佳节春节来临之际，国务院侨办主任裘援平率团访问匈牙利，并出席由中国国务院侨办主办的“文化中国·四海同春”新春电视晚会。裘主任还考察匈牙利禅武文化中心，走访中匈双语学校，参观东方国药集团和岐黄中医药中心，并为匈牙利华星艺术团揭牌。

6. 政治方面，东欧华侨华人举办的相关活动表明了他们积极支持祖（籍）国

2014 年 3 月 1 日，云南昆明暴力恐怖案件发生后，旅居斯洛伐克的华侨华人社团联合发表声明，谴责恐怖分子暴行，哀悼遇难同胞，声援中国政府为打击恐怖主义采取的措施。它们包括斯洛伐克中国和平统一促进会、旅斯华侨华人联合会、斯洛伐克华侨华人商会、斯洛伐克华侨华人社团联合会、斯洛伐克华侨华人妇女联合会等 13 家华侨华人团体。

2015 年 8 月 28 日，旅罗华侨华人举办纪念中国人民抗日战争暨世界反法西斯战争胜利 70 周年活动。此次活动由罗马尼亚中国和平统一促进会连同 16 家华侨社团共同举办。2016 年 9 月 27 日，“匈牙利华侨华人纪念孙中山诞辰 150 周年大会”在布达佩斯举行，大会由匈牙利中国和平统一促进会和匈牙利华侨华人社团联合总会主办。

关于南海问题，东欧华侨华人支持中国政府在南海问题上的立场。2016 年 5 月 30 日，捷克中国和平统一促进会携全体旅捷侨团共同参与在中国驻捷克大使馆举办的“旅捷华侨华人坚决支持中国政府捍卫南海主权”座谈会，并发表有关声明。

（五）中国与东欧关系

近年来，随着中国—中东欧“16＋1”合作机制和“一带一路”建设得到沿线国家的

---

① 《感谢匈牙利华侨华人为芦山灾区捐款》，http：//www. fmprc. gov. cn/ce/cehu/chn/null/t1039009. htm。

② 《捷克中华闽侨书屋将于 27 日揭牌》，http：//www. praguetimes. eu/？ournews/show/125/。

广泛支持和积极参与，中国—中东欧互动更加频密，双方友好合作关系加深。

2013年10月15日，中国—中东欧国家合作国家协调员会议在罗马尼亚首都布加勒斯特召开。中国、罗马尼亚、阿尔巴尼亚、保加利亚、捷克、匈牙利、马其顿、波兰、塞尔维亚、斯洛伐克等15国的国家协调员或代表出席会议。与会各方重点研究了下一阶段的合作，特别是围绕高层交往、促进贸易投资、基础设施建设、科技和人文交流等深入交换了意见。

在随后的同年11月下旬，李克强总理对欧洲的访问更进一步加深了中国与中东欧国家间的关系。当地时间11月25日，李克强在布加勒斯特分别会见匈牙利总理欧尔班和塞尔维亚总理达契奇。三国总理共同宣布，合作建设连接贝尔格莱德和布达佩斯的匈塞铁路，并成立联合工作组落实推进工作。李克强表示，匈塞铁路是中国—中东欧合作中的标志性项目。

2013年11月26日，李克强总理在布加勒斯特出席第3届中国—中东欧国家经贸论坛。为推动中国—中东欧国家合作进一步发展，与会各方围绕"合作共赢，共同发展"的主题，共同制定和发表《中国—中东欧国家合作布加勒斯特纲要》。该纲要的发表，有力促进了中国与中东欧国家的合作，促进了欧洲一体化进程，促进了中欧全面战略伙伴关系的深化，通过中国向西开放和欧洲"向东看"，以推进中欧关系平衡、持续发展。

2015年11月24日，《中国—中东欧国家合作中期规划》在苏州发布。该规划旨在明确2015年至2020年的工作方向和重点，进一步释放合作潜力，推动中国—中东欧国家"16+1"合作提质增效。11月26日，国家主席习近平在北京会见来华出席第4次中国—中东欧国家领导人会晤的中东欧16国领导人。

2016年11月5日，第5次中国—中东欧国家领导人会晤在拉脱维亚里加举行。李克强总理与保加利亚、捷克、匈牙利、波兰、罗马尼亚、斯洛伐克等中东欧国家领导人会晤。与会各方围绕"互联、创新、相融、共济"主题，共同制定和发表《中国—中东欧国家合作里加纲要》，以进一步巩固既有合作，不断开辟合作新领域。

经贸合作是中国与中东欧国家关系中最活跃、最具潜力的领域。2001年，双方贸易额仅43亿美元，2011年达到529亿美元，年均增长27.6%。国际金融危机以来，双方贸易逆势而上，其中中国自中东欧国家的进口额年均增长30%。双向投资日趋活跃，中国企业在中东欧地区的投资已涵盖化工、机械、家电、电信、汽车和新能源等行业，并向农业、金融、科技等领域拓展，对当地经济增长和就业的贡献与日俱增。①

中国与中东欧国家的文化联系也趋于密切深化。2017年2月11—12日，由匈牙利罗兰大学孔子学院和欧洲汉语教学协会联合举办的首届欧洲汉语教学国际研讨会在罗兰大学孔子学院召开，有26个国家的130多位参会代表出席。它是欧洲汉语教学协会首次举办的国际研讨会。

匈牙利是"一带一路"倡议中连接东西欧的重要枢纽，也是中国商品进入欧洲市场的重要中转地和集散地。目前，中国已成为匈牙利在欧盟以外的最大贸易伙伴，匈牙利已成为中国在中东欧地区的最大投资目的国。2004年，匈牙利将"向东开放"政策作为国家长期发展战略，因而非常重视与亚太地区尤其是中国建立和发展更加密切的合作关系。

① 《温家宝在第二届中国—中东欧国家经贸论坛的致辞》，新华网，2012年4月26日。

“一带一路”与“向东开放”形成战略对接，强化双方在经贸、文化等领域的合作。因此，匈牙利是欧盟成员国中最早响应中国“一带一路”倡议的国家。2015 年 6 月，中匈两国签署《中华人民共和国政府和匈牙利政府关于共同推进丝绸之路经济带和 21 世纪海上丝绸之路建设的谅解备忘录》，匈牙利成为首个与中国签署“一带一路”建设正式合作文件的欧洲国家。① 2015 年 3 月 27 日，匈牙利佩奇大学与中国河北联合大学合建的具有中医特色的孔子学院在佩奇市隆重揭牌。佩奇大学中医孔子学院是欧洲大陆首所、全球第 7 所中医孔子学院，也是匈牙利成立的第 4 所孔子学院。2016 年 1 月 4 日，匈牙利国家电视台开播汉语新闻节目。

罗马尼亚为中东欧重要门户，是贯通欧洲—中亚—中国经济合作的欧洲重要桥头堡。中罗两国人文交流频繁，近年文化科教互访每年都近 30 次，双方已有 30 对友好城市，而罗马尼亚的 4 所孔子学院更是两国文化交流的重要平台。②

捷克是中国企业在中东欧地区主要的投资目的地之一。中国驻捷克大使马克卿在 2016 年 1 月表示，近一两年来中国银行、华为、陕鼓动力、中国华信等公司纷纷在捷克落地，对捷投资总额已超过 7 亿美元，占中国对中东欧 16 国投资总额的 14%。③ 2014 年 11 月 19 日，捷克帕拉茨基大学孔子学院布拉格分院正式成立。帕拉茨基大学孔子学院成立于 2007 年，是目前捷克唯一一所孔子学院。布拉格分院依托捷克外交学院，开展面向公众的汉语培训课程。2015 年 6 月 17 日，赫拉德茨中医中心揭牌，是捷克乃至东欧首家由政府支持的中医中心。该中心中医团队共 7 人，其中包括 1 名来自上海的派驻医生。捷克“丝绸之路”研究会于 2015 年发起，旨在深入研究中国提出的“一带一路”倡议，推动中捷经贸与文化交流。目前，北京、上海、成都三地至布拉格直达航线相继开通，大大便利了双方经贸和人员往来。

四、侨情发展趋势与应对思考

纵观当前欧洲发展形势，东部地缘政治动荡，难民潮大量涌至，恐怖主义威胁犹存，经济复苏低迷，右翼势力崛起，族群冲突不断，欧盟及各成员国日子很不太平。华侨华人的生存与发展面临巨大压力，喜忧参半。观望与坚守是当前欧洲大多数华商的状态，但转机与发展才是他们所需要的。概而言之，未来欧洲侨情发展有两方面值得重点关注，一是移民的规范化发展，二是华商跨境电子商务发展。

1. 受经济低迷和政治向右的影响，各国移民发展空间受到挤压，华侨华人走规范化发展道路是必然趋势

当前华人社会中出现的很多问题，归根结底其实都是空间问题，如生存空间、发展空间等。华商企业屡遭查抄、生命财产屡受侵犯等问题都是空间问题的外在表现。部分华侨华人的不正当操作带来的快速膨胀无疑挤压了当地社会的生存发展空间，破坏了已有的社会秩序。作为经济和政治制度的本能反应，消除这些不规范现象并给予一定惩罚也是制度

---

① 张行、董婧涓：《匈牙利华侨华人与“一带一路”建设》，http：//pit. ifeng. com/a/20151010/44808186_0. shtml。

② 张行、董婧涓：《罗马尼亚华侨华人与“一带一路”建设》，http：//www. globalview. cn/html/global/info_6305. html。

③ 《马克卿大使在捷克与“一带一路”专题研讨会上的讲话》，http：//www. fmprc. gov. cn/ce/cecz/chn/zxdt/t1334535. htm。

设计的主要目的。因此，在被制度处罚时，似乎所有人都无计可施，甚至得不到同情。近年来，意大利、西班牙等国华商不断曝出被查事件，无论是当地社会还是华人社会都冷漠面对，甚至引发当地社会对华人的负面看法。即使是华人社会组织上街游行，试图给当地政府施压，似乎也无济于事，甚至不得不雇用私家保安。值得庆幸的是，部分社团及侨领已经觉悟，通过社团联合自强，组织大家走规范化道路，并且倡导华侨华人主动回报当地社会，融入主流环境。匈牙利福建商会在当地警察、海关、税务等部门从2014年12月起进行一个多月的大检查后反思认为，华商必须彻底改变灰色经营模式，规范经营，着眼长远，积极作为，同心协力促进华商市场长期可持续发展。① 2016年1月，意大利普拉托诸多华侨华人社团也针对华人治安环境恶化共同商议成立一个专门的服务中心，牵头具体负责由华人治安引发的案件，协调安排市内各区大范围的安保巡逻，争取官方机构支持及让华人参与合法巡逻检查；此外，还组织提倡“和平文明共处”行动，队伍的旗帜上写着“我爱普拉托”“和平万岁”“抗议犯罪行为”等标语。对此，普拉托当地新闻媒体也表示：“在华人与意大利人各种相处关系中，这可谓至今我们所见到的最大的转折。新一代的华人孩子在意大利长大，然而没有出生在意大利的华人也希望能在真正意义上融入意大利社会并与其和平相处，同时他们还在不断进行思考及自我反思。”②

2. 机遇与挑战并存，华侨华人应该进一步结合跨国优势，重视品牌和平台建设，推动跨境电子商务发展，实现经济转型和规模发展

2017年，中欧有望继续在“一带一路”建设、欧洲投资计划、5G产业、城市化、能源、智能城市、创新等领域不断拓展合作空间。但作为以中小企业为主体的华商而言，“互联网+”和“一带一路”给他们带来的机遇可能更多的是围绕大经贸格局，积极拓展中欧双边贸易，深耕华商传统行业和探索新产业发展，培育新的增长点。30年来，欧洲华商从零开始，抓住了中国“入世”的历史机遇，通过进口“中国制造”销往欧洲取得成功。如今，面对低迷的消费市场，缺乏品牌和资本优势的中小企业如何生存和发展是迫在眉睫的问题。在互联网时代，在世界大格局下，华商应该再次抓住机遇，通过电商把欧洲产品带入中国市场。欧洲在农食、环保等领域拥有众多优秀产品，中国则拥有庞大的市场需求，相信跨境电商的发展必将推动中欧企业互利双赢。③ 2015年，阿里巴巴的马云和京东的刘强东分别到巴黎寻找商机，法国众多华商也积极加入跨境电商大军。如法国37VIP集团刘若进集展示、销售和物流于一体的华人跨境电商“37速运”开业；华商黄学铭代理的法国品牌ELITE在F2C的推动下，进驻京东全球购；法国华商参股的“唯品会”（VIP. com）已经成为国内发展最快的跨境电商之一，华商陆晓峰收购的法国品牌也入驻了“唯品会”。而在华商跨境电子商务发展过程中，尤为值得注意的主要是两点：品牌和平台。④ 很多人曾经预测，2016年对于华商来说还是非常困难的一年，各种矛盾将在这一年集中显现。⑤ 展望未来，欧洲华侨华人的发展道路依然艰辛。

---

① 《反思大检查影响　匈牙利侨团倡议华商规范经营》，http：//news. ifeng. com/a/20141220/42760954_0. shtml。

② 《意大利“中国城”普拉托：华人如何实现治安逆袭》，http：//money. 163. com/16/0119/15/BDN1IMKS00254TI5. html。

③ 《中欧华商聚首巴黎　纵论新常态下跨境电商谋转型》，http：//www. chinanews. com/hr/2015/05－31/7311791. shtml。

④ 《2015年华商转型之战：法国华人电商“跨境”的曙光》，http：//huashe. oushinet. com/qsnews/20151221/215816. html。

⑤ 《转型升级迫在眉睫　2016法国华商发展“狼来了”?》，http：//huashe. oushinet. com/qsnews/20151228/216462. html。

中东地区

中东地区是“一带一路”上的重要节点，分布着数以十万计的华侨华人，除了维吾尔族、回族、哈萨克族等少数民族华侨华人以外，中东地区的华侨华人主要包括中国商人、大型中资企业员工、劳工等几类。中东的中国商人作为“一带一路”建设的“民间力量”，在中东的贸易和投资活动扩张迅速，但也面临着宗教文化、经济周期、政治跌宕等因素的挑战，美国的干扰也时隐时现。近年来中东局势动荡，给中东华侨华人的人身财产安全造成较大威胁。

一、中东地区概况

“中东”作为一个地理概念，一般是指亚洲西部以及非洲东北部地区，具体包括伊朗、伊拉克、科威特、沙特阿拉伯、阿联酋、卡塔尔、巴林、也门、阿曼、约旦、以色列、巴勒斯坦、黎巴嫩、叙利亚、土耳其、埃及等国家和地区。中东地区人口约 4.07 亿，土地面积 742 万平方千米，2014 年 GDP 约 38 712 亿美元，经济体量巨大，市场腹地广阔。中东地区自古以来与中国的经济文化往来密切，是古代丝绸之路和古代海上丝绸之路的重要目的地和中转地，更是当下“丝绸之路经济带”和“21 世纪海上丝绸之路”的重要节点。

表 1　中东国家和地区概况

国家	人口（万人）	土地面积（万平方千米）	GDP（亿美元，2014 年）	人均 GDP（万美元，2014 年）	首都
埃及	8 670	100.1	3 022	0.32	开罗
巴林	123.5	0.08	340	3.3	麦纳麦
伊朗	8 000	164.5	4 153	0.53	德黑兰
伊拉克	3 600	43.83	2 250	0.63	巴格达
以色列	846.2	2.5①	3 037.7	3.7	耶路撒冷②
约旦	663	8.9	366	0.55	安曼
科威特	396.5	1.78	1 810	4.8	科威特城

① 目前实际控制面积。

② 1980 年以色列议会通过法案宣布耶路撒冷是以色列“永恒的与不可分割的首都”，但目前绝大多数同以色列有外交关系的国家将使馆设在特拉维夫及其周边城市。

(续上表)

国家	人口(万人)	土地面积(万平方千米)	GDP(亿美元,2014年)	人均GDP(万美元,2014年)	首都
黎巴嫩	458	1.05	499.2	1.02	贝鲁特
阿曼	409.2	30.95	769	4.2	马斯喀特
巴勒斯坦	1 100①	1.15②	72.9	0.17	耶路撒冷③
卡塔尔	212	1.15	1 980	9.3	多哈
沙特阿拉伯	3 077	225	7 525	2.44	利雅得
叙利亚	1 980	18.52④	330	0.17	大马士革
土耳其	7 874	78.36	8 001	1.04	安卡拉
阿联酋	930	8.36	4 164	4.5	阿布扎比
也门	2 360	55.5	392	0.17	萨那
总计	40 699.4	741.73	38 711.8	0.95	

数据来源:根据中华人民共和国外交部网站数据整理所得。

在"一带一路"的大背景下,中国与中东地区的经贸往来增长迅速。可以发现,中国对中东地区的直接投资规模不小,但在不同国家的投资规模存在显著差异,主要集中在伊朗、沙特阿拉伯和阿联酋三个产油国,约占对中东投资额的70%。中东的另外两个大国——埃及和土耳其,虽然人口规模、国土面积和GDP总量也相当大,但是中国对这两国的投资额却要小一个数量级。另两个重要产油国科威特和卡塔尔,虽然是小国,但是中国对他们的投资也达到比较大的规模。综合上述情况可以判断,中国对中东地区的投资有相当大部分是与石油相关的投资。贸易方面,可以发现中国对中东各国的出口数量普遍较大,出口规模基本与该国的经济及人口规模相称,例外的是阿联酋,中国对阿联酋的出口量特别大,这主要是因为阿联酋是中东地区的贸易中心,很多中国商品会经阿联酋中转到中东其他地区。进口方面的特点更加明显,从产油国的进口规模大,从非产油国的进口规模很小(以色列除外)。因此,大体上,中国对产油国形成逆差(阿联酋除外),对非产油国形成顺差,并且一般是压倒性的顺差(以色列除外),这反映了中国的制造业相对于中东国家有很强的竞争力。

① 包括流落国外的难民和侨民。
② 根据1947年11月联合国关于巴勒斯坦分治的第181号决议所划定的面积,但大部分土地目前实际为以色列控制。
③ 1988年,巴勒斯坦全国委员会宣布耶路撒冷为首都,但目前政府主要部门在拉马拉。
④ 包括被以色列占领的戈兰高地约1 200平方千米。

表 2　2014 年中国与中东地区投资及贸易情况

单位：万美元

国家	对外直接投资流量	年末对外直接投资存量	出口总额	进口总额
埃及	16 287	65 711	1 046 051	115 952
巴林		376	123 178	18 396
伊朗	59 286	348 415	2 433 849	2 750 385
伊拉克	8 286	37 584	774 384	2 076 124
以色列	5 258	8 665	773 911	314 064
约旦	674	3 098		
科威特	16 191	34 591	342 872	1 000 496
黎巴嫩	9	378	260 486	2 539
阿曼	1 516	18 972	206 538	2 379 586
巴勒斯坦		4	7 551	9
卡塔尔	3 579	35 387	225 401	833 673
沙特阿拉伯	18 430	198 743	2 057 524	4 850 803
叙利亚	955	1 455	98 437	213
土耳其	10 497	88 181	1 930 546	370 540
阿联酋	70 534	233 345	3 903 451	1 576 336
也门	596	55 507	220 131	293 285
总计	212 098	1 130 412	14 404 310	16 582 401

数据来源：根据《中国统计年鉴》（2015）以及《中国对外直接投资统计公报》（2015）数据整理所得。

与世界很多地区不同，中东地区的华侨华人来源复杂，很多是少数民族华侨华人，在很多情况下缺乏统计。中东很多国家的华侨都是以“新侨”为主，出现得很晚，并且流动性很大，数量变化剧烈。不少人的居留时间还达不到具备华侨身份的年限，严格来说不能算是“华侨”，但他们的经济活动、生活状况、社会联系与满足“华侨”标准的中国公民又没有明显差别，因此华侨与非华侨的界限存在模糊性，一些机构把他们一律称为华侨①，因此中东地区的华侨华人数量难以准确统计。西南大学历史文化学院冀开运教授根据报刊和网络资料，指出伊朗华侨 3 000—4 000 人；埃及有华侨华人及留学生 4 000 人左右；阿联酋华侨华人约 10 万；沙特阿拉伯华侨华人有 15 万—18 万，其中 90% 以上是维吾尔族；土耳其华侨华人 6 万—8 万，其中维吾尔族 4 万—5 万，哈萨克族 2 万—3 万②。厦门大学南洋研究院庄国土教授等估计，中东华侨华人总数超过 40 万，其中 20 万是维吾尔族，15 万是汉族，2. 5 万是哈萨克族，2 万是回族。地域分布方面，伊朗华侨华人数量约 3 000—

① 见广东省赴非洲—中东侨务资源调研团撰写的《阿联酋华侨社会的现状》。

② 冀开运：《论中东华侨华人的形成根源、民族构成和人数估计》，见国务院侨务办公室政策法规司编：《国务院侨办课题研究成果集萃 2007—2008 年度》。

4 000 人，以色列10 000—25 000 人，埃及4 000—5 000 人，阿联酋10 万—15 万人，沙特阿拉伯15 万—18 万人，土耳其6 万—8 万人①。

二、几类主要的华侨华人

（一）中国商人

除了叙利亚、也门、利比亚等少数战乱国家，中国商人遍布中东各国，主要集中在批发零售行业，其中以中东地区的贸易、航运、金融中心——阿联酋居多，尤其是2000 年以后，中国商人大量涌入阿联酋，使得阿联酋成为中东地区华侨最多的国家。根据广东省赴非洲—中东侨务资源调研团的调查②，阿联酋华侨数量高达20 万，阿联酋华侨来源主要包括三个：一是20 世纪90 年代初从大型国有企业驻中东机构离职创业的人员，这类华侨在阿联酋扎根最久，在中阿两国都有着层次较高的社会关系，在商业上最为成功，是阿联酋侨界的"中流砥柱"；二是90 年代末开始进入阿联酋从事进出口贸易和批发生意的商人，主要经营产自中国的产品，尤其以浙江、福建、广东等地区的商人为多，这类华侨进入阿联酋的时间也相对较早，商业机会较多，又适逢中国出口贸易的高速扩张期，在商业上也比较成功，一些商人在早期的经营当中赚取到丰厚利润以后，开始投资商业地产，目前阿联酋多个大型商场和批发市场都是由这批华侨投资兴建；三是2000 年以后，尤其是2004—2005 年，大量中国商人涌入阿联酋，这批商人在数量上构成了阿联酋中国商人的主体，他们虽然进入阿联酋较晚，在捕捉商机方面可能不如前两批商人，但是他们在中国有着多年积累，资金实力较为雄厚，起点较高。

阿联酋华商主要从事进出口贸易，此外在旅游、餐饮等行业也有分布，贸易领域的华商主要集中在纺织品、日用百货、汽车配件、建筑材料等领域，并以此为基础向物流、商业地产等上游环节延伸，在商业地产方面的成绩尤其值得称道，最著名的有迪拜龙城，后来广东省电脑商会下属多家会员企业联合外国企业投资6 亿人民币在阿基曼自由贸易区兴建"中东中国商品采购中心"，超过龙城成为面积最大的华商集中地，此外还有阿联酋迪拜中国商品城、阿联酋轻工城、中国建材批发中心等。

以商人为主体，阿联酋华侨组建了约二十个社团，其中影响最大的社团是阿联酋华侨华人联合会和中国商会。其中，阿联酋华侨华人联合会在中国侨联和中国驻阿联酋大使馆的支持下于2009 年12 月成立，总部设在迪拜，另在阿布扎比、沙迦、富查伊拉设有分会，首批会员有824 人，发起单位多达66 个，并主办中东地区最大的华文报纸《中东侨报》。此外还有十多个地缘性商会或社团（同乡会），有的以省为单位（广东、湖南、山东、江西、江苏、湖北等），也有的以市或文化区域为单位（温州、闽南、台州、温岭等），这些地缘性团体，往往实行商会与同乡会"两块牌子，一套人马"的运作模式，此外，还有的商会是以经营场所为单位组建的，例如迪拜龙城商会。这些地缘性社团中，阿联酋温州商会的影响较大，早于2004 年2 月便成立，会员企业多达500 家。

---

① 庄国土等：《华侨华人分布状况和发展趋势》，《侨务工作研究》2010 年第4 期。

② 见广东省赴非洲—中东侨务资源调研团撰写的《阿联酋华侨社会的现状》。

数量庞大的中国商人也支撑起近十家华文纸质媒体，影响最大的为阿联酋华侨华人联合会主办的《中东侨报》，是中东地区第一家发行量超过一万份的中文报纸，除了立足阿联酋，还辐射到其他中东国家，其他纸质媒体还包括《东方商报》《华人时报》《华人之窗》《海外浙商》《新民商报》等报纸以及《华人资讯》《海湾资讯》等杂志，另有迪拜华人网和阿联酋中国商会网等中文网站。

必须指出的是，阿联酋的华商群体并不是孤立的存在，相反，阿联酋之所以成为中东地区华侨最多的国家，原因在于阿联酋是中东的航运及贸易中心，因此阿联酋事实上是中东地区华商网络的中心节点，连接着整个中东地区的华商。2015 年 11 月，首届中东华商大会在迪拜召开，来自阿联酋、埃及、沙特阿拉伯、卡塔尔、科威特、约旦、伊拉克、伊朗、土耳其、以色列等国的华商参会，会议以“一带一路·华商机遇”为主题，举办“一带一路”发展与合作论坛以及各项经贸洽谈、产品展示、专题论坛、商务考察、大型文艺专场演出等活动，此后将每年举办一届。

在以阿联酋为中心的中东华商网络中，埃及是一个比较重要的组成部分，在埃及的华侨华人约有 5 000 人，其中商贸人士占了相当高的比例。华商主要集中在三大行业：一是华人的传统行业餐饮业，一些华人开设的中餐馆已经达到十几家连锁店的规模，有一定影响力；二是旅游业，这主要得益于埃及丰富的旅游资源以及中国庞大的游客资源，以中国游客为主要服务对象；三是采石及石材加工业，这是埃及华商从事的最大行业，以大理石为最大宗，所产大理石大部分销往中国。除了这三大行业以外，华商在零售、电信、制衣、制鞋等行业也有所分布，并且都以民营企业为主，活动范围集中于开罗、亚历山大和塞得港。华商进入埃及主要出于三种动因：一是利用埃及丰富的资源（以大理石行业为代表）；二是利用埃及 8 300 万人口背后庞大的市场资源（以商贸、制鞋等行业为代表）；三是利用埃及的“政策红利”，例如纺织行业利用埃及纺织品不受欧美市场配额限制的优势，在埃及加工纺织品并向欧美出口①。中东地区的另一个重要经济体是土耳其，土耳其华商与埃及华商有类似之处，土耳其同样盛产大理石，成为吸引中国商人投资的一大动因，中国企业在安塔利亚、卜杜尔、厄斯帕尔塔等地收购的大理石矿山超过 100 座②；土耳其人口超过 7 500 万，与埃及接近，市场十分巨大，对华商有着较大吸引力，例如，土耳其华商会主席宋子彬发现土耳其节日很多，对礼品需求巨大，因此弃教从商，专门进口中国生产的礼品；土耳其的“政策红利”更加丰厚，因其地跨亚欧，与欧盟订有关税同盟协议，商品在土耳其纳税以后，进入欧盟无须征税，当地华商与中国公司共同出资 1.5 亿美元在土耳其中部兴建占地十平方千米的土耳其中国工业园，专门吸引中国企业前来投资设厂。除了埃及和土耳其，一些传统上华商较少的国家，近年来也迎来数量颇多的华商，阿曼邻近阿联酋，随着阿联酋华商之间竞争日益激烈，一些华商转战阿曼市场，在离阿曼首都马斯喀特 40 分钟车程的地方建立的名为金龙商城的“中国城”，成为阿曼最大的综合购物商城。

（二）大型中资企业员工

随着中国“一带一路”倡议的提出，中东在中国的对外经济交往中所占据的地位日益

① 欧亚非：《埃及的华侨华人经济》，《侨务工作研究》2006 年第 2 期。

② 《华商在土耳其购买大理石矿权遇阻》，石材网：http：//www. 17cn. com/InfoPlatform/Detail/HH271100help19. html。

重要，中国企业在中东的直接投资和工程承包（以及伴随着工程承包而来的劳务输出）数量都迅速增长，其主体是国有企业以及以华为为代表的大型民营企业。中东地区是世界主要的石油产地，因此中资企业很大比例的投资和工程承包都与石油开采、炼油和港口有关，例如中海油在伊拉克的米桑油田项目，中石化与沙特阿美石油合作开发的40万吨GCC炼油厂项目，中国港湾工程有限公司承建的卡塔尔多哈新港项目等。这些企业的员工构成中东地区中国人的重要组成部分。总体来说，这些国有企业和大型民营企业运作比较规范，员工的待遇、劳动条件、生活条件和人身安全较有保障，一般都由企业统一为员工安排比较安全的住宿，企业和员工在当地的行为也相对规范，在当地社会的影响相对较好。

表3　2014年中国在中东地区工程承包及劳务合作项目中中方人员数量

单位：人

国别	工程承包		劳务合作	
	派出人数	年末在外人数	派出人数	年末在外人数
巴林		7		
埃及	159	185		
伊朗	645	1 371		
伊拉克	7 816	11 586	240	183
以色列	7	106	104	243
约旦	3	80	165	1 050
科威特	1 832	2 833	32	2 252
黎巴嫩	1	5		6
阿曼	35	495	30	23
卡塔尔	1 188	2 404	133	1 482
沙特阿拉伯	17 062	22 960	2 275	9 548
土耳其	3 359	3 495	26	33
阿联酋	1 421	5 461	1 350	6 187
也门	1 027	503		

数据来源：《中国统计年鉴》。

（三）少数民族华侨华人

与世界其他地方相比，中东华侨华人的一大特征在于少数民族华侨华人众多，基本是信奉伊斯兰教的少数民族。与汉族华侨华人相比，主要是经济移民这一情况不同，少数民族华侨华人到中东定居的原因较为复杂，综合现有学者的研究[①]，中东地区少数民族华侨华人移民的原因主要包括朝觐未归、留学、经商和政治因素。朝觐未归：朝觐天房是伊斯兰教规制的五大功课之一，每个穆斯林在身体及经济状况允许的情况下应该前往沙特阿拉伯麦加朝觐。但是前往麦加朝觐的穆斯林，尤其是在19世纪末和20世纪上半叶，有可能因为种种原因而滞留不归，例如因为朝觐完成后盘缠耗尽、健康出现问题、国内出现动荡而被迫滞留当地，有的则因为路途遥远错过了朝觐时间只得逗留一年再朝觐，但久而久之，就定居下来。朝觐未归的华侨华人主要定居在沙特阿拉伯，也有部分辗转到土耳其、约旦、科威特等国家。留学：1931年便有云南回族学生前往埃及爱兹哈尔大学留学，中华人民共和国成立以后的不同时期中国政府也先后向埃及派遣多批留学生，改革开放以来一些少数民族学生前往土耳其（以伊斯坦布尔为主）、叙利亚（以大马士革为主）、伊拉克（以巴格达为主）、埃及（以开罗为主）等地留学，除了学习经文以外，也有学习语言、医学等，部分留学生学成以后定居在当地，成为中东地区少数民族华侨华人的一部分。经商：维吾尔族、回族都有着悠久的经商历史，民国初年新疆领护照出国经商者每年达2万人之多[②]，部分在外经商的少数民族商人最终在当地定居，成为华侨华人。政治因素：新疆地区民族众多，历史关系复杂，新中国成立前又频繁出现民族政策的失误，加上外国势力的介入，成为少数民族外迁的动因。例如20世纪30年代哈萨克牧民在青海、甘肃与当地牧民因牧场划分而产生矛盾并遭到马步芳势力的镇压，大量牧民逃往克什米尔，部分辗转到达土耳其；30年代一些分裂分子在帝国主义支持下企图“独立建国”，失败以后逃往土耳其等国；在盛世才统治时期，高压政策也让不少少数民族居民逃往国外。

按照李安山的估计[③]，沙特阿拉伯有维吾尔族华侨华人15万左右、回族华侨华人2万以上，在塔伊夫、吉达、麦加最为集中，三地合计约9万人，第二代、第三代华人的受教育水平很高，但对传统文化的传承较弱[④]；土耳其有维吾尔族华侨华人5万左右，哈萨克族华侨华人2.5万左右。中东地区的维吾尔族华侨华人主要从事工商业，包括皮货、绸缎、地毯等产品的零售，以及经营饭店、旅馆、理发店等，有的还经营工厂甚至涉足石油运输业、房地产行业；哈萨克华侨华人早期以从事农业为主，后来转而从事商业，尤其是对德国、意大利、中国台湾等地的对外贸易，也有的开办工厂，经营皮革、造纸、塑料、印染、机械、医药等行业，涌现出一批企业家。中东地区的华侨华人继承了中华民族重视教育的优良传统，新一代普遍受到良好教育，并有一定比例的欧美留学生，涌现了一批知识分子和专业人士[⑤]。

中东地区的少数民族华侨华人虽然已经移居外国多年，甚至就在当地出生，但是不少人依然心系祖（籍）国以及乡亲。例如，来自甘肃的沙特阿拉伯华侨马致忠每年都热情接

---

① 见王庆丰：《维吾尔族华侨移居西亚地区史探》，《华侨历史》1986年第3期；谭天星：《现代中国少数民族人口境外迁移初探》，《华侨华人历史研究》1995年第2期；赵和曼：《少数民族华侨华人研究》，北京：中国华侨出版社2004年版；冀开运：《论中东华侨华人的形成根源、民族构成和人数估计》，见国务院侨务办公室政策法规司编：《国务院侨办课题研究成果集萃2007—2008年度》；马明达：《西北穆斯林国外侨民的形成及其特点》，《暨南学报（哲学社会科学版）》2012年第11期。

② 见马明达：《西北穆斯林国外侨民的形成及其特点》，《暨南学报（ 哲学社会科学版）》2012年第11期。

③ 李安山：《少数民族华侨华人：迁移特点、辨识标准及人数统计》，《华侨华人历史研究》2003年第3期。

④ 朱慧玲：《新疆籍华侨华人在西亚》，《八桂侨史》1999年第4期。

⑤ 张天、戴华年：《中亚西亚华人的历史与现状》，《宁夏大学学报（社会科学版）》1994年第3期。

待来自家乡的朝觐团；马步芳的侄孙女、沙特阿拉伯华侨马蓉瑛捐款52万元人民币帮助家乡兴建清真寺、学校和饮水工程；沙特阿拉伯维吾尔族华人艾明·阿不都乌蒲尔是成功的商人，为保护新疆重点保护文物捐资600万元，又在维吾尔族同胞中积极宣传抵制分裂主义[①]；土耳其维吾尔族人萨比尔·博格达积极团结当地侨胞，向土耳其政府及民间介绍中国改革开放的成就，带领成立了土耳其唯一的少数民族华侨华人商会——土耳其维吾尔工商协会，以加强土耳其华侨华人对新疆及整个中国的认识，避免产生误解，他又积极为中土两国的大学合作穿针引线，2015年他还获邀列席全国政协会议[②]。

（四）劳工

总体而言，中东地区的生育率比较高，劳动力资源丰富，很多国家（例如埃及、也门）失业率非常高，呈现出劳动力过剩的情形。然而这两个结构性问题使得中东地区对中国劳工仍然存在需求，一是中东国家之间的贫富差距极大，埃及、也门、约旦等不生产石油或生产石油较少的国家，经济发展水平低，就业岗位不足，劳动力严重过剩，但沙特阿拉伯、科威特、阿联酋、卡塔尔等产油国以及以色列非常富裕，对劳动力需求很大，本国劳动力远远不能满足需求，便产生了对外国劳工的需求；二是中东的富裕国家所需要的劳动力当中，有很大一部分要求具有一定技能，例如建筑行业，但本区域的劳动力总量虽大，却不能很好地满足这一需求。大型中资企业在中东地区承揽了数量巨大的工程项目，包括建筑、基础设施、石油开采等，项目建设过程当中需要招募大量的中国劳工，这部分劳工从原则上讲是短期的、项目制的，是附属于工程承包的劳务输出，这在前文的论述中已有所涉及，此处不再赘述。但是，中东本地的企业同样对中国劳工有需求，这便产生了另一种类型的中国劳工，这种情况主要在以色列和阿联酋出现。

以色列原本主要依赖巴勒斯坦的工人，20世纪90年代中期开始，以巴关系日趋紧张，以色列开始限制使用巴勒斯坦工人，这便为中国向以色列的劳务输出创造了契机。以色列境内的中国劳工众多，但由于来源复杂，一直缺乏系统性的统计，根据不同的消息来源，以色列境内的劳工约有3万，从行业分布来看，约90%都在建筑业，从来源地来看，大部分是福建人[③]。以色列的劳工签证，一般是由劳务公司或其他雇主向内政部申请，获得签证者不能转换雇主，否则即属违法。2002年以前，以色列对劳工签证的发放比较宽松，中国对以色列的劳务输出也相对规范，劳工需要向中介公司缴纳的费用相对较低。2002年以色列政府实行"关闭天空"政策，一方面严厉打击非法劳工，一方面大幅度减少劳工签证数量，这使得劳工签证名额十分稀缺，成为中介公司牟取暴利的手段。中国劳工想前往以色列打工，需要缴付十万元甚至更高的费用，这需要一年左右的工作才能赚回，但同时，外国劳工数量的减少，也使其收入大幅提升，月收入从2005年的8 000人民币左右上升到

---

① 冀开运：《论中东华侨华人的形成根源、民族构成和人数估计》，见国务院侨务办公室政策法规司编：《国务院侨办课题研究成果集萃2007—2008年度》。

② 《两会上的维族面孔：在土耳其经商被疆独分子骂》，观察者网：http：//www. guancha. cn/politics/2015_03_13_312120. shtml。

③ 见沈建农：《以色列的中国劳工》，《侨园》2005年第3期；王昭：《中国劳工在以色列赚钱不容易》，《人民日报（海外版）》，2006年5月2日第2版；李明欢：《谋生于合法与非法之间：在以色列的福建人》，《世界民族》2008年第4期。

2015 年的 3 万元以上[①]。除了需要交纳高额中介费，中国劳工面临的问题还包括劳动时间过长，每天工作时间往往不低于十小时，工资不按时发放的情况时有发生。更严重的问题是工资受到克扣，由于建筑行业常常有中国包工头介入，打破了以色列原有的薪酬通过劳务公司按政府标准统一支付的局面，薪酬的发放变得混乱，这便使工人常常面临着薪酬被克扣的情况。由于雇主所支付的薪水本身就明显低于市场价格，加上薪酬不时被拖欠或克扣，而且以色列政府的工作签证有效期过短（27 个月），很难满足劳工偿还中介费债务以及挣钱的需要，不少工人在本职工作以外违法再从事兼职，甚至干脆直接脱离现有公司到市场上“打黑工”，又或者在工作签证到期以后非法滞留，也有的劳工以旅游名义到达以色列后滞留不归，或者从埃及偷渡到以色列“打黑工”。上述种种情况都脱离了以色列劳动力市场的正轨，这又反过来加剧劳动力市场的混乱，包括包工头进一步介入建筑业劳动力市场，薪酬发放随之更加混乱，更有甚者，包工头以及工人依照地缘纽带结成各种帮派，互相之间常常发生摩擦甚至暴力冲突。

这些情况与以色列政府收紧外国劳工政策或多或少有一定关系，此后以色列在 2005 年把劳工签证的有效时间由 27 个月延长至 64 个月，并在签证配额上有所放宽。2015 年 9 月，以色列政府为了对抗高房价，决定引进两万名中国工人以增加房屋供应量。这些举措可能有助于缓解以色列劳工市场的混乱问题。

与以色列不同的是，阿联酋的中国劳工虽然也有相当大比例是在建筑装修行业，但由于阿联酋的商贸、旅游和航运业也十分发达，大量中国游客前往阿联酋消费或中转，零售业和航空业对会中文的服务员需求巨大，酒店业则需要大量普通服务员，因此不少中国劳工，尤其是女性劳工在阿联酋从事服务业。但是，由于在服务业外劳市场上，阿联酋面临着新加坡、中国澳门甚至美国等地的竞争，而阿联酋的薪金水平并无明显竞争力[②]，加上离中国较远，文化差异大，阿联酋服务业的吸引力有限，未来中国劳工的数量未必会有明显增长。

三、“一带一路”背景下华商在中东的机遇与挑战

无论对于“一带”还是“一路”，中东都是非常重要的一环。中东本身是世界主要的石油产地，中东地区又有超过 4 亿的人口和接近 4 万亿美元的 GDP 规模，市场潜力巨大。从地理位置来讲，中东是中国通往欧洲和非洲的陆上通道，并扼住中国与大西洋地区航运贸易的咽喉。因此，中东地区必然是“一带一路”倡议的一大重点。中东地区有着数十万华侨华人，他们熟悉当地社会文化状况，在当地社会建立了一定社会联系，甚至已经在当地建立起相当的商业基础，因此，中东华侨华人可以成为中国实施“一带一路”倡议的重要抓手。事实上，已经有一些华侨华人抓住了国家实施“一带一路”倡议这一历史机遇大举投资，成为“一带一路”的民间力量。例如，埃及华人华商协会副会长王虎，看到埃及政府推出“苏伊士运河走廊计划”对接“一带一路”倡议之后，意识到背后的巨大商机，迅速在 2014 年拿到三张钢铁厂许可证，在 2015 年正式进入常规性生产，被称为“钢铁大

---

① 见非营利性机构“以色列计划”的报告《中国建筑工人在以色列的现状》。

② 水潇：《阿联酋服务业劳务输出与国内招聘外包嫁接的研究》，天津大学硕士学位论文，2013 年。

王"。然而，华侨华人在中东地区具有一定根基只是相对而言的，事实上，中东的政治、宗教、社会状况异常复杂，华侨华人的经营活动也受到各种挑战，但挑战往往与机遇同在。

（一）宗教文化因素的影响

中东地区对投资者的一大吸引力在于劳动力价格低廉，但中国企业家到中东投资所面临的一大挑战在于，中东国家的文化与中国有很大不同，劳动力的供应受到限制，中国企业家所熟悉的管理方法也难以适用，这在很大程度上抵消了廉价劳动力的优势，甚至成为中国企业投资失败的一个重要原因。例如，国有企业天津泰达集团有限公司在苏伊士运河附近，按照中国的工业园模式建起了 6 平方千米的中国—埃及苏伊士经贸合作区，吸引了 50 多家企业进驻，多数为中国企业。但是中国的企业家普遍认为当地男性较为懒惰，难以成为合适的雇佣对象，但是已婚女性又不工作，未婚女性虽然工作但是晚上必须回到父母家过夜，通勤时间过长，种种因素极大地限制了劳动力供应①。中国企业家常面临的另一个问题在于，穆斯林一天要进行多次礼拜，打断了流水线生产的连续性，严重降低了工厂生产效率。再一个问题是，中东国家在斋月期间，港口与政府部门的工作基本停顿，企业员工即便上班也状态不佳，这都对企业运作带来极大困扰。

但是，中东地区与中国的宗教文化差异，也未尝没有为中国商人带来一些竞争优势。在商贸行业，中国商人往往是采用"夫妻档"模式，实现高效又高度信任的分工合作，而当地女人在结婚以后一般不再工作，这使得中国商人在商贸行业的竞争中获得某种程度上的优势。再一个例子便是，中国商人在埃及的内衣零售业取得成功，这得益于在埃及这个风气保守的国家，中国商人对于内衣销售这种生意没有那么多的禁忌，也不会因为顾客购买某种货品而指指点点或飞短流长，有效地保护了客户隐私②。

面对中国与中东国家宗教文化的差异，很多华商也开始适应当地的宗教习惯，2015 年 6 月底，埃及华人石材协会连同埃及中国商会、埃及中华总会发起了"埃及华人慈善月"活动，向当地人提供开斋饭，还向低收入家庭派送斋月礼盒，受到当地人的广泛欢迎。

（二）经济周期的影响

中东虽然是全球经济体系的一部分，不可避免地受到全球经济周期的影响，但是中东的经济毕竟有不同于中国的一套体系和运行特点，因此经济周期与中国并不完全一样，这便为中国商人提供了一个规避经济下行周期的机会。2015 年，中国的经济增长放缓，房地产等传统投资渠道收益下降、风险增大，相反，阿联酋逐步从 2008 年金融海啸的谷底走出来，很多中国商人便跃跃欲试，希望前往迪拜投资，以分享经济发展的红利。

但是，中东地区与中国经济周期的错位，只是让商人可以在一个地区经济下行时转移到另一个地方进行经营，并不意味着中东地区本身是没有周期性风险的。几年前很多温州商人前往迪拜炒房，恰逢迪拜债务危机，房地产价格大跌，一些温州商人所购买的迪拜塔房产，单价从每平方米 25 万人民币下跌到 18 万，后来进一步暴跌到 8 万，投资者资产严

---

① 见 Peter Hessler 在"纽约客"网站所撰写的报告《探寻内衣的秘密——中国商人和资本全球化》。

② 见 Peter Hessler 在"纽约客"网站所撰写的报告《探寻内衣的秘密——中国商人和资本全球化》。

重缩水，经营贸易的华商的生意也受到严重影响①。经济周期给华商带来的另一风险在于，由于中东地区缺乏像美元、欧元、英镑这样的坚挺货币，各国的本币汇率往往波动较大，经济周期波动往往导致汇率波动，为当地华商带来双重风险。各国外汇政策的波动也对华商带来重要影响，例如，2015 年埃及政府多次收紧政策，打击美元的流出，严重影响了华商投资埃及的积极性。

（三）政治局面的影响

2010 年末以来，埃及陷入社会动乱，出现政权更迭，叙利亚、利比亚、伊拉克、也门陷入战乱，至今未能平息，2016 年初土耳其社会也开始出现不稳定迹象，整个中东笼罩在异常紧张的气氛中。在数年的动荡当中，利比亚、叙利亚、也门和伊拉克北部的华侨已经基本撤出，中资企业蒙受了重大损失。埃及动荡期间，很多中国商人一度撤走，后来局势趋于稳定，才有部分商人回流，政治局面的动荡对于华商的不利影响是显而易见的。除了对华商人身财产的直接威胁以外，政治局面的动荡还造成几个方面的负面影响：政局不稳导致市场萧条，华商生意大受影响；政局动荡的国家本币大幅度贬值，造成华商财产缩水；很多客户在兑换美元或资金周转方面遇到困难，造成华商回款困难；一些客户以政治动荡为由恶意逃欠货款，造成华商损失。目前来看，中东局面的平息还需要漫长的过程，甚至有进一步加剧的可能，在很长一段时间里，政治及社会的动荡仍会是阻碍华商投资及经营的一大因素。

（四）美国因素的影响

由于利益纷争、以巴问题、意识形态分歧以及宗教因素，中东不少国家与美国关系紧张，尤其是伊朗和叙利亚。这使得很多西方公司在政策限制以及或明或暗的压力下，放弃与中东一些国家做生意，很多中东国家本身也对西方企业持有警惕或排斥态度，这便给予了中国企业一些机会，尤其是在石油开采、工程承包、电信以及贸易领域。然而，随着中国企业日益国际化，也不得不越来越顾忌美国的反应。中石油的子公司珠海振戎就曾经因为与伊朗有能源业务而受到美国制裁，中海油在美国的压力下搁置了北帕斯项目，中国昆仑银行因为与伊朗银行有交易而受美国制裁，被禁止与美国金融系统发生联系，美国的金融制裁还直接影响中国的贸易商人，导致他们无法使用信用证，对中伊贸易造成严重影响②。最新的例子是中兴通讯由于向伊朗提供设备而受到美国制裁，禁止美国供应商向中兴提供零部件和仪器，这将对中兴公司造成极为严重的打击。随着中国企业国际化程度的提高，中国企业在开拓中东业务过程中会遇到越来越多类似问题，需要引起充分的重视。

四、2015—2016 年动荡局势下的中东华侨华人

2015—2016 年，中东地区持续动荡，甚至有愈演愈烈之势，对当地华侨华人格局也有重要影响。2015 年 5 月 19 日，中国派遣了第 14 批赴黎巴嫩维和部队，其中扫雷工兵分队

---

① 见广东省赴非洲—中东侨务资源调研团撰写的《阿联酋华侨社会的现状》。

② 贺梦禹、罗来安：《左右为难的伊朗华商》，《世界博览》2012 年第 22 期。

180 人，医疗分队 30 人，建筑工兵分队 200 人，合共 410 人，在黎巴嫩执行为期八个月的维和任务，又在 5 月 26 日增派 210 人的第二梯队[①]。维和部队执行任务期间，曾在 12 月底遭遇黎巴嫩南部武装与以色列军队交火，并紧急疏散隐蔽，幸未发生伤亡。

中国境内也有一小撮极端分子受到“东伊运”势力以及国际恐怖势力的挑唆，由云南、广西等地边境非法出境，经由东南亚国家前往土耳其，最终到达叙利亚或伊拉克参加实战。按照中方所掌握的情况，目前在叙利亚参战的中国极端分子约有 300 人。[②]

随着也门战乱的加剧，2015 年 3 月 29 日，中国在也门撤走 122 名中国公民，30 日再撤走 449 名中国公民前往吉布提，[③] 4 月 7 日再撤走 83 人，其中包括部分外国侨民。[④] 2016 年 10 月，“伊斯兰国”（IS）恐怖组织处死 50 名从摩苏尔阵地逃跑的组织成员，另有 20 名成员被割掉耳朵，其中包括一名中国人[⑤]。在中东的军事行动当中，还有一些数量稀少但非常特殊的华侨华人。2015 年，有不少西方国家的公民自愿前往叙利亚或伊拉克成为“志愿军”与极端组织交火，其中也出现了华人的身影。7 岁时从成都移居英国的黄磊，2015 年成为“叙利亚人民保卫军”的志愿军，与“伊斯兰国”武装交战。也有三名来自开封的具有犹太人血统的华人于 2014 年底正式进入以色列军队服役。

除了近年来陷入战乱的叙利亚、伊拉克、也门等国，一些传统上比较稳定的国家也出现治安隐患，对华侨华人的人身财产安全造成威胁。2015 年 7 月初，受到“东突”势力蛊惑，土耳其爆发反华示威，伊斯坦布尔的一些中餐馆受到极右翼组织的打砸，也有中国游客或长得像中国人的亚洲游客遭到殴打；2016 年 6 月 28 日，土耳其伊斯坦布尔的阿塔图尔克国际机场发生恐怖袭击，超过 40 人死亡，其中包括一名土耳其籍华人，超过 40 名中国务工者及游客撤离机场，部分受轻伤[⑥]。在阿联酋的迪拜，也有来自泉州的中国商人遭劫杀，财物损失达 100 万迪拉姆（160 万—170 万人民币），当地华侨华人为其家属捐款 54 万元。[⑦]

---

① 见孟磊磊、王永安：《我第 14 批赴黎巴嫩维和部队第一梯队出征》，《解放军报》，2015 年 5 月 19 日。

② 《国家反恐局称约 300 中国人在叙利亚参战，多来自东伊运分支》，澎湃新闻网：http：//www. thepaper. cn/newsDetail_forward_1331689。

③ 《也门 571 名中国人安全撤离》，和讯网：http：//news. hexun. com/2015 - 03 - 31/174564854. html。

④ 见中央电视台报道，http：//news. cntv. cn/2015/04/10/VIDE1428644044364904. shtml，2016 年 5 月 10 日。

⑤ 《外媒：IS 处死 50 名“逃兵”，一中国人被割掉耳朵》，环球网：http：//world. huanqiu. com/exclusive/2016 - 11/9615556. html。

⑥ 《约有 47 名中国人安全撤离土耳其爆炸机场》，腾讯网：http：//news. qq. com/a/20160629/007774. htm。

⑦ 见《阿联酋华人华侨为遇难同胞募捐 54 万》，《海峡都市报》，2015 年 7 月 2 日。

印度尼西亚

自2014年10月印度尼西亚总统佐科维上台执政以来，印度尼西亚（Republic of Indonesia，简称“印尼”）国内政局基本保持稳定，主要政党纷纷支持佐科维政府。经济上，印度尼西亚政府出台多项配套措施，应对经济下滑。中国的“21世纪海上丝绸之路”与印度尼西亚“海洋强国”战略进一步对接，由中国投资的东南亚第一条高铁——雅万高铁在印度尼西亚顺利破土动工，标志着中国与印度尼西亚全面战略伙伴关系继续良性发展。印度尼西亚华人参政意识提高和参政热情高涨，在国会选举中取得了较好的成绩，钟万学成为雅加达首位华裔省长；印度尼西亚华人成功举办第13届世界华商大会，积极抓住中国“一带一路”建设的机遇，彰显了印度尼西亚华人进一步融入当地社会，增加了印度尼西亚社会的多元性，还推动着中国与印度尼西亚关系的大发展。但2016年下半年雅加达发生了大规模的“反钟万学”游行示威，印度尼西亚华人还需要居安思危。

一、印度尼西亚概况及中国—印度尼西亚关系

（一）印度尼西亚概况

表1　印度尼西亚概况

国家全名	印度尼西亚共和国
地理位置	北纬6°—南纬11°；东经95°—141°。位于亚洲东南部，地处赤道线上，以“千岛之国”闻名于世，由太平洋和印度洋之间17 508个大小岛屿组成，其中约6 000个岛有人居住，是世界上岛屿最多、面积最大的群岛之国
领土面积	全国陆地面积190.4万平方千米，居世界第九位，相当于中国的1/5；海洋面积790万平方千米（包括专属经济区），海岸线长54 716千米，领海宽度12海里，专属经济区200海里
首都	雅加达（Jakarta）
官方语言	印度尼西亚语
主要民族	爪哇族（41.65%）、巽他族（15.41%）、马都拉族（3.37%）等
政体	总统内阁制
执政党及主要反对党	由斗争民主党领导的执政联盟，包括民心党、民族民主党、民族复兴党、团结公正党等
现任总统	佐科·维多多（Joko Widodo），又称佐科维（Jokowi）

（续上表）

人口数量	2.55 亿（印度尼西亚中央统计局数据）
华侨华人数量	241 万—3 000 万（各方估算）
华侨华人所占比例	1.5%—12%（各方估算）
CPI	3.02%（印度尼西亚中央统计局 2016 年数据）
失业率	5.61%（印度尼西亚中央统计局 2016 年 8 月数据）
GDP 增长率	5.02%（印度尼西亚中央统计局 2016 年数据）
GDP	124.1 万兆盾（9 234 亿美元，根据印度尼西亚中央统计局 2016 年数据计算）
人均 GDP	4 867 万盾（3 621 美元，根据印度尼西亚中央统计局 2016 年数据计算）

（二）中国—印度尼西亚关系的新发展

目前，中国—印度尼西亚双方都在落实 2013 年中国国家主席习近平与印度尼西亚苏西诺总统签署的《中印度尼西亚全面战略伙伴关系未来规划》，两国关系在全面战略伙伴关系高度上继续向前推进。2015 年是中国—印度尼西亚建交 65 周年和万隆会议召开 60 周年，也是印度尼西亚建国 70 周年，可谓“三喜临门”。这一年中，中国与印度尼西亚全面战略伙伴关系发展取得了可喜的成绩，习近平主席和佐科维总统 3 次会晤、2 次通话，推动中国“21 世纪海上丝绸之路”倡议和印度尼西亚“全球海洋支点”战略对接，深化和拓展各领域务实合作。

2015 年 3 月 25—28 日，佐科维总统对中国进行国事访问，并出席博鳌亚洲论坛 2015 年年会。访问期间，两国签署了《中华人民共和国和印度尼西亚共和国关于加强两国全面战略伙伴关系的联合声明》。[①] 2015 年 4 月 21—24 日，习近平主席赴印度尼西亚出席亚非领导人会议和万隆会议 60 周年纪念活动，双方发表《中华人民共和国与印度尼西亚共和国联合新闻公报》，两国元首就中印（尼）建交 65 周年互致贺词，一致同意在“和平繁荣伙伴”主题下办好相关庆祝活动，弘扬两国传统友谊，深化民众相互了解，打造面向未来、世代友好的中印（尼）关系。[②] 2015 年 11 月 15 日，习近平主席和佐科维总统在土耳其安塔利亚进行年度第三次会晤，两国领导人再次强调进行两国对接发展战略、深化务实合作的重要性。[③] 此外，两国政府的其他高级官员也进行了多次互访和磋商。总之，2015 年，在纪念双方建交 65 周年的大环境下，中印（尼）之间的政治互信进一步加强。

2016 年 9 月 2 日，印度尼西亚总统佐科维出席在中国杭州举办的二十国集团峰会，并与习近平主席会谈，双方再次强调推动两国全面战略伙伴关系不断向前发展。[④] 除最高领导人会晤外，2016 年中国与印度尼西亚各层次的交流也在积极推进。

---

① http：//id. china – embassy. org/chn/zgyyn/hfyjl/。

② 《中华人民共和国与印度尼西亚共和国联合新闻公报》，http：//id. china – embassy. org/chn/zgyyn/hfyjl/t1257842. htm 。

③ 《习近平主席会见印度尼西亚总统佐科》，http：//id. china – embassy. org/chn/zgyyn/hfyjl/t1315218. htm。

④ 《习近平会见印度尼西亚总统佐科》，http：//id. china – embassy. org/chn/zgyyn/hfyjl/t1394107. htm。

总体上，目前中国—印度尼西亚双边关系发展处于历史最好时期，双方高层政治互访和交流多，经济往来日益密切，两国的人文交流和合作在不断深入发展。这种良好的发展势头无疑为印度尼西亚华侨华人的生存与发展提供了良好的宏观环境。

二、印度尼西亚华侨华人简况

（一）印度尼西亚华侨华人的基本构成

印度尼西亚是一个多元民族国家，在全国134个民族中，华侨华人属于少数民族。由于印度尼西亚国内特殊的排华历史，部分华侨华人不敢、不愿承认或不认同自己是华侨华人或华裔，所以印度尼西亚国内华侨华人的人口数据用估算数据。2010年印度尼西亚官方进行的人口普查所得数据认为华侨华人人口仅有283.25万人，占印度尼西亚总人口的1.2%。这被认为是不准确的，大大低估了华侨华人的实际数量。2014年有学者认为印度尼西亚华侨华人人口在790万—3 000万，占印度尼西亚总人口的1.5%—12%。① 姑且不论具体数字，有一个可以确定的事实就是：印度尼西亚是东南亚地区华侨华人人口最多的国家。

印度尼西亚华侨华人的祖籍多是福建省，其次为广东省，也有少数来自海南、广西、江苏、浙江、山东、湖北等地，目前印度尼西亚90%以上的侨胞都已入籍。印度尼西亚华侨华人分布于全国各地，主要分布于爪哇岛、北苏门答腊、廖内群岛和西加里曼丹一带。② 根据印度尼西亚建国五项原则，每个国民必须有宗教信仰，所以印度尼西亚华人基本都有宗教信仰。印度尼西亚华人有近90%的人信仰佛教、天主教、基督教，与印度尼西亚88%的国民信仰伊斯兰教的整体信仰情况有明显不同。③

（二）印度尼西亚华人参政情况

2006年印度尼西亚《新国籍法》的颁布和2008年消除种族和民族歧视法令法规的出台，使得印度尼西亚民族平等的观念逐步深入人心。2014年3月，印度尼西亚正式废除1967年第6号通告，把带有歧视以及含义模糊不清的“支那”（Cina）一词重新改为“中国/中华”（Tiongkok/Tionghoa）。④ 这进一步增进了印度尼西亚社会对华人的认同，改善了印度尼西亚华族与主流族群的关系。

---

① 李皖南、胡安琪：《印度尼西亚侨情》，《世界侨情报告》编委会编：《世界侨情报告（2013—2014）》，广州：暨南大学出版社2014年版。

② ANANTA，ARIS and ARIFIN，EVI NURVIDYA and BAKHTIAR. Chinese Indonesians in Indonesia and the Province of Riau Archipelago：a demographic analysis. In SURYADINATA，LEO. Ethnic Chinese in contemporary Indonesia. Singapore：Institute of Southeast Asian Studies，2008：p. 27.

③ 2000年人口普查数据显示，印度尼西亚全国信奉伊斯兰教的占88.22%，信奉基督教和天主教的占8.92%，信奉佛教的占0.84%，信奉印度教的占1.81%，信奉其他宗教的占0.2%。参见：ANANTA，ARIS and ARIFIN，EVI NURVIDYA and BAKHTIAR. Chinese Indonesians in Indonesia and the Province of Riau Archipelago：a demographic analysis. In SURYADINATA，LEO. Ethnic Chinese in contemporary Indonesia. Singapore：Institute of Southeast Asian Studies，2008：p. 30.

④ 李皖南、胡安琪：《印度尼西亚侨情》，《世界侨情报告》编委会编：《世界侨情报告（2014—2015）》，广州：暨南大学出版社2015年版。

印度尼西亚国内种族歧视的消除和民族平等状况的改善，为华人参政提供了法律基础和社会环境。近年来参政的印度尼西亚华裔精英呈年轻化趋势，他们都是土生土长的侨生一代，与印度尼西亚主流社群打成一片。如今印度尼西亚华人参政不再是单打独斗或自立山头，而是依附于固定政党，多年积极投入党务工作。他们也不再局限于代表华人族群利益，而是为广大的印度尼西亚社群服务。

在2014年议会选举中，印度尼西亚华人参政趋向成熟，没有了以往一窝蜂登记参选的现象，其中参选国会议员55人、地方代表议员5人、省议会议员近30人、县市地方议员30—40人，与2009年相比大幅度减少。① 而当选2014—2019年印度尼西亚国会议员的华人至少有13人。2014年华人当选国会议员的成绩，大体延续了2004年大选以来的发展态势，比较稳定（见表2）。

表2　印度尼西亚历届国会选举华人当选国会议员情况

选举年份	1999年	2004年	2009年	2014年
当选人数	8	13	14	13

数据来源：廖建裕：《印度尼西亚大选与华人参政》，（新加坡）《联合早报》，2014年6月15日。

2015年印度尼西亚政坛再添一名华裔大员。2015年8月，佐科维总统进行内阁改组，更换6人。新任命的贸易部部长托马斯·拉蓬就是一位年轻的华人政治家。资料显示，托马斯·拉蓬于1972年出生，美国哈佛大学毕业，长期供职于德意志银行、摩根士丹利和Farindo投资公司等，曾在印度尼西亚银行重组机构担任部门主任和高级副总裁，目前是私募股权基金Quvat Capital的管理合伙人和首席执行官。此次佐科维总统委以重任，希望通过其丰富的国际经验，广泛推销印度尼西亚产品，扭转印度尼西亚对外贸易的颓势局面。② 2016年7月27日，佐科维总统进行第二次内阁改组，共有13个部长职位调换，其中托马斯·拉蓬不再担任贸易部部长，调任印度尼西亚投资统筹机构主任，以更好地发挥其专业特长。③

2016年9月，在斗争民主党、民心党、民族民主党及专业集团党等党派的支持下，雅加达省长钟万学与其竞选搭档查罗特（Djarot Saiful Hidayat）宣布竞选2017年雅加达正、副省长。然而，出人意料的是，2016年9月27日，钟万学在参加竞选活动期间，在印度尼西亚千岛群岛与居民交谈时，引用可兰经中Surah Al Maidah第51章，被雅加达一家私立大学信息传播系讲师Buni Yani摄录。其经过剪辑，将钟万学讲话视频的一个字眼"pakai（利用）"删去后放上网络，引起网民议论。④ 印度尼西亚国内激进的伊斯兰组织"伊斯兰卫士阵线"（the Islamic Defenders Front，FPI）和"伊斯兰教士理事会"（the National Fatwa Guard Movement of the Indonesia Ulema Council，GNPF－MUI）对此极为不满，认为钟万学亵渎伊斯兰教，并分别于2016年11月4日和12月2日发动穆斯林进行大规模的

① 李卓辉：《印度尼西亚华裔精英参政走向精明成熟道路》，（新加坡）《联合早报》，2014年4月14日。

② 《浅析印度尼西亚政府内阁局部改组》，http：//id.mofcom.gov.cn/article/ziranziyuan/huiyuan/201508/20150801088889.shtml。

③ 《总统再改组内阁提振经济》，（印度尼西亚）《国际日报》，2016年7月28日。

④ 椰峰：《人心求稳定　示威逆民意》，（印度尼西亚）《国际日报》，2016年11月28日。

"反钟万学"游行示威，要求逮捕钟万学。钟万学也被警方定为"亵渎宗教案"的犯罪嫌疑人，涉嫌触犯《刑事法典》（KUHP）第156节尤其是第a项有关"亵渎宗教"的条文。钟万学被移交法庭处理，警方规定他不得离境，需随传随到。[①] "反钟万学"游行示威事件的发生，为钟万学2017年的省长竞选增添了变数，使其民意支持率下降。不过，在2017年雅加达省长第一轮选举中，钟万学仍然获胜，但得票率未能超过50%，需要进入第二轮选举，后落选。

即使2017年钟万学没有当选为雅加达省长，也并不表明印度尼西亚华人地位的下降，以及印度尼西亚华人参政进程倒退，毕竟，印度尼西亚已经实现了各民族平等，印度尼西亚民主化进程正日趋成熟。正如印度尼西亚"印华心声"研究机构辅导主席伍耀辉所说："华裔进入主流社会参选各级议员，是印尼民主改革的重大政绩之一，也是印尼多元文化和多元民族健康发展的可喜现象，更是印尼从大国走向强国进程的积极步伐。"[②]

（三）印度尼西亚华人经济情况

1. 印度尼西亚成功召开第13届世界华商大会

2015年9月25—27日，第13届世界华商大会在印度尼西亚巴厘岛隆重开幕。本次会议由印度尼西亚中华总商会筹办，会议主题确定为"融聚华商·共赢在印度尼西亚"，旨在融聚全球华商力量，构建更加稳健、广泛的世界华商交流合作平台，引领全球华商在新时期下合力共赢。大会除主旨论坛外，还分设"商道启示录：成功企业家论坛""机遇与挑战：东盟区域一体化合作论坛""海上新丝路，合作创未来：海洋合作发展论坛""世界青年华商企业家论坛"等分论坛。

中共中央政治局常委、全国政协主席俞正声向大会发去贺信。印度尼西亚前总统梅加瓦蒂，印度尼西亚总统特使、政治法律与安全事务统筹部部长鲁胡特，印度尼西亚人民协商会议主席祖尔基弗利，中国全国政协副主席、全国工商联主席王钦敏，中国国务院侨办主任、中国海外交流协会常务副会长裘援平，印度尼西亚巴厘省省长代表、印度尼西亚中华总商会总主席、世界华商大会筹委会主席纪辉琦等为大会致辞。中国侨联主席林军、印度尼西亚交通部部长、印度尼西亚国家行政改革部部长、印度尼西亚警察副总长及来自世界各地的3 000余名华商代表及相关媒体出席大会。[③] 印度尼西亚中华总商会成功地举办了第13届世界华商大会，有助于提高印度尼西亚华商在国际上的地位，也是2015年印度尼西亚华人经济中的一件大事。

2. 印度尼西亚华人经济新发展

由于受世界经济整体形势的影响，2015年印度尼西亚华人富豪资产也有缩水迹象。《福布斯》2015年"亚洲50富豪榜"中，印度尼西亚富豪有14人，其中6人是印度尼西亚华人，这比2014年印度尼西亚有11位华人上榜在数量上大大减少。这6人包括印度尼西亚富豪黄惠忠和黄惠祥兄弟、金光集团黄奕聪、印多拉马集团业主普拉卡什、盐仓香烟厂业主蔡道平、印多福食品公司和三林集团首席执行官林逢生。其中，黄惠忠和黄惠祥兄

① 《警方提交立案侦查卷宗，总检察院接手处理"亵渎宗教案"》，（印度尼西亚）《国际日报》，2016年11月26日。
② 尹鸿伟：《钟万学省长的从政之路》，http://www.360doc.com/content/15/0806/06/461276_489800550.shtml。
③ 《第13届世界华商大会在印尼召开》，http://world.people.com.cn/n/2015/0926/c1002-27638046.html。

弟的针烟集团除了烟草，还涉及银行、房地产、农产品加工、电器及多媒体产业。黄奕聪所在的金光集团是世界上第二大棕榈油生产商，主要商务是"金光农产业"，同时还有投资公司、造纸厂、煤矿和发电厂。印多拉马集团业主普拉卡什现在拥有南非最大的化学原料生产商塞内加尔化学工业66%的股份。普拉卡什于1976年开始创业，最初经营棉纱生产，后来业务不断发展，目前产品多元化，包括医疗手套等。盐仓香烟厂业主蔡道平是印度尼西亚东爪哇省谏义里盐仓香烟厂创立人苏尔雅的第三子。林逢生是印度尼西亚最大的富豪林绍良之子，林绍良过世后遗留的大型商业王国包括生产方便面的印多福食品公司，还有杂货店、银行、水泥厂、汽车厂。①

（四）印度尼西亚华人文化进一步融入当地社会

1. 废除歧视华人的称呼

2014年3月，印度尼西亚时任总统苏西洛签署了2014年第12号总统决定书，正式废除1967年第6号通告，把带有歧视以及含义模糊不清的"支那"（Cina）一词重新改为"中国/中华"（Tiongkok/Tionghoa）。②

苏西洛在即将卸任前废除"支那"一称，有助于印度尼西亚社会逐步明确区分"中国"（国家）和"中华"（族群）的概念，使印度尼西亚的民族平等又跨出一步，是印度尼西亚民主进步的重要体现。"Cina"一词含义不清主要是由于该词既指国家"中国"，又包含了"华人""华侨"之意。因此在使用时，除却带有贬义，也常常会造成当地社会对印度尼西亚华人身份的认同模糊不清。因此，这次"正名"，对内将进一步和睦印度尼西亚华人与主流族群的关系，增进印度尼西亚社会对华人的认同；对外则为中印关系除去了遗留几十年的绊脚石，有利于巩固和发展两国友好的全面战略伙伴关系。

但是，由于"Cina"一词已使用了近50年，在印度尼西亚社会中根深蒂固，加上印度尼西亚国内守旧势力、反华意识依旧存在，改变这个用语习惯还需要漫长的过程，需要印度尼西亚华人和其他族群的共同努力。此外，印度尼西亚总统令并不具有严格的法律追责效力，因此"正名"能否真正"令行禁止"，特别是针对媒体和教育部门的监督是否切实有效，还有待观察。③ 总体而言，自民主改革以来，印度尼西亚政府公布了一系列消除族群歧视的重要政策和法令，为保障所有公民平等和自由奠定了法律基础，为印度尼西亚华人参与政治、融入主流社会提供了重要支持。

2. 印度尼西亚政府首次调查1965年的排华事件

2016年4月18日，由印度尼西亚非政府组织"全国人权委员会"发起召开的"剖析1965悲剧"研讨会在雅加达举行。本次研讨会得到了印度尼西亚政府的支持，印度尼西亚检察总长、警察总长、司法部部长均出席。会议开幕时，数百名有装甲运兵车接应的警察在会场外待命，以防曾经参与过这场大屠杀的伊斯兰组织和准军事团体前来抗议。这是

---

① 《〈福布斯〉公布2015年亚洲50富豪榜　印度尼西亚6人入榜》，http://news.163.com/15/1014/19/B5TMIS8100014JB6.html。

② Keppres penggantian istilah China menjadi Tionghoa ditandatangani. Antara News：http://www.antaranews.com/berita/425081/keppres-penggantian-istilah-china-menjadi-tionghoa-ditandatangani，2014-03-20.

③ 《印度尼西亚为华人"正名"开了个好头》，国际在线：http://gb.cri.cn/42071/2014/04/01/2165s4487753.htm。

印度尼西亚政府首次公开支持此类研讨会。《雅加达邮报》报道称"印度尼西亚政府第一次推动了关于1965年事件的官方调查，这是一项历史性的举动。"①

2016年4月25日，印度尼西亚总统佐科维下令在全国各地寻找1965年排华事件遇难者的万人冢。印度尼西亚政治、法律和安全统筹部部长鲁胡特称，佐科维总统指示"要是真有大屠杀惨案的万人冢，政府部门就要找出来"②。1965—1966年发生的屠杀事件一直是国际人权组织抨击印度尼西亚的一个重要历史事件，也是印度尼西亚政府一直讳莫如深的。如今，印度尼西亚政府公开支持调查，表明了其自信，"调查会的目的是找寻惨剧中被掩盖的历史真相，这样整个国家可以从中得到教训，让我们未来不会再犯类似的错误"③。这一调查是在印度尼西亚国内政治稳定、局势可控、追求民族平等、国内安全、恐怖势力可控的情况下进行的，也表明了中国与印度尼西亚双边关系的良性发展。

在民主改革时代，随着印度尼西亚政府对华人各项歧视政策的消除，印度尼西亚华人社团、华文媒体和华文教育都获得了很大的发展。难能可贵的是，印度尼西亚华人将中华文化进一步融入当地社会，并获得了当地政府和民众的尊重。最典型的表现就是印度尼西亚各界对华人春节的庆祝。实际上，自春节被印度尼西亚政府定为法定假日以来，春节已不单是印度尼西亚华人的节日，也是印度尼西亚其他族群共同欢庆的节日。这些举动都显示着印度尼西亚华人文化得到当地的尊重，印度尼西亚与其他族群友好相处，印度尼西亚华人进一步融入当地社会。

三、印度尼西亚华侨华人发展前景分析

（一）印度尼西亚华人政客参政议政心态渐趋成熟

在2014年印度尼西亚国会大选中，印度尼西亚华人取得了不错的选举成绩，在560个国会议席中，至少有13人是华人议员，虽然只占全国议席的2.3%，但"这意味着印度尼西亚华人已直接参政"④。在当选为国会议员的13名华人中，有10人代表斗争民主党（陈金扬、黄正德等人），而民族民主党（刘顺严）、国民使命党（Hang Ali）以及民族复兴党（张育浩）有华人议员各1人。其他政党的华人候选人全部落选。当选的华人议员有医生、教授、企业家，以及社会活跃分子。在这些当选的议员中，有6人是新人。他们的宗教背景不同，以基督教徒的人数为最多。2014年印度尼西亚华人人数约占总人口的1.2%，而华人议员有13人，占国会议席的2.3%。⑤ 在总统选举中，更有华裔表示愿作为副总统候选人参加竞选，其中就有雅加达省长钟万学、印度尼西亚传媒大亨陈明立、企业家翁俊民等。2015年，印度尼西亚首次举行地方同步选举，有269个省市举行地方首长选举。在这轮选举中，虽然还没有确切的数字来描述有多少位华裔候选人参与到地方选举

---

① 《印度尼西亚首次调查50年前排华屠杀，都"反思"了什么》，http://www.guancha.cn/Neighbors/2016_04_21_357711.shtml。

② 《印度尼西亚为何对50年前排华事件展开调查：多种因素促成》，《北京青年报》，2016年4月30日。

③ 《印度尼西亚为何对50年前排华事件展开调查：多种因素促成》，《北京青年报》，2016年4月30日。

④ 廖建裕：《印度尼西亚大选与华人参政》，（新加坡）《联合早报》，2014年6月2日。

⑤ 廖建裕：《印度尼西亚大选与华人参政》，（新加坡）《联合早报》，2014年6月2日。

中，但华人政治家的参政热情已经被广为传播，地方选举中闪现了多位华裔身影。

作为曾经是世界上排华最严重的国家之一，印度尼西亚华裔的政治地位一直是种族和谐重要的"晴雨表"，2014 年大选中有很多华裔参与其中，开创了印度尼西亚民主政坛的新气象，体现了印度尼西亚华裔参政心态日趋成熟。① 今后，印度尼西亚华人参政议政的心态会更加成熟。

（二）印度尼西亚国内安全局势受威胁，华人的生存风险依然存在

2015 年，印度尼西亚受到恐怖主义极端组织 ISIS 的威胁，2016 年发生在雅加达的恐怖袭击案更是让国内的安全局势受到严重威胁。虽然在恐怖袭击中没有华人受伤，但是华人的生存环境还是受到了威胁。根据当地华人的口述：恐怖袭击发生后，部分华人害怕得都不敢出门。因为袭击事件容易使华人想起历史上的排华袭击，历史阴影让华人成了惊弓之鸟。2015 年 9 月，描写 1965 年排华暴动的纪录片《沉默之像》在印度尼西亚上映，但是东爪哇官员担心会引起骚乱，于是禁止该片公开播放。2016 年 11—12 月，印度尼西亚雅加达出现"反钟万学"游行示威事件，在游行示威中掺杂着反对华人的激烈言语。

虽然从印度尼西亚全国大局势看，华侨华人生存发展的宏观政治、经济、文化、社会环境都得到了改善，全国大范围的排华现象不会再次发生，但这不能消除局部地区的某些极端分子的排华情绪和排华心态，因此，华侨华人仍然要居安思危。

（三）印度尼西亚华商积极参与到当地经济建设中，但机遇与挑战并存

印度尼西亚经济一直以消费和内需拉动作为主要推动力，消费对经济的贡献率超过 50%，而投资和进出口对经济增长的贡献率则相对较低。印度尼西亚佐科维政府提出"海洋强国"战略的同时，也提出要推动印度尼西亚经济从消费型模式向投资型模式转变。在 2011 年《加速和扩大印度尼西亚经济发展的总体规划》（MP3EI）的基础上，2014 年印度尼西亚政府又公布《2015—2019 年中期改革日程和经济发展规划》（NAWA CITA），2015 年下半年再次公布十大配套措施，简政放权，释放投资机遇。值得一提的是，印度尼西亚政府特别强调要发展中小企业和微型企业。经济统筹部部长达尔敏（Darmin Nasution）指出：印度尼西亚政府着重推动更多国内外投资者进入中小企业和微型企业，希望能通过中小企业和微型企业的发展打造更多就业机会。② 2016 年 2 月，佐科维总统参加东盟—美国峰会时再次强调中小企业和微型企业对印度尼西亚经济的支撑作用，表明今后要鼓励大型企业对中小企业的市场和知识转让。③ 虽然印度尼西亚富豪榜上有不少华人大企业上榜，但是对于印度尼西亚众多的华人来说，中小企业还是主要的生存和发展之本，这些华人企业因为世代经营，在印度尼西亚零售、流动体系中占有一定的优势。如今印度尼西亚政府通过多种措施发展中小企业，这对于广大印度尼西亚华人来说是个机遇。

但是印度尼西亚华人经济的发展也面临着挑战，可以说是机遇与挑战并存。例如，印度尼西亚基础设施落后，这为华人企业发展增加了成本。印度尼西亚外交部东盟合作司总

---

① 尹鸿伟：《印度尼西亚华裔参政日趋成熟》，http://www.360doc.com/content/15/0806/07/461276_489804805.shtml。

② 《第十期经济配套措施出台》，（印度尼西亚）《国际日报》，2016 年 2 月 12 日。

③ 《佐科维要求美东盟峰会重视发展中小微型企业》，（印度尼西亚）《印华日报》，2016 年 2 月 17 日。

干事罗萨里斯表示，印度尼西亚政府以建立“海洋强国”的精神启动了海上捷运的建设项目，旨在降低物流成本，但物流成本占 GDP 的比重仍高达 25%，而发达国家的物流成本已控制在 GDP 的 10% 左右。[①]

（四）印度尼西亚华侨华人积极抓住“一带一路”建设机遇，推动中国—印度尼西亚关系良性发展

2013 年，中国国家主席习近平在印度尼西亚国会演讲时提到，要与包括印度尼西亚在内的东盟国家共建“21 世纪海上丝绸之路”。2014 年和 2015 年，习近平主席和佐科维总统在多次会晤时都表示，中国的“21 世纪海上丝绸之路”与印度尼西亚的“海洋强国”战略高度契合。

2015 年，印度尼西亚华侨华人通过举办多种形式的活动，探讨“一带一路”建设为中印（尼）合作带来的机遇。如 2015 年 12 月中旬，印度尼西亚侨胞（中国）联合总会邀请印度尼西亚海洋及基础设施部副部长达加多顿（Dr. Ir. Ridwan Djamaluddin）参加与印度尼西亚留学中国大学生协会、中国女企业家协会联合主办的主题为“新时期发展中的印度尼西亚和中国以及两国之间的友好交往，‘一带一路’建设给两国带来的新机遇”的讨论会。[②] 2016 年 1 月 28 日，香港贸易发展局、中国驻印度尼西亚大使馆、印度尼西亚中华总商会、印度尼西亚国家科技委员会、印（尼）中经济发展协会在雅加达联合举办主题为“一带一路，印度尼西亚如何收益”的研讨会。这些研讨会激发了人们对“一带一路”投资机遇的追捧。正如印度尼西亚中华总商会常务副总主席张锦雄所说：“要积极发挥印尼华商的桥梁作用，在印尼私有经济体中，约七成是华商企业，而私有经济是印尼经济中极富活力的组成部分。经过历史的沉淀，印尼华商已经深深扎根于印尼，融入主流社会。中国很多企业到印尼投资，首先就是通过印尼华人企业来了解印尼的投资政策的，印尼华商愿意帮助中国企业在印尼本地找到一个好的合作伙伴，遵循印尼的法律法规，实现共赢。”[③] 可以说，印度尼西亚华商既熟悉印度尼西亚国情，又了解中国文化，在中国改革开放大潮中，已经为中国与印度尼西亚的友好合作架起了桥梁，而且将在未来中国和印度尼西亚两国的战略对接中继续发挥桥梁作用。

---

① 《面对 MEA 时代不断提高竞争力》，（印度尼西亚）《国际日报》，2016 年 1 月 4 日。

② 《“一带一路”建设给印（尼）中两国带来的新机遇》，（印度尼西亚）《国际日报》，2015 年 12 月 10 日。

③ 《巧用“一带一路”政策，带动世界经济发展》，（印度尼西亚）《印华日报》，2016 年 1 月 28 日。

马来西亚[①]

华人是马来西亚第二大族群，他们与马来人有着不同的公民地位，华人政党和社团活动比较活跃，华人经济持续发展，华社建成了较完整的华文教育体系，华人文化活动活跃。在中国推进“一带一路”建设重要倡议之际，马来西亚华人应能发挥促进作用。

马来西亚全称马来西亚联邦，位于东南亚中南半岛南端和婆罗洲北部，地处亚、澳两大陆与太平洋、印度洋的交汇处，国土面积32.97万平方千米，是“海上丝绸之路”沿线的重要国家之一。

马来西亚由原马来半岛的雪兰莪、霹雳、彭亨、森美兰、柔佛、吉兰丹、吉打、登嘉楼、玻璃市、马六甲、槟榔屿和婆罗洲的沙巴、沙捞越13个州组成。马来半岛又称西马，婆罗洲领土称东马。历史上，马来亚分别被葡萄牙人、荷兰人所侵占。19世纪起成为英国殖民地，由互不相属的9个马来土邦和海峡殖民地组成，9个马来土邦分别是雪兰莪、霹雳、彭亨、森美兰、柔佛、吉兰丹、吉打、登嘉楼和玻璃市，海峡殖民地则包括马六甲、槟榔屿和新加坡三地。1948年新加坡分离出去，9个马来土邦和马六甲、槟榔屿组建马来亚联合邦，1957年马来亚独立。1963年，马来亚与新加坡及北婆罗洲的沙巴、沙捞越组建马来西亚联邦，1965年新加坡退出。

马来西亚是一个以马来人、华人和印度人三大族群为主的多元族群国家，华人是马来西亚的第二大族群，占马来西亚全国总人口的1/4左右，是仅次于新加坡的华人占全国人口比重大的国家。

一、华侨华人人口

华人移居马来西亚的历史悠久。中马两国早有贸易往来，在长期往返通商中，一些中国人偶尔留在马来群岛的通商口岸生活，并逐渐移入内地定居。16世纪起，马来亚先后被葡萄牙人、荷兰人、英国人占领，由于殖民者开发马来亚需要大量的劳动力，中国移民源源不断地移入该国。中国移民南来，最早是到马六甲、槟榔屿等地。19世纪初，英国殖民者占领新加坡，招徕华侨发展自由港，赴新华侨急剧增加。19世纪中叶马来半岛发现丰富的锡藏后，中国移民更是源源不断地涌入马来半岛锡产地。20世纪初，马来亚兴起橡胶种植后，中国人再陆续进入柔佛等橡胶种植大州，并慢慢扩散移居到马来亚各地。此后华侨人数与日俱增，所占人口比例一直很高。1941年日本南侵进入新马后，中国人基本停止移民至此。“二战”后，特别是马来亚独立后，大多数华侨加入当地国籍成为华人。由于马来西亚限制甚至禁止普通中国移民入内，马来西亚独立后，当地华人人数主要通过

① 2015年国家社科基金重点项目“华侨华人在中国大国外交建设中的作用与对策研究”（批准号：15AMZ012）中期研究成果。

自然繁衍增长。

据2010年马来西亚人口普查统计，当年全国人口2 825万人，其中拥有马来西亚国籍的有2 593万人，占91.8%。在马来西亚全国人口中，占人口比例最大的是以马来人为主的当地土著族群，有约1 748万人，占总人口的67.4%。土著族群中除了马来人外，还有西马的尼格列多族、先努伊族和东马的伊班族、雅克族、卡达山族等30多个族群。华族是该国的第二大族群，有约638万人，占总人口的24.6%。第三大族群是印度族，有约189万人，占总人口的7.3%。其余是来自欧亚等地的族群①。2016年7月马来西亚统计局发布的最新数据显示，2016年全国人口有3 170万人，其中华人为740多万人，占23.3%。虽然华人在人口比重上略有降低，但华人人口数量持续增加，比2010年增加了100多万，始终是马来西亚的第二大族群。

由于种族因素的影响，马来西亚的非公民人口以印尼人为主，在马来西亚居住的中国移民，主要是通过婚姻关系入境定居的中国籍配偶、中国留学生、中国劳工以及旅游滞留者，其中中国留学生有1万多人。近年，通过“马来西亚：我的第二家园”计划（简称“第二家园计划”）定居马来西亚的中国公民逐渐增多。这是马来西亚政府推广的官方计划，申请者只需在马来西亚境内存有不少于人民币30万元的存款或提供收入证明，即可获得马来西亚十年居留权（包括配偶以及未成年子女）。持第二家园长期签证的外国公民，可以在马来西亚居住、工作、开办公司、就学或享受退休生活，还可以在马来西亚购买两处房产。马来西亚“第二家园计划”自2002年向外推介以来，到2012年，已有19 488人获批，分别来自120个国家，其中来自中国的最多，为3 332人。② 申请者主要居住在吉隆坡，其他居住地依序为雪兰莪、槟榔屿、柔佛及霹雳。

马来西亚华人与当地其他民族关系比较友好，彼此和睦相处，政治、经济和文化等领域的交流融合与日俱增，华人子弟与其他民族子弟同校读书比比皆是，华人与各族人民共同欢庆彼此的佳节已成惯例，标示各自不同宗教文化特征的教堂寺庙遍及城镇乡村。华人与其他民族在经济方面的合作不断增加，并逐渐从国内共同经营发展到携手走出国门。

二、华侨华人参政

马来西亚华人很早就开始参政。“二战”前，除了少数海峡殖民地的土生华人拥有英国国籍，绝大多数华侨被视为外国人。客居心理很强的华侨，当时关心中国多于马来亚。华人的政治运动主要是围绕中国政治运动而展开，当时也有些华人议员在立法会议上争取侨胞的政治经济权益，但因人数少、力量弱，影响不大。

“二战”后，随着马来亚的宪政改革，特别是英国殖民政府推行“马来亚联邦计划”，成立马来亚联合邦，及其引发的种族权益辩论和政治形势的急剧变化，导致广大华侨华人开始迅速地被卷入马来亚本地政治发展的大潮。他们成立了各种政党政团，1949年还成立了单一族群的华人政党——马华公会。在1952年2月举行的吉隆坡市议会选举中，马华公会与马来人政党巫统结盟，获得选举胜利。不久后，马华公会、巫统和印度人国大党正

① Population and housing census，Malaysia 2010（2010 census），马来西亚统计局网站：http：//www.statistics.gov.my/。

② 《3 332名中国人参与马来西亚“第二家园计划”》，中新网：http：//www.chinanews.com/hr/2012/11-09/。

式组建马华印联盟，并领导马来亚于1957年赢得独立。

1957年马来亚独立后，于1959年举行了大选；1963年马来西亚成立后，于1964年、1969年、1974年、1978年、1982年、1986年、1990年、1995年、1999年、2004年、2008年和2013年举行了大选，截至2013年合计举行了十三届。华人政党积极参加历届大选，主要华人政党的选举成绩据社会、经济、政治乃至外交的不同形势而起落不定：华人执政党在1964年、1974年、1982年、1995年以及2004年大选中获得比较理想的战绩，华人反对党则在1959年、1969年、1990年、1999年、2008年和2013年取得较好的选举成绩。但无论如何，华人朝野政党在马来西亚华人政治发展乃至马来西亚政治发展中，一直扮演着重要的角色。目前，马来西亚有华人执政党如马华公会、民政党，华人反对党如民主行动党，有华人部长，以及众多华人众议员、州议员和华人地方官员。

马华公会是马来西亚最大的华人执政党。1949年马华公会成立之初，领导人以商人和专业人士为主，不少党员原是海峡英籍华人公会或国民党成员。该组织开始只是一个福利性质的机构，通过卖彩票获取盈利来协助当地政府安置华人新村居民，同时积极争取平等公民权条件。马华公会和巫统的地方支部在1952年吉隆坡市政局选举中偶然联合获胜后，两党随即进行全面合作，不久再与印度人国大党正式组成联盟党。联盟党在1955年大选中获胜，并领导马来亚于1957年赢得独立，马华公会也随之成为执政党。作为联盟党的主要成员，马华公会为马来亚独立建国做出了重要的贡献，并一直是马来亚/马来西亚的主要执政党之一，无论是在早期的三党同盟中，还是在多党的“国民阵线”内，马华公会均是仅次于巫统的第二大党。现任马华公会总会长拿督斯里廖中莱目前出任马来西亚政府的交通部部长。

另一个华人执政党民政党成立于1968年，全称为马来西亚民政运动党，由马华公会前主席林苍佑创立。该党原为反对党，在槟榔屿有较大影响，1969年大选在槟榔屿州立法议会获得多数席位，组织了州反对党政府，党主席林苍佑任该州首席部长。后来，该党与联盟党在槟榔屿组织联合政府，1974年参加“国民阵线”成为执政党，并在槟榔屿执政到2008年。该党党纲强调“马来西亚人”的非种族性质、温和社会主义、宪政民主三项原则，党员以华人为主。

沙捞越人联党成立于1959年。参加该党的既有华人和其他土著民族的工人和农民，也有企业家和政治家。由于华人党员占多数，一般认为它是一个华人政党。该党成立初期的奋斗目标为反帝、反殖，争取沙捞越独立，或通过与文莱、沙巴联合争取独立，曾反对“第二家园计划”。马来西亚成立后，该党成为沙捞越州反对党。1970年7月，该党与沙捞越联盟党联合组织州政府，是第一个与联盟党组织联合政府的反对党。1974年，该党加入“国民阵线”，成为马来西亚的执政党之一。它的影响主要在东马沙捞越。

马来西亚的华人反对党是民主行动党，原名马来西亚人民行动党，原来是新加坡人民行动党在马来西亚发展的分支组织。1965年新加坡退出马来西亚后，因不允许再用“人民行动党”名称，该党遂以“民主行动党”名义提出注册申请，1966年3月获准成立。民主行动党提出“马来西亚人的马来西亚”等非种族性口号，主张建立马来西亚人的马来西亚，为所有马来西亚人争取一个更公平合理的、有多元种族的马来西亚。其党员以城市工人、职员为主。由于华人党员占多数，且主要得到华人的支持，一般认为它是华人政党。它在多届大选中获得绝大多数华人选民的支持，一直作为马来西亚国会中最大的反对党，在马来西亚政治上发挥重要作用。2008 年大选和 2013 年大选，民主行动党获得压倒性的胜利，在马来西亚槟榔屿执政至今。

由于马来西亚宪法规定马来人享有特权，政府实施的一些政策不能完全公平对待各族公民，华人对马来人政党主导的政府颇为不满，抗争维权一直不断，在多次大选中，华人选民都投票支持反对党，以表示对执政党的不满。2008 年大选，华人选民更是一边倒地支持反对党，成为导致“308 政治海啸”的重要原因之一。2013 年大选，大多数华人选民还是选择支持反对党。争取华人选民的支持，一直是马来西亚政府及马来西亚朝野政党的重要目标之一。

三、华侨华人经济

华人移入马来亚初期，主要从事农业和零售商业。19 世纪中叶后，随着马来半岛霹雳拿律地区发现大量锡矿，以及马来亚橡胶种植业的兴起，采锡业和橡胶种植业也先后成为马来亚华侨华人经营的主要行业。

第二次世界大战前，华侨华人从事的其他行业如金融业、制造业等，还处于初创阶段，规模很小；第二次世界大战后，华侨华人经济随着马来西亚经济的战后恢复、进口替代、出口导向、经济转型等几个经济发展时期而持续发展，并随着马来西亚经济工业化和多元化，明显转向多元化。

独立前，华侨华人主要经营橡胶业、商业和锡业；独立后，华侨华人活跃在马来西亚各个经济领域。商业是华侨华人经营的传统行业，华侨华人经营的零售店以及大大小小的超市，遍布马来西亚的城镇乡村，出售日用杂品、食品油料、服装百货等，其中最多的是零售杂货店。华侨华人的对外贸易也比较活跃，经营的出口货物一直占民间出口总额的 80%。1988 年，马来西亚政府宣布废除 1971 年起实施的“中国货华侨入口准证”制度，取消商人输入中国货必须向马来西亚国家企业公司申请准证并被抽取佣金的制度。同年签订《中马双边贸易协定》，同时逐渐放宽并最终取消本国人民访华的限制后，马来西亚当地的华商已成为中马贸易的积极促进者和直接参与者。餐饮业也是华人传统经营的重要行业，华人经营的各种酒楼、中餐馆以及小食店，在马来西亚大小城镇比比皆是。

由于政府对投资制造业较少限制，从事传统商业得以积累部分资本的华人，一般习惯把资金投入制造业，从中小企业发展到大企业，赚了钱再投资房地产或金融业等行业。因此，在马来西亚的制造业企业中，80% 以上为华侨华人企业。华侨华人对制造业的投资不断增加，投资领域不断扩大，除了原来的日用消费品、原材料加工外，还投资电子电器、化学产品、石油产品、非金属产品、机械工业、食品工业、纺织产品等。随着马来西亚经济升级换代，不少华侨华人投资化学、电子、网络资讯等资本技术更集中的行业。

华侨华人对建筑业和房地产业的投资也不少，几乎所有的华侨华人企业集团都参与房地产开发，参与马来西亚大部分政府大型华侨基建工程及有名的住宅区、商业区和大厦建设，如林梧桐家族的云顶集团、杨忠礼集团、陈伯勤集团等都是马来西亚建筑业的著名华人集团。此类企业规模都相当大，业绩彪炳，为人称道。华侨华人在金融业也非常活跃，华资控制或以华资为主要股东的银行主要有大众银行、丰隆银行、马化银行、南方银行、兴业银行等。华侨华人对各种服务业如旅游、保险、法律服务、专业服务等行业的经营和参与都在不断增加。

至于曾是华侨华人经济重要支柱的农业和锡业，则不断式微。华侨华人资本对商品农业的投入，从占华人投资总额的几乎一半，下降到目前的 5% 以下。除了华人财团经营一些大种植园外，还有一些华人小胶园、小果园，以及少量以家庭为单位的华人果农菜农，种植橡胶、水果、胡椒、蔬菜和茶叶等农作物，在马来西亚商品农业中占据一定位置。比较集中的华人商品农业种植区在马来西亚彭亨州的金马仑高原等地。

由于马来西亚锡业逐渐萎缩，政府扶植土著开发矿产和抑制华人资本扩展锡业的政策，使华侨华人申请矿地、采锡许可证困难重重，加上锡价下跌、成本增加等原因，以华人锡矿为主体的中小企业纷纷倒闭，华人资本对传统锡业的投资明显减少，锡业在马来西亚华侨华人经济所占的比重已是微乎其微。

随着华侨华人经济的发展，华侨华人经济实力不断增强，资金雄厚的华侨华人企业集团有数十个，如郭鹤年家族集团、林梧桐家族集团、邱继炳家族集团、钟廷森家族集团、郭令灿家族集团、陈志远家族集团、杨忠礼家族集团、林玉静家族集团、郑鸿标家族集团等。华侨华人企业集团，不少跳出了行业和地域的局限，以某一行业、地域为基地向经济多元化和跨国化发展，经营范围包括农业、矿业、制造业、建筑运输业和服务业等。实力雄厚、经营多样、有实权人物撑腰等特征，使战后马来西亚华侨华人企业集团在经济发展的风雨中具有更强的应变能力和抗御能力，从而能稳定持续地向前发展。与这些企业集团有不少联系的各种华侨华人经济，如商品农业、中小制造业、建筑业、运输业、矿业和遍及各地的零售业、服务业等，也随之得到较稳定的发展。战后众多华侨华人企业集团已成为马来西亚华侨华人经济发展的重要支柱。

2012 年《南洋商报》推出的“2012 南洋富豪榜”中，在马来西亚 40 名超级富豪中，华侨华人企业家占了 32 位。历年的首富郭鹤年以 302.8 亿令吉的身家稳坐冠军宝座。在 2017 年 3 月公布的福布斯全球亿万富豪榜中，列榜的马来西亚富豪大部分是华侨华人企业家，其中郭鹤年蝉联马来西亚首富，以 114 亿美元的巨额净资产在全球 2 043 名富豪中排第 115 位。

四、华文教育与华文学校

马来西亚华文教育早已存在，1957 年独立后历尽艰辛，经过二十世纪五六十年代的小学改制和中学改制，六七十年代华文独立中学的衰退与逐渐复兴，以及六十年代以来长期不懈地申办高等院校等历程，最终建成了从小学、中学到大学完整的华文教育体系。与其他国家华文教育课时不多或业余性质相比，马来西亚是中国境外唯一建立了较完整的华文教育体系的国家。马来西亚华文学校不仅在马来西亚华文教育中，而且在马来西亚教育发展中，均占有不容忽视的地位。

马来西亚的华文教育包括华文小学、华文独立中学，以及华社创办的大专院校。华文是华小授课和办理行政事务的主要媒介语言。另外，华小还教授四种以华文书写的课本，包括《华文》《数学》《人文与环境》《道德教育》。这些课本由华侨华人出版商根据教育部的课程纲要来编写，经教育部核准后便可印刷使用。华小考试以华文为媒介语，但须符合教育部规定的考试要求。华小是被纳入国家教育体系的正规公办小学，由于以华文为教育媒介语，它区别于以马来文（国语）为教育媒介语的国民小学而被称为国民型小学。华小的日常经费由政府负责，建设发展经费也有一部分由政府拨款。华小毕业生可直接升上政府办的国民中学，也可以到华文独立中学就读。据统计，马来西亚现有华小 1 297 所，学生约 60 万人，华裔子弟进华小的占华裔子弟就学人数的 80% 以上，到华小就读的马来人和印度人子弟也有数万人。

马来西亚有 60 多所华文独立中学，简称“独中”，学生 8 万多人。独中是独立于国家教育体系之外的中学，经费主要靠华人社会自筹。为了加强管理，董教总于 1973 年成立董教总全国华文独中工委会，专门管理独中事务。此后，工委会先后成立独中发展基金委员会、行政部、考试局、课程局、师资训练局、技职教育局、体育局、辅导推展局、出版局及资讯局等机构，管理独中的各项工作。独中大部分是完全中学，不论初中、高中都要学习华语、马来语、英语三种语言，每周各占 8—9 个课时。除此之外，独中的课程和一般中学的课程差不多，初中包括数学、科学、地理、历史、美术、道德和生活技能等；高中包括高级数学、化学、物理及生物学等。这些课程多采用中文课本，也有采用英文或马来文课本的。独中的授课媒介以华文为主，也有用英文甚至马来文授课的。独中采用统一的课本，学生参加由董教总主办的华文统一考试，独中统考文凭得到十多个国家数百所学校承认。除此之外，部分独中毕业生还参加马来西亚政府主办的以马来文答题的高中统考，以及英联邦国家统一的英文高中统考。

华人高等院校共 5 所，最早设立的是 20 世纪 60 年代后期由华人执政党马华公会成立的拉曼学院，此后还分别设立了南方学院、新纪元学院、韩江学院，华文和英文都是这些学校的主要授课语言。其中，南方学院由宽柔中学董事会发起，于 1990 年创立，1991 年招生开学，是马来西亚华人社会创立的第一所华文高等学府。南方学院设有中文系、商学系、英文系、电脑系、电子工程系、马来文学系等科系，另设华人族群与文化研究所、马华文学馆及建教合作暨推广教育中心等机构。新纪元学院由董教总创办，1997 年正式获准设立。新纪元学院开办了中文系、资讯工艺系、商业管理系及社会研究系等多个科系。2012 年和 2016 年，南方学院和新纪元学院先后升格为大学学院，可以和大学一样，开设学士与硕博士课程。

马来西亚华文学校的学生和教师绝大多数是华人，但也有一些非华裔学生。中马关系的迅速发展，使华文的经济价值和应用地位大大提升，到华文学校接受教育的友族学生数量持续增长。

尽管各级华文学校在华文教学媒介或华文课程设置上存有差别，但均表现出浓郁的中华文化氛围，华语也成为学校的主要行政用语和交际用语，中华文化在各级华文学校中广为传播。另外，华文教育的发展不仅可以培养数以千万计的华文人才，还使华语成为马来西亚大小城镇华人的流行语言，华文报刊、华人风俗的发展也因有了坚实的基础，显得特别生气勃勃、多姿多彩，中华文化在马来西亚各地的影响更为广泛。

五、华侨华人社团

在马来西亚华侨华人社会的发展中，华侨华人社团起了非常重要的作用。

马来西亚华侨华人在 19 世纪前已成立义山、庙宇、公司和会馆等组织。随着华侨华人社会的发展，早期的华侨华人组织扩展到亲、地、神、业和文"五缘"范围：亲缘包括血亲、姻亲等宗亲关系，地缘就是邻里乡党等同乡关系，神缘即宗教信仰关系，业缘指同行同业关系，文缘一般包括同学关系或文化上的联络。一开始，华侨华人只是在各个地区成立组织，到 20 世纪，特别是面临各种激烈的挑战时，为了团结力量，华侨华人社团开始出现大联合的趋势。第一次世界经济危机期间，客家人于 1929 年率先建立总机构南洋客属总会，1933 年和 1934 年，海南人和潮州人也先后成立琼联会和潮联会。"二战"后，随着时局的变化，华侨华人社团更是从小团结走向大团结，各地各类华团纷纷组织全州、全马的总机构，如 1947 年成立的马来西亚广东会馆联合会、1957 年成立的马来西亚福建社团联合会，以及各州中华大会堂等，最后甚至成立了全国华人社团总机构——中华大会堂总会。

据统计，华人社团 1969 年为 3 268 个，1975 年为 3 582 个，1993 年为 5 762 个（占同年全国 23 883 个社团的 24.1%），其类别包括宗教、宗亲会、乡团、联谊团体、青年会、体育会、互助会、商团、农业组织、文化组织、政治团体、一般性组织。2001 年华侨华人社团增加到 7 000 多个。根据 2001 年 6 月马来西亚社团注册局的统计数据，当时全国共有各族各类型注册社团 32 269 个，其中华侨华人社团 7 276 个。马来西亚学者刘崇汉对各类型华侨华人社团数量及其在全马来西亚相同社团总数中所占比例做了整理和统计，分别是：①宗教组织（包括佛教和华人民间宗教组织）3 351 个（占全国相同类型社团总数的 62.27%）；②社会福利组织（包括会馆、宗祠、老人院、义山、道德会、福利会等）1 754 个（50.97%）；③联谊和休闲组织 518 个（11.51%）；④妇女组织 32 个（17.11%）；⑤文化组织（包括武术、舞蹈、音乐、美术、合唱团体，龙狮团，文学和文化团体）246 个（19.19%）；⑥互助组织 187 个（8.99%）；⑦商业组织（包括华人各类型商业公会）436 个（16.11%）；⑧体育组织 85 个（2.56%）；⑨青年组织（包括青运、青团运）25 个（0.96%）；⑩教育组织 22 个（8.09%）；⑪职业组织（包括行业公会）84 个（14.05%）；⑫一般性组织（包括校友会、国际友好协会）535 个（9.11%）。[①]

华人社团级别有县乡一级、州一级，以及全国性的。特别是独立后，华人社团出现大联合浪潮，州级、国家级的组织不断出现，几乎所有类别的华人社团都建立了全国性的组织。目前马来西亚华人社团的全国性组织主要有：马来西亚中华大会堂总会（简称"华总"）；马来西亚中华工商联合会（简称"商联总"）；马来西亚华校董事联合会总会（简称"董总"），马来西亚华校教师会总会（简称"教总"），这两总合并又称"董教总"；马来西亚华人文化协会（简称"文化协会"）；马来西亚华文作家协会（简称"作协"）；马来西亚留台校友会联合总会（简称"留台联总"）；马来西亚南洋大学校友会（简称"南大校友会"）；马来西亚青年运动（简称"马青运"）；马来西亚青年团结运动（简称"青团运"）；马来西亚佛教青年总会（简称"马佛青总"）；马来西亚乡团青年总会（简称"乡联青"）；马来西亚华校校友会联合会（简称"校友联"）等。其中，较有影响力的是华总、商联总和董教总。

1991 年注册的华总，其前身是中华大会堂联合总会，又称"联堂"。华总的直属会员来自各州的中华大会堂或华团联合会。而各州中华大会堂则是州级华人社团的最高领导机

---

① 石沧金：《马来西亚华人社团研究》，北京：中国华侨出版社 2005 年版，第 136 页。

构，其会员包括州内的中华总商会、华校董事联合会、华校教师公会、宗教组织、文化团体、青年会、校友会、乡团会馆、宗亲会等组织，这些组织也等于是华总的间接会员。因此，华总是马来西亚拥有属团最多、影响较大的全国性华人社团。目前马来西亚 7 000 多个华人社团中，经常参加华总活动的有 3 000 多个。华总由此几乎囊括了大部分马来西亚华人社团，有广泛的社会基础，并成为华侨华人社会的重要代言人之一。华总自 1991 年成立以来，一直积极开展各种文化活动，除协调各州中华大会堂每年轮流举办的华人文化节外，还经常与董教总、马华公会甚至反对党民主行动党等交换关于乡团活动、文化工作、经政、教育发展等问题的意见，代表华社向政府反映民意，呈递意见书和备忘录，并努力与马来族团体进行沟通和友好往来，促进华巫文化交流。

全国性华侨华人组织中较有影响的还有董教总和马来西亚中华总商会（简称“中总”）。“二战”后，为了维护华文教育权益，马来西亚各州先后成立地方和全州性的华校教师公会和华校董事联合会，继而在 1951 年 12 月成立教总，1954 年 8 月成立董总。两总均以捍卫华文教育的合法权益为宗旨，是战后华教运动的主要领导者。因两总经常统一行动，又统称为董教总。由于华文教育是华侨华人社会坚持自身民族特性的重要阵地，也是广大华侨华人与政府矛盾的焦点之一，华教课题涉及面广，参与者众，领导捍卫华教运动的董教总便成为马来西亚重要的压力集团。中总前身——英属巫来由中华商会联合会，创始于 1921 年 7 月 2 日，1963 年底更名为“马来西亚中华商会联合会”，1975 年底再改为“马来西亚中华工商联合会”，2010 年易名为“马来西亚中华总商会”。中总是各州工商联合会的联合组织，主要宗旨是争取和维护华侨华人的经济利益，在工商界颇有影响。

华人社团的地方性组织也很活跃，历史悠久的雪兰莪中华大会堂（简称“雪华堂”）和槟城中华大会堂（简称“槟华堂”）的会务办得有声有色，很有影响力。各州的中华大会堂、中华总商会、华校董事联合会、华校教师公会、宗教组织、文化团体、青年会、校友会、乡团会馆及宗亲会都是各州的主要华人社团。

六、华文传媒及其他文化活动

据统计，马来西亚华侨华人年均有几十部各种体裁的华文文学作品出版，其中包括评论、小说、杂文、散文、诗歌、小品、译作等，数量之多，名列海外华侨华人前茅。

马来西亚的华文传媒发展很快，其中包括华文报刊，以及马来西亚广播电台第五台和丽的商台等。华文报刊是马来西亚最重要的华文传媒之一。

马来西亚华侨华人从 20 世纪初就开始创办各种华文报刊，经营时好时坏。60 年代初，销量最大的《南洋商报》和《星洲日报》加在一起，日销售量也不过 3 万—4 万份。后来，随着华侨华人政治意识加强，华文教育勃发，港台商人增加，中马关系密切，人们对华文资讯的需求日益迫切，华文报刊销量逐渐增加，华文报刊出版已成为年均数亿元营业额的重要行业。

目前出版的华文报共 13 份，其中西马 6 份，分别为《南洋商报》《星洲日报》《中国报》《光华日报》《光明日报》《东方日报》；东马 7 份，分别为《联合日报》《华侨日报》《亚洲时报》《晨报》《自由日报》《凤凰日报》《诗华日报》，大部分创设了新闻网站。华文报刊以华文为载体，报道华侨华人社会以及马来西亚的各种新闻和信息，并迎合不同阶层读者的需求，兼顾工商、学术、体育、文艺及娱乐等各个领域的信息，内容丰富多彩，不少还设有文学副刊或地方专辑，定期彩印，并推出电子版，十分吸引人，读者人数与日俱增。大型的华文日报如《星洲日报》《南洋商报》，其日发行量曾高达 20 万份，其读者除了马来西亚的华侨华人外，还包括中国本土人士和亚太乃至世界各国的华侨华人，在马来西亚乃至世界华侨华人社会中都有很大的影响。

马来西亚华侨华人的其他文化活动也十分丰富多彩。如各华人社团机构举办的各种形式的生活营、座谈会、交流会、展览会、竞赛会；各华人社团组织或华侨华人自发举行的活动如舞龙狮、耍大旗、武术表演、杂技表演、体育竞赛、象棋比赛、绘画比赛、珠算比赛、春节庙会、贴春联、挂灯笼、踩高跷、提灯游行、花车游行等。最为突出的是“华人文化节”。从 1984 年起，华人社团每年均主办一届“华人文化节”，举行文艺表演、展览、比赛、讲座、座谈、研讨会等多项活动，一般持续一个多月甚至更长时间，影响巨大。

在宗教信仰方面，马来西亚是一个穆斯林占人口多数的国家，伊斯兰教为其国教。2001 年美国“9・11”事件发生后，马来西亚政府曾宣布自己是一个伊斯兰教国。但和中东地区严格的伊斯兰教国不一样，马来西亚宪法规定宗教信仰自由，人们可以自由信奉不同的宗教，也可以公开举行各种宗教仪式。因此，华人主要还是信奉华族传统宗教，如佛教、儒教、道教等，只有极少数的华人中青年白领信仰基督教，或皈依马来人信奉的伊斯兰教。一般来说，华人的宗教信仰比较多元和模糊，没有严格的界线、教规或宗教组织，是否有信仰，或信仰什么，往往模棱两可，随心所欲。许多人可以同时信奉两三个不同的教派，可以不时请道士超度亡灵，到神庙求签，在家拜观音，较少受宗教约束。

七、结语

因为人口众多以及拥有各种政治、经济和文化教育等优势，马来西亚华侨华人不仅是中马合作的主要促进者，也是中马两国在各个领域合作的具体参与者，是促进中马关系发展的重要力量之一。在中国推进“一带一路”建设之际，地处“海上丝绸之路”的马来西亚华侨华人凭借各种有利的社会与文化资源，应能发挥积极的促进作用。

菲律宾

2016 年菲律宾经济态势良好，GDP 增长率达到 6.8%。在政治方面，来自棉兰老岛的杜特尔特当选为新一任菲律宾总统，其当选为菲律宾政治和外交带来巨大转变。在内政方面，杜特尔特总统致力于打击毒品犯罪、推动基础设施建设和经济发展以及与菲律宾共产党及新人民军的谈判与和解。在对外政策上，杜特尔特总统搁置南海仲裁案结果，拉开与美国的距离，改善中菲关系，中菲关系由此走出过去几年的低谷。虽然中国新移民及中国劳工引发的一些问题依然存在，但尚在可控范围之内。

一、菲律宾政治经济形势

（一）菲律宾基本国情

表 1　菲律宾概况

国家全名	菲律宾共和国
地理位置	亚洲东南部
领土面积	30 万平方千米
首都	马尼拉
官方语言	英语、他加禄语
主要民族	他加禄人、比萨扬人、伊洛克人等
政体	总统制共和制
执政党	菲律宾人民主奋斗党
政府首脑	罗德里戈·杜特尔特总统
人口数量	1 亿
华侨华人数量	约 145 万
华侨华人所占比例	约 1.45%
GDP 增速	6.8%
通胀率	2.6%
失业率	5.4%（2016 年 6 月）

数据来源：菲律宾 National Statistical Coordination Board, National Statistical Office, The Philippine Statistics Authority。

（二）人口与社会

根据美国中央情报局（CIA）的数据，截至 2016 年 7 月，菲律宾人口已超过 1 亿（102 624 209），为世界第 13 大人口大国，但实际人口规模很可能超过官方预测。在人口结构方面，0—14 岁人口占 33.71%，15—24 岁人口占 19.17%，25—54 岁人口占 36.86%。①

根据美国和平基金会（The Fund for Peace）发布的 2016 年脆弱国家指数（Fragile States Index），菲律宾的得分为 84.7 分，处于第四等级（Very High Warning），排第 54 位，比 2015 年高出 6 位，显示菲律宾的整体情况在过去一年有改善迹象。该指数以零分为满分，对社会及经济指数，例如不平衡发展，人才外流和贫穷，以及公共服务、人权、派别精英和安全等因素进行综合评估。但在 2016 年，菲律宾的安全设施（security apparatus）恶化比较明显，群体不满指数（Group Grievance）也未得到缓解。② 另据美国组织 Social Progress Imperative 发布的 2016 年社会发展指数（Social Progress Index for 2016），菲律宾排名第 68 位（中国第 84 位）。③

（三）经济形势与中菲经贸关系

2016 年菲律宾 GDP 增长率为 6.8%，是最近几年罕见的高增长率，在亚洲地区名列前茅。在旅游业方面，排名前几位的外国访客分别来自韩国（24.72%）、美国（14.57%）、中国（11.32%）。④ 尽管中菲两国关系下半年才转暖，但该年来自中国的游客已然增长了 37.65%，可见中国游客市场潜力较大。

表 2　2015—2016 年菲律宾主要游客来源地

单位：千人

	2015 年	2015 年比例	2016 年	2016 年比例
韩国	1 339.68	24.99%	1 475.78	24.72%
美国	779.22	14.54%	869.46	14.57%
中国大陆	490.84	9.16%	675.66	11.32%
日本	495.66	9.25%	535.24	9%
澳大利亚	241.19	4.50%	251.1	4.2%
中国台湾	177.67	3.31%	229.3	3.8%
新加坡	181.18	3.38%	176.06	2.9%
全部	5 360.68	100%	5 970	100%

数据来源：2015 年数据来自菲律宾旅游部，2016 年数据来自网站：http：//www.businessmirror.com.ph/visitor－arrivals－in－2016－fall－short－of－govts－6－m－target/。

① CIA world factbook：https：//www.cia.gov/library/publications/the－world－factbook/geos/rp.html.

② 和平基金会网站：http：//fsi.fundforpeace.org/2015－philippines。

③ Social Profess Imperative 网站：http：//www.socialprogressimperative.org/wp－content/uploads/2016/06/SPI－2016－Main－Report.pdf。

④ 参见 http：//www.businessmirror.com.ph/visitor－arrivals－in－2016－fall－short－of－govts－6－m－target/。

在对外投资方面，2016 年 1—6 月的数据显示，新加坡、荷兰、日本以及美国仍是菲律宾前四大投资国，而来自中国的投资依然非常微弱。① 不过，随着中菲关系的改善，特别是在杜特尔特总统访华之后，来自中国的投资剧增。可以预计在 2016—2017 年度，中国将成为菲律宾主要的外资来源之一。

相比中国在菲律宾的投资，中菲两国贸易发展迅速。如表 3 所示，2016 年中国内地是菲律宾第四大出口对象，和 2015 年持平，若加上中国香港则为第一大出口对象。在进口方面，中国是菲律宾第一大进口国，菲律宾对华贸易处于逆差状态。

表 3　2016 年菲律宾主要出口对象

单位：美元

市场	出口额	市场	进口额
日本	11. 67 亿	中国	15. 92 亿
美国	8. 67 亿	日本	10. 20 亿
中国香港	6. 58 亿	美国	7. 68 亿
中国内地	6. 19 亿	泰国	6. 73 亿
新加坡	3. 70 亿	韩国	5. 62 亿
德国	2. 29 亿	新加坡	5. 60 亿

数据来源：United Nations COMTRADE，参见网站：http：//www. tradingeconomics. com/。

（四）政治形势

2016 年 5 月，在新一届的菲律宾总统大选中，菲律宾南部达沃市市长杜特尔特（Rodrigo Roa Duterte）最终脱颖而出，当选为菲律宾总统。他当选总统之后，菲律宾内政出现较大的变化。第一，菲律宾政府与菲叛乱势力之间开展谈判，有望终结双方长期的对抗；第二，菲律宾新政府来历打击国内毒品犯罪，据传有 3 000 多人死于菲律宾政府的法外处决，此举在菲律宾国内和国际上都引发了较大的争议。

不过，菲律宾政府与南部反叛组织和极端组织的冲突依然持续，菲律宾国土仍难以实现和平。2016 年 7 月，菲律宾政府军在巴西兰省对“阿布沙耶夫组织”发动进攻，共击毙 18 名恐怖分子。同月，菲律宾政府军对在南部苏禄省的“阿布沙耶夫组织”发动进攻，共击毙 22 名恐怖分子，打伤 16 人。菲律宾军方高官对外宣称，菲政府军将努力在今年内剿灭屡屡犯案的“阿布沙耶夫组织”。2016 年 11 月 29 日，菲律宾总统杜特尔特前往菲律宾南部省份视察，其警卫车队在途中遭遇伏击，导致 9 人受伤，其中包括 7 名保镖和 2 名士兵。菲律宾军方表示，这次针对总统保镖的伏击可能是活跃在南部地区的“毛特组织”武装人员所为，该组织与恐怖组织“ISIS”关系非常密切。这一切都说明，菲律宾政府清除南部恐怖主义仍然任重道远。

---

① 参见菲律宾贸工部的数据：http：//www. dti. gov. ph。

（五）中菲关系

2016年杜特尔特当选总统后，中菲关系实现了大逆转。在2016年6月以前，南海问题依然是中菲两国持续交锋的核心焦点。2016年6月，杜特尔特就任总统后，在南海问题上采取了与前任阿基诺三世完全不同的政策。尽管国际仲裁法庭在2016年7月就菲律宾单方面提交的仲裁做出了完全一边倒的裁决，但是菲律宾方面并没有让南海仲裁成为改善中菲关系的障碍，反而搁置了与中国在南海问题上的争端。杜特尔特总统在2016年10月访问中国，不仅改善了因南海争端而严重受损的双边关系，更使两国关系重回健康稳定发展的正轨。在杜特尔特访华前夕，中国方面就解除了对菲律宾香蕉、黄梨等农林水产品长达四年的进口禁令。此后，中菲双方在基础设施建设、打击毒品犯罪、联合执法等领域开展了一系列合作，比如中国方面不仅为菲律宾捐建了大型戒毒中心，还为菲律宾50名缉毒官员提供培训。

二、菲律宾华侨华人社会

（一）华人经济与社会

在2016年福布斯亚洲"商界女强人"榜单上，有2名菲律宾华人女性进入前50名，分别是SM集团的施蒂丝（Teresita Sy-Coson）和罗宾逊零售控股公司（Robinsons Retail Holdings Inc.）的主席罗宾娜·吴（Robina Gokongwei-Pe）。其中65岁的施蒂丝被认为是最有可能接替其父施至诚成为SM集团主席的候选者，她也一直是该排行榜的固定入选者。

在福布斯发布的2017年世界富豪榜上，一共有14位菲律宾人上榜。华人在菲律宾前十名的富豪中一共占据八位，除了排名第5和第10的富豪之外，其他皆为华人。①

表4　2017年福布斯菲律宾富豪榜

排名	姓名	净资产（亿美元）	财富来源
1	施至诚/Henry Sy	127	多元化经营
2	吴奕辉及其家族/John Gokongwei, Jr.	58	多元化经营
3	陈永栽/Lucio Tan	37	多元化经营
4	郑少坚/George Ty	35	多元化经营
5	小恩里克·雷颂/Enrique Razon, Jr.	34	港口
6	陈觉中/Tony Tan Caktiong	34	快餐
7	大卫·康松吉/David Consunji	31	建筑
8	吴聪满/Andrew Tan	25	银行业

① 参见福布斯网站：https：//www. forbes. com/billionaires/list/#version：static_country：Philippines。

（续上表）

排名	姓名	净资产（亿美元）	财富来源
9	徐文哲/Robert Coyiuto，Jr.	15	电力
10	曼努埃尔·维拉/Manuel Villar	15	零售业

数据来源：福布斯网站。

另外，在2016年菲律宾国会选举中，菲律宾华裔张侨伟（Sherwin “Win” Gatchalian）成为该国历史上首位纯华人血统参议员。张侨伟是第二代华人，他不仅熟谙闽南话，而且曾到北京学习汉语。不过，华人身份没有成为他的竞选因素，而且如华人记者李天荣所言，“菲律宾华人政治家很少提及自己的族裔身份”。不过，在张侨伟竞选参议员的过程中，有网友在Facbook上指他有中国血统，并不是一名“真正的菲律宾人”。对此，张侨伟认为“这种问题不是出于好奇，而是用于攻击的”。①

（二）华文教育

2016年菲律宾华文教育界的发展主要体现在如下几个方面：

1. 华文教育/汉语教育在菲律宾取得较大发展

中国国侨办外派教师来菲律宾工作（即“输血计划”）是华教中心华语教学师资队伍建设的重要组成部分。从2013年9月到2015年，华教中心已经先后与奥杉弥斯、碧瑶、洪溪礼斯、怡沙迷拉、务端、仙朝峨等省市政府签署谅解备忘录。各地方政府均与华教中心展开积极合作，安排中国国侨办外派教师到各省市华校任教，并且表示确保老师们在菲律宾期间的安全和福利等事宜。2016年5月，国务院侨务办公室派出的来自中国18个省市自治区的260多位教师抵菲律宾，被分配到大马尼拉、吕宋、米沙鄢和棉兰老的51所华校任教。②

汉语教育在菲律宾也得到发展。自2011年菲律宾教育部宣布汉语正式作为外语课程纳入基础教育体系以来，截至2015—2016学年，全菲共有72所公立中学开设汉语课程。③

2016年11月14日，由中国驻菲律宾大使馆文化处、菲律宾首都地区教育局、菲华各界联合会与菲律宾华教中心联合举办的第九届“中国走进课堂”菲律宾中学生中国知识竞赛在大马尼拉市17个城市的16所公立学校中同步进行，参加初赛的学生达1 600人。初赛以中国历史、地理、文化、当代发展，及菲中关系、世界反法西斯战争和中菲两国人民抗战历史为比赛内容，通过笔试方式进行。有参赛学校校长表示，随着中国的崛起，全世界都掀起了学习汉语的热潮，菲律宾各校都在争取开设汉语课程，有的学校甚至已将中国历史、地理、文化等内容纳入社会科学课程中，让学生们在日常的学习中就能了解中国。④

① 《拥有华人血统遭质疑　张侨伟称当菲人无关血统》，菲龙网，2016年4月1日。

② 《中国国侨办外派教师两百六十余人陆续抵达，华教中心岗前培训工作会议假世纪隆重开幕》，菲律宾华教中心网站：http：//www. pcerc. org/xinwen/2016/20160529. html。

③ 《菲律宾洪溪礼斯大学孔子学院举行成立五周年庆典》，新华网：http：//www. chinaqw. com/hwjy/2015/07 -26/58323. shtml。

④ 《中国走进课堂中学生中国知识竞赛初赛隆重开赛，十六所菲公校一千六百名学生积极参加反响热烈》，菲律宾华教中心网站：http：//www. pcerc. org/xinwen/2015/20151115. html。

2. 华文教育师资的发展

师资是华文教育的基础，因此一直受到菲律宾华社的重视，菲律宾华教中心以及华人社团一直热心支持华文教育师资的培训，中国国内各级侨务机构和大学也对此提供各类帮助。2016 年 10 月 21 日至 11 月 1 日，菲律宾华教中心举行了由米沙鄢华教协会协办、怡朗华商学院承办的菲律宾第二期华文教师证书培训班，共有 12 所华校的 85 位华语教师参加。

2016 年 4 月，陈延奎基金会和菲律宾华教中心联合举办了"第二届菲律宾华校高峰会议"，与会 96 所华校的 187 名代表就"华校何位华校何为""新学制下的华校模式""华语教师专业化机制的实施""华校教学质量评价机制的实施"四个议题展开讨论，并达成共识。会议确立了华校的三重身份：国民型学校、民族学校、中华文化学校。认为国民教育是华校的第一要务，要夯实国民教育基础，提升国民教育的水平；走与其他汉语教学机构差异化发展的道路，坚持办好民族教育；牢牢把握核心竞争力，精心打造"中华文化学校"品牌。会议提出开设高中华语课程，努力构建具有标准化的华语课程体系。为实现华校可持续发展，会议还推动华语教师专业化发展进程，促进华语教师专业化成长与发展，并结合华校的实际情况，启动华语教师专业化机制实施方案——华文教师证书机制。会议明确各华校要建立激励机制，大力支持华语教师参加华文教师证书培训和考试，建立华文教师证书等级薪金制，同时根据实际情况，评选"全国华语教学示范华校""地区华语教学示范华校"，并推广其华语教学经验、学校管理模式，促进菲律宾华校华语教学水平的整体提高。①

3. 华裔青少年活动

菲律宾华人社会一致非常支持各类青少年文化活动，尤其是陈永栽先生及其创建的陈延奎基金会，每年都会支持大量菲华学生前往中国学习华文。如陈延奎基金会支持下的 2016 年"中国寻根之旅——菲律宾华裔学生学中文夏令营"于 2016 年 4 月在福建泉州开营，参与华裔师生 1 149 名，人数创下历届之最。在 50 天的时间里，菲律宾华裔学生将学习中文、书法、国画、武术等传统文化。② 4—5 月，华教中心还举办了"第 25 届汉语夏令营"，同时在山东和上海两地设营。

（三）中国新移民与中国劳工

1. 中国新移民

每年 1 月到 3 月 1 日是菲律宾移民局为外国在菲公民设定的年度报到期限，此间，所有登记外侨都必须到移民局总部或其地区办事处报到。截至 2017 年 3 月，共有 106 000 名外国公民在菲律宾移民局报到，高于上一年度的 95 007 名。其中，中国大陆公民仍居首位，共 28 189 名，占比 26.6%，中国台湾居民 6 680 人；此外，美国人 10 980 名，韩国人 8 799 名，日本人 5 133 名。移民局数据还显示，持有工作签证的人为 24 514 人，本地出生的外国人为 18 301 人，外国学生为 15 765 人，与菲律宾公民结婚而拥有永久居留权的有

① 菲律宾华教中心网站：http：//www. pcerc. org/xinwen/2016/20160412. html。
② 中新网：http：//www. chinanews. com/m/hr/2016/04 - 01/7820622. shtml。

14 060 人。在年度报到的人中，还包括 7 329 名根据 1995 年的特赦法案而获得合法身份的外国公民,[①] 这部分人估计以中国新移民为主。

自 2015 年以来，菲律宾华社和政府部门一直在酝酿修改菲律宾移民法。2016 年 11 月，菲律宾移民局局长表示，菲律宾移民局打算特赦 50 万非法和无证件的外国人。根据初步特赦方案，每名非法外国人将需要为他们在菲律宾逾期居留的每一年支付 2. 5 万比索的费用。此举对菲律宾政府和非法外侨来说是一个双赢的局面，因为移民局一些不法人员和警察向非法外侨勒索保护费的现象屡禁不止。[②] 考虑到很多在菲中国人都持有合法证件，此举无疑有利于在菲律宾的非法中国人今后的发展。2016 年 12 月，菲华商联总会拜访菲律宾移民局，菲律宾移民局表示已经将特赦计划提交给司法部，细则由司法部进行研讨，如通过可由总统颁发行政特赦令。菲华商联总会还要求移民能够为中国来菲志愿者教师提供特别工作签证，以解决汉语教师问题。[③]

2. 中国劳工

据笔者在菲律宾的观察以及菲律宾媒体的报道，随着中国投资在海外的扩张，以及中菲关系的改善，在过去两三年间，前来菲律宾投资的中国企业越来越多。在菲律宾的金融中心 MAKATI 里，随处可见讲汉语的中国公民。而中资公司的进入也带来了越来越多的中国员工。此外，由于菲律宾法律的松弛，不少中资及中国员工进入菲律宾合法及不合法的赌博行业，其中网络赌博在菲律宾尤其盛行，很多从事网络赌博的都是中国人，来自中国内地、香港和台湾。一种流行的说法是，在金融中心 MAKTI 的几栋楼中，住的都是计划从事非法网络赌博的中国公民。在最近几年，有关中国人在菲律宾从事非法赌博和电信诈骗的报道频频见于媒体。

2016 年 9 月，菲律宾移民局在班班牙省洪溪礼斯逮捕 154 名涉嫌非法网上赌博的中国人。10 月，又有 50 名中国内地人、4 名中国台湾人、4 名新加坡人和 1 名中国香港人因非法从事网上赌博活动而在马尼拉被捕。

2016 年 11 月 24 日，在菲律宾北部的克拉克某度假村，菲律宾移民局一次性逮捕了 1 240名涉嫌非法务工的中国公民，后来证实其中 1 130 名为非法滞留，其他人则持有合法有效证件,[④] 这些人被指为博彩大亨林英乐网络赌博公司的员工。这些中国人有的持有旅游签证，有的则持有工作签证，但是这些工作签证上的工作类别与他们被逮捕时所从事的工作类别很可能不一致。此事在菲律宾社会引起较大反响，主流媒体多次跟进报道。

2016 年全年，为了强化边境管控，菲律宾还禁止了 9 738 名外国游客入境，较 2015 年提高了 45%。其中有 2 034 名中国公民、269 名印度人、179 名越南人、163 名美国人以及 119 名印尼人，也有一些游客因为没有购买返程机票而被拒绝入境。[⑤] 此外，菲律宾移民局共逮捕了 135 名外国通缉犯，是 2015 年的两倍，这些外国通缉犯均在本国因犯罪而

① 2017 Annual report of aliens draws record high turnout-BI.

② 《菲律宾移民局拟特赦 50 万非法外侨》，(菲律宾)《商报》，2016 年 11 月 15 日。

③ 《移民局草拟特赦非法居留外国人计划》，(菲律宾)《世界日报》，2016 年 12 月 11 日。

④ 1 240 Chinese Illegal workers arrested in Clark, http://www.immigration.gov.ph/images/News/2016_Nov/2016Nov25_1240ChineseIllegalWorkersArrested.pdf.

⑤ BI barred 9 000 Aliens from entering RP in 2016, http://www.immigration.gov.ph/images/News/2017_Jan/2017Jan27_BI_Barred9000Aliens.pdf.

遭通缉。在 135 名外国通缉犯中，以韩国人居多，共 80 名，此外还有 25 名中国通缉犯以及 19 名美国通缉犯。[①] 菲律宾各媒体仍不时报道有关中国公民在菲律宾的违法活动，如售卖假冒产品、贩毒、持有假证、违法活动或者违法工作等。比如 1 月 26 日，菲律宾警方反网络犯罪组的人员在克拉克自由港区的同步反网络犯罪行动中，拘捕了 14 名外国人，分别是 8 名韩国人及 6 名中国人。嫌犯都被怀疑是属于一个外国集团，专门诈骗菲律宾人以及其他亚洲人。1 月 31 日，2 名中国人和 2 名菲律宾人因在奎松市售卖毒品而被菲律宾警方诱捕，嫌犯的组织在大马尼拉区及邻近省分销毒品。[②] 3 月，1 名中国人在菲律宾南部的巴拉湾涉嫌非法伐木被捕，4 名中国人因在海岸线附近非法挖沙被捕。[③] 9 月，菲律宾警方在宿务市开展一系列突查行动，拘捕了 63 名外国人，他们大部分来自中国大陆和台湾，他们涉嫌利用网络进行诈骗。[④]

另外，中国公民自身也是菲律宾犯罪活动的受害者。菲律宾著名华人活动家洪玉华在受访中表示，2016 年 1—6 月一共发生了 5 宗绑架案，其中 4 宗的受害者是中国人。这些绑架案呈现出新特点，即赎金数额巨大，且交付速度极快，有时绑匪扣押人质不足 8 小时就拿钱放人。洪玉华还表示："已有很长一段时间没有发生过绑架案，突然又卷土重来，真的要多加小心。这是非常令人担心的，因为都是没有举报的个案，只有其中 2 宗有报案。"[⑤]

三、中菲关系与华侨华人

2015 年 4 月，菲律宾外交部一名前副部长表示，菲律宾除了应该与北京进行双边对话外，还应动员"菲华大班"（指华人大企业家）与中国进行幕后管道谈判。他表示："政府应进行幕后管道谈判，一如我所说的，商业及贸易通道是可以探索的方法，外交谈判不应停止，而是应继续进行。"实际上，尽管菲律宾华人在中菲关系以及具体双边问题上的立场未必全然一致，但从整体而言，华人还是非常希望中菲友好的。笔者在菲律宾所交好的一些菲律宾华人，诸如华人记者李天荣（Wilson Lee Flores）、华人企业家李栋梁（George Siy）、从美国回到菲律宾的华人蔡德权（Austin Ong）等人，尽管大多已经不会说普通话，并且是典型的华裔新生代，但对中国依然充满情感，一直通过种种方式推动中菲之间的交往和互动，推动菲律宾社会对中国的了解。而在 2016 年杜特尔特上台之后，在中菲关系改善的关键时刻，实际上一直是华人在背后推动两国高层之间的接触。从这个角度而言，华人的确在双边关系中发挥着重要的作用。

另外，在 2016 年下半年中菲关系改善以前，中菲关系的恶化一度对中国公司在菲律宾的运行造成了一定的消极影响，比如中国电力公司的运行在菲律宾就遇到了一些障碍。[⑥]

---

① 135 Alien fugitives nabbed in 2016 – BI，http：//www. immigration. gov. ph/images/News/2017_Jan/2017Jan13_135AlienFu-gitivesNabbed. pdf.

② 《两中国人涉贩卖价值五千万元毒品被捕》，菲龙网，2015 年 1 月 31 日。

③ 《四中国人在菲采沙被捕》，菲龙网，2015 年 3 月 24 日。

④ 《63 名中国网络诈骗犯在菲落网》，（菲律宾）《世界日报》，2015 年 9 月 9 日。

⑤ 《洪玉华：菲律宾最近绑架案上升》，菲龙网，2016 年 11 月 7 日。

⑥ 《中国参股菲国家电网公司　参议员表示不安》，（菲律宾）《商报》，2015 年 2 月 22 日。

不过，在一些非敏感的领域，没有迹象表明中资企业的活动受到干扰，比如华为、中兴和烽火科技等公司都参与了菲律宾的网络基础设施建设。而自杜特尔特总统执政以来，随着中菲关系的改善以及一系列双边经贸协议的签订，越来越多的中国公司对菲律宾表现出浓厚的兴趣。可以预见，今后几年中国公司在菲律宾的活动将会渐趋活跃。

泰 国

泰国是东南亚华侨华人最多的国家之一，华人社团历史悠久且最为活跃。泰国华侨华人社会地位较高，对居住国认同感较强，与居住国其他族群融合程度较深，彼此关系较和谐。中泰两国非常重视进一步发展双方关系，“中泰一家亲”的观念已深入人心，政治互信更加浓厚，两国贸易平稳发展。“一带一路”构想凸显了泰国在中国—东盟关系中的枢纽作用，为泰国华侨华人带来机遇。

一、泰国基本国情

泰国概况

国家全名	泰王国
地理位置	中南半岛中南部
领土面积	513 115 平方千米
首都	曼谷
官方语言	泰语
主要民族	泰族、老挝族、华族、马来族、高棉族
政体	议会制君主立宪制
执政党/主要反对党	军政府
国家元首/政府首脑	玛哈·哇集拉隆功国王/巴育·占奥差总理
人口数量	68 200 824①（2016 年 7 月）
华侨华人数量	1 000 万
华侨华人所占比例	14.7%
GDP/人均 GDP	3 735 亿美元/16 100 美元②（2015 年）
CPI	2.1%（2015 年）
失业率	3.4%（2015 年）

二、泰国与中国关系

中泰两国政治互信更加深厚，传统友好关系进一步加强。2015 年，泰国诗琳通公主于

① 美国中央情报局（CIA）网站：https：//www.cia.gov/library/publications/the－world－factbook/geos/th.html。
② 美国中央情报局（CIA）网站：https：//www.cia.gov/library/publications/the－world－factbook/geos/th.html。

4月3日至11日访华，全国政协主席俞正声等领导人先后访问泰国，国务院总理李克强会见了泰国第一副总理兼国防部部长巴威，中泰两国领导人频繁互访。

中泰两国经贸往来关系愈发密切。中国现为泰国第二大出口市场和第一大进口来源地，是泰国的第一大交易伙伴。旅游业方面，中国赴泰国旅游人数在2015年达793万人次，为泰国带来大量的经济收益。人员交流方面，2015年有2万多泰国留学生在中国学习，人数在东盟国家中最多，中国也是泰国最大的留学生生源国，在泰国学习的中国留学生超过2万人。[①] 2015年，由于中国从泰国进口额降低，泰国政府推行出口重点开发东盟市场，特别是CLMV四国（柬埔寨、老挝、缅甸、越南）市场的措施，目前泰国对这四国的出口增长较快。中泰两国双向投资额每年以10亿多美元的速度快速增长。特别值得一提的是，由中国承建的泰国铁路项目正加紧磋商。该项目大幅度刺激投资、拉抬市场、扩大就业、振兴经济，不仅将使中泰两国受益，而且作为泛亚铁路的重要组成部分，中泰铁路将极大地促进东南亚地区的经济繁荣。

三、泰国各界积极参与“一带一路”建设

2015年5月，中国驻泰国大使宁赋魁在参加“走访东方海上丝绸之路”活动中表示，泰国是海上丝绸之路的重要一站，是“一带一路”建设的重要枢纽。“一带一路”倡议计划对泰国等苦于缺乏资金改善和加强基础设施建设的沿线国家是雪中送炭。中国的海上丝路计划恰好同巴育政府的8年基础设施建设计划相吻合。泰国方面积极参与亚投行，赞赏中方成立丝路基金。在同李克强总理的谈判中，泰国总理巴育也表示，泰国欢迎并愿积极参与中方提出的“一带一路”等重大合作倡议，愿以泰中两国建交40周年为契机，积极推进铁路、农业、旅游等各领域合作，促进人员往来，增进传统友谊。

泰国作为“一带一路”沿途国家，地处东盟中心位置，越来越多的中国企业正进入泰国市场。1987年至2015年中国各省市赴泰投资企业共525家。[②] 1987年至2005年间，赴泰投资的中国企业数量较少，主要是中央企业。从2005年开始，企业数量逐年增加，2013年、2014年更是井喷增长，企业性质也从单一的中央企业改为以民营企业为主。从企业来源而言，对泰国投资的中国企业主要集中在浙江、广东、湖南及江苏省。投资行业几乎涵盖国民经济全部领域，前五位分别是制造业、批发和零售业、建筑业、租赁业和商务服务业、采矿业。其中制造业又以电器机械和器材制造业、专用设备制造业、橡胶和塑料制品业，以及汽车制造业为主。泰国矿产资源丰富，盛产橡胶，以农业为主，基础设施投入逐年加大，泰国政府高度重视发展新能源项目。

（一）中资企业在泰投资

泰国素来享有“东南亚粮仓”的美名。作为传统的农业国家，泰国的耕地面积占国土总面积的38%，全国80%的人口从事农业生产，农业在经济发展中占有举足轻重的地位。

① 《中泰合作共建“一带一点”——访驻泰大使宁赋魁》，人民网：http：//world. people. com. cn/n/2015/0618/c1002 - 27175715. html。

② 中国企业对泰国投资大数据报告：http：//www. sinothaizone. com/5dt_con. asp？id = 2146。

但泰国本土没有生产化肥的原材料，绝大部分化肥都依靠进口。泰国每年有 600 万吨左右的化肥需求，成为世界肥料企业的必争之地。不过，泰国政府对于化肥的准入条件非常高，只有高端肥料在泰国才能具有巨大的市场潜力。2015 年，中国企业金正大成功进入曼谷农业大学的诗琳通公主农业示范园。借着"一带一路"政策东风，金正大依靠技术、产品、资本等优势积极践行中国农资企业"走出去"战略。

2007 年，海尔集团在收购三洋环球电器有限公司冰箱厂的基础上组建了海尔泰国电器股份有限公司（位于泰国巴真武里府），并迅速实现本土化的研发和制造，并将该工厂作为海尔集团在东南亚重要的生产基地。目前，该企业通过 300 多家的销售网点为用户提供冰箱、洗衣机、空调、冷柜、LED TV、热水器、微波炉等"当地化"的产品。海尔接手三洋冰箱厂后，发现其产品单一，根本不能满足市场需求，于是从丰富产品线入手，针对泰国乃至东南亚的个性化需求，开发富有针对性的产品。如电冰箱，泰国消费者有重视面板颜色的消费嗜好，为此，海尔迅速生产出五彩斑斓的冰箱。另外，海尔通过市场调研和用户需求分析，从着重满足实用性需求入手，比如针对泰国人喜欢衣服带有香气的情况，在洗衣机内设芳香洗涤装置，推出芳香洗衣机；针对泰国郊区水压不稳的情况，推出更具实用性的双缸洗衣机。在企业和经销商的共同努力下，海尔从边缘"小角色"成长为主流品牌，电冰箱和冷柜更是占据泰国 10% 以上的市场份额。

2015 年 6 月山东玲珑轮胎泰国公司在泰国全线投产，标志着中国轮胎企业海外生产的首条卡车全钢子午线成功下线。泰国玲珑是山东玲珑轮胎建设的第一个海外生产基地，该项目由山东玲珑轮胎投资近 7 亿美元建设，占地 700 多亩，可年产 1 320 万个高性能子午线轮胎。

（二）中国在泰国的工业园区

国务院侨办主任裘援平指出东南亚是海外华商经济最发达地区，强调广大华商在"一带一路"建设中进行各类互联互通业务，参与工业园、开发区建设。[①] 裘援平主任建议广大华商对于自由贸易区、"侨梦苑"、"一带一路"沿线地带给予充分关注。[②] 了解中国在泰国的工业园区活动显得尤为重要。

近年中国经济飞速发展，逐步向东南亚进行跨国投资，受到泰国政府投资促进部门和泰国工业园区的重视。目前，有两家中资企业与泰国企业合作参与了两个工业园的开发，即泰中罗勇工业园[③]和泰国湖南工业园。两者均采用"园中园"形式。[④]

泰中罗勇工业园位于泰国安美达城市工业区，有超 60 家中资企业入驻。泰中罗勇工业园开发有限公司是由中国华立集团与泰国安美德集团在泰合作开发的面向中国投资者的现代化工业区。园区位于泰国东部海岸，靠近泰国首都曼谷和廉差邦深水港，总体规划面积 12 平方千米，包括一般工业区、保税区、物流仓储区和商业生活区，主要吸引汽配、机械、家电等中国企业入园设厂。泰中罗勇工业园开发有限公司已被中国政府认定为首批

---

① 裘援平：《"一带一路"为华商提供无限发展空间》，中新网：http：//news. xinhuanet. com/overseas/2015 –03/30/c_127636049. htm。

② 裘援平：《华商参与"十三五"需先了解"十个字"》，中新网：http：//www. chinanews. com/hr/2015/11 –10/7616292. shtml。

③ 泰中罗勇工业园网：http：//www. sinothaizone. com/index. asp。

④ 邹春萌、罗圣荣编：《泰国经济社会地理》，北京：世界图书出版公司 2014 年版，第 270 页。

“境外经济贸易合作区”，是中国传统产业在泰国的产业集群中心与制造出口基地，最终形成集制造、会展、物流和商业生活于一体的现代化综合园区。

泰国湖南工业园由泰国湖南商会会长刘纯鹰创立。工业园于 2009 年 4 月在泰国巴真府甲民工业区内成立。该工业园距离曼谷市中心 150 千米，距离越南 60 千米，水陆空交通便利，已有多家中资公司入驻。[①] 泰国湖南工业园总面积 3 平方千米，整个园区分五大块进行规划布局：①纺织服装工业园。拟引进年产服装 1 000 万件的服装企业，帮助泰国民族工业提升品牌价值。同时，打通通向欧美的新通道。②家电电子工业园，规划家电电子工业园区用地 500 亩，引进 15 家家电、电子信息类企业进入园区，年产值达 60 亿元左右。③轻工机械制造园区。根据泰国木材、水果资源丰富的优势，引进农产品加工企业，从事水果深加工、魔芋深加工、粮食产品加工等；引进木材加工企业，对红木等稀有珍贵木材进行深加工，提高附加值；引进模具制造企业，为中国加工企业进入泰国市场搞好机械配套服务，形成完整产业链。④建材冶金工业园区。拟引进建筑公司、建材公司、矿产开发冶炼公司。⑤生活配套设施区。兴建医院、幼儿园、小学初中、邮政、银行等配套服务机构等。

（三）泰国特别经济开发区

2013 年初，泰国政府开始研究成立特别经济开发区的可行性。2014 年 6 月，泰国国家维安委员会任命了特别经济开发区政策委员会委员，该委员会于同年 7 月发布第一号决议，公布了首批五个特别经济开发区所在区域。泰国政府组建特别经济开发区的目的主要是为了吸引外资，提升国家整体实力，促进地区繁荣，缩减贫富差距，提升人民生活水平，缓解国家安全形势。有关特别经济开发区的主要战略是：①开拓新经济区域，初期以边境地区为主；②支持泰国中小企业，支持泰国投资人在邻国持续发展业务；③治理边贸，有效解决非法劳工和农产品走私的问题。2014 年泰国特别经济开发区政策委员会首次会议确定首批五个地处边境地区的特别经济开发区：泰国西部来兴府夜束特别经济开发区、东北部莫拉限府边境特别经济开发区、东部沙缴府亚兰特别经济开发区和桐艾府边境特别经济开发区、南部宋卡府昔罗特别经济开发区。

西部来兴府夜束特别经济开发区和缅甸接壤，区域涵盖夜束等三县，总面积 1 419 平方千米。该地区具有良好的投资基础，纺织业等产业雇用了大量劳动力。主要产业还包括农业加工、家具制造等，可发展工业生产，打造仓储基地和物流中心。开发区与缅甸美瓦底（Myawaddy）特别经济区相对应，交通运输线延伸至毛淡棉（Mawlamyine）海港和仰光。2013 年通过夜束海关的边境贸易额约 463.09 亿泰铢。

东北部莫拉限府边境特别经济开发区与老挝相连，区域覆盖莫拉限等三个县，总面积 578.5 平方千米。开发区位于东南亚东西经济走廊，地处泰国东部门户位置。开发区与老挝沙湾—色诺经济特区（Savan Seno Special Economic Zone）相邻，交通运输线向东可延伸至越南岘港（Da Nang Port），最远还可以延伸到中国广西南宁。2013 年边境贸易额高达 304.42 亿铢，2009 年至 2013 年平均年增幅为 20.1%。该地区为电子工业生产基地、产品批发中心，可以深化发展工业，建立产品集散中心、仓储基地和物流中心。

---

① 邹春萌、罗圣荣编：《泰国经济社会地理》，北京：世界图书出版公司 2014 年版，第 270 页。

东部沙缴府亚兰特别经济开发区与柬埔寨比邻，区域涵盖亚兰等两个县，总面积332平方千米。开发区位于南部经济走廊（Southern Economic Corridor，SEC），地处泰国东部门户位置。开发区与柬埔寨 Sanco - Poipet 经济特区、吴哥窟和诗梳风（Sisophon）邻近，交通运输线可延伸至越南海港。2013 年边境贸易额高达 596.52 亿铢，2009 年至 2013 年平均年增幅为 28.2%。该地区是泰国著名批发零售市场、农产品加工基地，未来可发展成国际仓储中心。现有泰、柬双边委员会准备成立经济特区。

东部桐艾府边境特别经济开发区与柬埔寨接壤，区域涵盖空艾县，总面积 50.2 平方千米。开发区位于南部海岸经济走廊（Southern - Coast Economic Corridor），为泰国东部门户位置。开发区与柬埔寨戈公省经济特区（Koh Kong Special Economic Zone）邻近，交通运输线向柬埔寨可延伸至西哈努克港（Sihanoukville Port），对内可延伸至林查班港（Port of Laem Chabang）。2013 年边境贸易额高达 268.26 亿铢，2009 年至 2013 年平均年增幅为10.5%。该地区是泰国知名旅游区，可以加强发展自然旅游，未来可能设立边境免税区，建立产品集散中心和物流中心。现有泰、柬双边委员会准备成立经济特区。

南部宋卡府昔罗特别经济开发区与马来西亚相连，区域覆盖昔罗县，总面积 552.3 平方千米。开发区位于南北经济走廊（the North - South Economic Corridor，NSEC），地处泰国南部门户位置，该府是泰国连接马来西亚和新加坡的陆路及铁路运输干道，开发区与马来西亚槟城港、中央港以及橡胶工业、清真食品工业及多种重工业地区相邻。2013 年宋卡府昔罗海关辖区和巴丹勿刹海关辖区边境贸易额分别为 3 300.23 亿铢和 1 633.09 亿铢，2009 年至 2013 年平均年增幅分别为 9.1% 和 6.2%。该地区临近工业地区，便利的跨国陆路及铁路运输有助于出口贸易，主要货运产品包括橡胶、清真食品、海鲜产品等。

2015 年，泰国特别经济开发区政策委员会公布第二批特别经济开发区名单，具备发展潜力的地区包括北碧、清莱、那空拍侬、廊开和陶公 5 个府的 13 个县，下辖 54 个乡。

泰国政府为在特别经济开发区进行投资的投资者提供了丰厚的优惠待遇和便利政策。免除企业所得税可额外再增加 3 年期。其他还包括计税基价扣除两倍运输、水电费用，为期 10 年；免除 25% 安装生活设备、设施费用，免除机械设备进口关税，免除以出口为目的的生产原料进口关税以及其他非税务优惠（Non-TaxIncentives），允许合法雇用外籍非技术劳工。对于投资特别经济开发区政策委员会规定的特惠工业的企业，免除企业所得税，最高为期 8 年，还可获得为期 5 年减税 50% 的优惠。其他计税基价免除运输、水电费用、免除安装生活设施、设备费用等，其余与一般企业一致。没有获得泰国投促委员会支持的企业也可获得企业所得税从 20% 减至 10% 的待遇，为期 10 年（仅限 2017 年内注册成立的企业）。在资金方面，国家储蓄银行提供额度在 100 万—2 000 万铢的低息贷款；小型工业信贷保证公司为企业免除首期两年的信贷担保手续费，且后两年手续费按贷款额度，以年息 1.75% 计。外籍人士租用土地方面，允许外籍人士以商业和工业为目的租用房地产，期限可超过 30 年，但不超过 50 年，且租期届满可续约，期限不超过 50 年；符合 1977 年版《投资促进法》者有权拥有一定面积土地的所有权，用于经营投促委员会规定的业务类别，如出现结束经营或转让企业的情况，投资者须于 1 年内出售拥有所有权的土地。

泰国华侨华人在中国企业走进泰国特别经济开发区中发挥了引导者作用，为中国企业提供相关的招商项目、市场信息等，并且将自己的成功经验介绍给中国企业，有助于中国企业熟悉泰国投资环境和相关法律法规，以及当地的风俗习惯、意识形态和社会文化规则，更好地融入当地社会。泰国华侨华人也对进驻泰国特别经济开发区、工业园的中国企业起到了辅助和促进的作用。泰国华商的营销网络，可以为园区内的中国企业打开销售渠道，推广中国企业品牌，消除当地市场对中国品牌的不了解和偏见。

四、泰国侨情

中国改革开放之后，陆续移民到泰国的中国人，被称为“新移民”“新华侨”，这类人有55万—60万。[①] 其中15万—20万人来自中国广东潮州（沿海地区）、梅州（客家地区），海南省、福建省人数最多；近十年，广西、湖南、四川、重庆、江苏、浙江、东北三省的移民逐渐增多。来自云南的中国人族群移民也比较多，有10万—15万人。此外，从20世纪60年代末70年代初，由于蒋经国解除台湾岛禁，台湾人开始大规模自由移民，有15万—20万人来到泰国。来自中国大陆的新华侨从事国际贸易的较多，台湾新华侨从事实体实业开办工厂的较多，云南新华侨从事旅游业的较多。中资公司是新华侨中的特殊群体，大多是央企的外派人员，人数不多。

（一）华文媒体

泰国共有六家华文媒体，分别是《星暹日报》《亚洲日报》《新中原报》《中华日报》《世界日报》《京华中原联合日报》。这些华文媒体都有50年以上的历史和传统，主要报道泰国本地侨团、泰国各地新闻、华侨社团活动、宗教和慈善活动等[②]。《星暹日报》等华文媒体还积极致力于推动“一带一路”倡议，持续关注和报道“一带一路”，并和泰国当地的几所大学和一些商会策划关于“一带一路”的讲座[③]。国务院侨办副主任谭天星于2016年11月23日在泰国曼谷召开的泰国华文媒体与“一带一路”新机遇研讨会期间，肯定了泰国华文媒体在反映泰华社会心声、凝聚泰华社会正能量、推动泰华社会的团结发展、促进中泰一家亲等方面发挥的积极作用[④]。

泰国是世界上使用社交媒体最活跃的国家之一，有超过80%的泰国人都有使用社交媒体的习惯。据泰国《世界日报》，微信在泰国的用户已经达到数百万。中国的微信进入泰国市场后，在泰国使用微信的人数不断增加，微信已经成为泰国华侨华人新生代使用最多的社交软件之一。由于微信免费且没有植入式广告，在泰国广受欢迎，越来越多的泰国人也开始使用微信。

华人移居泰国已逾百年，华文传媒业在泰国也有上百年历史，但中文电视台一直是空白。华侨华人期盼已久的中文电视台于2005年12月18日在泰国问世。[⑤] 泰国中文电视台设在曼谷繁华的金融商业街是隆路的ITF大厦，开播后将在当地晚上9点到12点的时间

---

① 《泰国新华侨面面观》，泰国风网：http：//www. thaiwind. net/index. php? option = com_content&view = article&id = 519：2014 - 10 - 02 - 13 - 45 - 48&catid = 2：panorama - on - thailand&Itemid = 48。

② 杨保筠：《泰国侨情》，曹云华主编：《海外侨情观察（2014—2015）》，广州：暨南大学出版社2016年版，第141 - 152页。

③ 《远赴暹罗谋生路　扶危济困建善堂》，中国侨网：http：//www. chinaqw. com/hqhr/2016/11 - 10/112116. shtml。

④ 《泰国华文媒体与“一带一路”新机遇研讨会举行》，中国侨网：http：//www. chinaqw. com/hwmt/2016/11 - 24/114414. shtml。

⑤ 《泰国华人创办首家“中文电视台”将于18日开播》，中新网：http：//www. chinanews. com/news/2005/2005 - 12 - 12/8/663817. shtml。

段每天播放三个小时。节目由新闻、纪录片、文艺三大板块构成，以中文会话、泰文字幕为主播出，同时也有泰文会话、中文字幕或潮州话、客家话等地方方言的节目。中文电视台的开播，将有助于增加泰国第三代、第四代华裔对中国的了解，帮助他们学习中文。时下泰国方兴未艾的"中文热""中国热"为泰国中文电视台创造了良好的发展环境。

（二）民间交流和华文教育

2000年，泰国政府正式批准中医合法化，泰国的"中医热"持续升温。目前泰国合法中医师已近800名。中医日益获得泰国民众的认可。泰国东方大学孔子学院（简称"东大孔院"）是泰国第一家以中医文化交流为特色的孔子学院，2016年2月25东大孔院与泰国中医师总会签署了中医文化交流合作协议。[①] 东大孔院每年将为泰国中医师总会提供一定数量的赴华奖学金名额，学员将在中国温州医科大学或温州大学学习中医及汉语课程。东大孔院同时会提供不少于5名的中医赴华学习名额，让学员在中国接受为期两周的中医理论知识和临床技能等课程培训。

2016年12月10日，泰国合艾国光中学孔子课堂荣获中国国务院副总理、孔子学院总部理事会主席刘延东颁发的"先进孔子课堂"奖。合艾国光中学孔子课堂位于泰国南部经济中心及交通枢纽宋卡府合艾市，是中国国家汉办和泰国教育部合作共建10家孔子课堂中首家揭牌的孔子课堂。该孔子课堂是泰国南部最早设立网络汉语考试考点的孔子课堂，其发展得到泰国教育部、中国驻泰使领馆、当地政府、侨教商儒和中国西南大学等的广泛支持，汉语言文化推广活动覆盖泰南14府110所学校和教育机构，所在学校全开设汉语课，汉语考试100%纳入学生考核和学分评定系统，已经是泰国南部地区职业院校、中小学和教育机构等汉语文化事业发展的重要平台。截至2016年，该孔子课堂开设了58个汉语班，注册学员近4 000人，同时开设的中国文化课程吸引非注册学员6 000余人。其开设的"汉语桥—国光杯"泰国南部汉语文化技能大赛品牌项目突出，覆盖面广、层次齐全、关注度高，积极有效地增进了"中泰一家亲"的情感[②]。

（三）社团

泰国华侨华人社团在中泰两国友好交往中扮演着不可或缺的重要角色，其中最著名的要数历经百年仍长盛不衰的华侨报德善堂。[③] 泰国华侨报德善堂是融宗教信仰和慈善义举为一体的慈善团体，实力强大，不仅兴办华侨医院，还成立了华侨崇圣大学，并在该校开办中文系教授华文[④]。1910年，泰国著名潮州籍侨领郑智勇等12人共同发起成立报德善堂，供奉北宋著名高僧大峰祖师，以"慈善济世"为宗旨，施粥济困，敛尸义葬，帮助了大批来泰国谋生的华侨华人和遭遇不幸的泰国民众。如今，报德善堂已发展为拥有300多

---

① 《泰国"中医热"持续升温　合法中医师近800名》，中国侨网：http：//www. chinaqw. com/zhwh/2016/02－29/80987. shtml。

② 《泰国合艾国光中学孔子课堂获评全球先进孔子课堂》，中新网：http：//www. chinanews. com/gj/2016/12－10/8089994. shtml。

③ 《泰国华侨报德善堂：百年传承慈善文化》，新华网：http：//news. xinhuanet. com/overseas/2015－09/12/c_128221941－2. htm。

④ 《远赴暹罗谋生路　扶危济困建善堂》，中国侨网：http：//www. chinaqw. com/hqhr/2016/11－10/112116. shtml。

名全职人员和近 4 000 名志愿者的庞大机构，很多职员是善堂创立者的后代，他们活跃在泰国社会各个角落，为弘扬中华慈善文化做贡献。华侨华人坚持百年的义举得到泰国社会高度肯定，泰国皇室成员多次参观报德善堂，并主持华侨医院和崇圣大学揭幕仪式。

泰国期盼能搭上中国的“一带一路”快车，在泰华商也希望能与赴泰投资的中企进行合作。尽管中泰铁路合作是由中泰政府主导，但泰国华侨华人也在非官方领域推动着这种合作。在泰华侨华人主要通过论坛、研究等活动搭建各种沟通平台，聚集中泰企业和专业人士，交换意见和资源。泰国正大集团董事长谢国民表示正大集团响应中国“一带一路”倡议与泰国政府国策，准备在泰国开设“特区”，以优惠的政策和优质的服务吸引中国企业到泰国投资。①

泰国中华总商会作为泰国历史悠久的华商组织，深受泰国政府重视，相关侨领经常与泰国政府主管经济的部门商讨中泰交流合作的问题，借助商会的平台优势，发挥桥梁和纽带作用，帮助协调中泰两国关系，促进中泰铁路项目的合作。作为泰国最重要的华人商会之一，泰国中华总商会成立于 1910 年。第二次世界大战前，中国尚未与泰国建交，有关泰国华侨的一切事物，如办理身份证例费、居留证及各项福利事业都由中华总商会代为处理②。泰国作为东盟成员国，拥有独特的地理位置及资源优势，并且拥有完善的投资环境与配套设施，是东盟经济共同体的重要枢纽。2016 年泰国中华总商会设立一站式服务专门委员会，③ 收集泰国的经贸信息、投资政策，并配合泰国政府，为中国及东盟各国来泰投资者提供相关信息及咨询服务，为投资者提供便利，缩短开办时间，提高投资效率，促进双边乃至多边经贸的发展。

2015 年 7 月 22 日，泰国开泰银行胡锦通副总裁指出，“一带一路”倡议提出后，开泰银行领导层高度重视。④ 2014 年开泰银行国际业务总部组建成立，组织研究团队对“一带一路”倡议进行专项研究。开泰银行目前海外的全部十四家分支机构，十三家分布在“一带一路”沿线国家，这些分支机构将为“一带一路”沿线国家的客户提供便利的跨境金融服务。开泰银行将整合在中国内地的分支银行网络，申请改制为外商独资银行，促进中国业务战略的实施。拟申请的开泰银行（中国）将进一步加快服务网络建设，整合在中国、泰国和东盟的资源，加大为中国中小企业、泰国及东盟在中国投资企业、中国到泰国和东盟投资企业服务的力度，支持促进区域内贸易投资和优化区域产业链。东南亚活跃着大量欧美和日本的非营利性组织（NGO），但是极少有中国 NGO 的身影，这种缺位一定程度上影响了中国形象。在世界需要听到中国声音的时候，在泰的华侨华人尤其是华商可以担此重任。

---

① 《汕头首次到泰国推介华侨试验区》，新华网：http：//economy. gmw. cn/newspaper/2016 －01/12/content_110716320. htm。

② 《远赴暹罗谋生路　扶危济困建善堂》，中国侨网：http：//www. chinaqw. com/hqhr/2016/11 －10/112116. shtml。

③ 泰国中华总商会：http：//www. thaicc. org。

④ 《泰国开泰银行借势“一带一路”加快区域布局》，新华网：http：//news. xinhuanet. com/world/2015 －07/23/c_128050274. htm。

新加坡

新加坡是中国之外唯一以华族为主体民族的国家，新加坡华族与其他民族的关系比较和谐。由于新加坡是一个城市国家，所处的自然地理环境和地缘政治环境比较特殊，冷战期间新加坡政府对于与华人祖（籍）国——中国的政治外交关系特别慎重。中国改革开放以后特别是中新建交以来，两国关系全面发展。在这一背景下，内地赴新加坡新移民以年均万人的速度快速增长。大量的内地新移民给新加坡华侨华人社会注入了新的活力，但也同时带来了一系列的矛盾和冲突。不过，笔者认为这些矛盾和冲突不是对抗性的，只要新加坡保持政治稳定和经济持续发展，中新关系没有大的起伏，经过两国政府和新加坡华侨华人社会的共同努力，这些矛盾和冲突会逐步得到缓和和解决。

一、新加坡基本国情

新加坡概况

国家全名	新加坡共和国
地理位置	东南亚
领土面积	719.1 平方千米
首都	新加坡
官方语言 *	马来语、英语、华语、泰米尔语 *
主要民族	华族、马来族、印度族
政体	议会制共和制
执政党及/主要反对党	人民行动党/工人党、新加坡民主党
现任总统/总理	陈庆炎总统/李显龙总理
居民数量	390.2 万
华侨华人数量	290.0 万
华侨华人所占比率	74.32%
GDP/人均 GDP	3 913 亿新元、100 282 新元
CPI	-0.5%
失业率	2.0%

数据来源：《新加坡统计年鉴 2016》英文版。

*需要说明的是，新加坡的官方语言为英语和各主要民族语言，而国语则确定为马来语，行政用语是英语。1984 年，英语被确定为第一教学语言。事实上，英语是新加坡的通用语言，而华语在二十世纪七八十年代一度式微，20 世纪 90 年代以后，随着中国经济的发展和新移民不断增加，才出现蓬勃发展的态势。

二、新加坡基本侨情

（一）新加坡华侨华人简史

中国人旅居新加坡最早可上溯至10世纪左右。19世纪初，英国开始对新加坡进行殖民开发，大量中国人作为劳工来到新加坡。1830年，新加坡华人便成为新加坡的第一大民族。① 1867年，“新加坡的华侨人口已达55 000人，占当时新加坡总人口的65%”②。现在所谓的“新加坡本地华人”大多是19世纪初至20世纪初期中国南方移民的后裔，其中福建人、潮州人和广府人约占3/4，其余则由中国内地19个方言族群组成。

随着中国改革开放政策的实施，中国内地各地居民以各种形式走出国门。1990年新中建交后，新加坡政府也逐步向中国内地留学生、投资移民、新加坡急需的专业人才以及劳工等敞开大门，同时也不可避免地出现相当数量的非法移民。尽管他们的出国目的和方式不同，到新加坡后的境遇各异，但从最广义的角度来理解，他们都可以称作新加坡的内地新移民。

（二）新加坡华侨华人与其他民族的关系

华族是新加坡最大的民族，其人口长期保持在总人口的3/4左右。新加坡习惯上把国内民族分为华族、马来族、印度族、外来种族，其民族构成比例在2012年大致为74：15：9：3。为了保持新加坡的社会稳定，新加坡政府将维持这样一种人口结构作为一项长期的基本国策。新加坡华侨华人与当地民族的关系在东南亚国家中比较特殊。也就是说，新加坡华族作为人数最多的民族，没有其他东南亚国家所存在的需要被当地民族承认或被强制同化等问题，就华族整体而言，自然也不存在大多数东南亚国家华族都存在的作为少数和外来族群争取政治、经济、社会和文化等权利的课题。

但是，由于新加坡处在印度尼西亚和马来西亚的夹缝之中，这两个国家华族与其他民族的关系以及国际大环境对新加坡的民族关系都有深刻的影响。冷战时期，东南亚国家普遍对华人存在防范心理，李光耀率领下的接受英式教育的华人领导集团在建国之后很长一段时期害怕接近中国，也不敢大胆支持华商网络的发展。新加坡建国以后，新加坡政府一方面实行多元种族主义和多元文化主义，在政府部门职位和公共服务等方面更多地考虑少数民族的需要，尽量避免各民族之间的矛盾；另一方面，新加坡领导人从新加坡国情出发，大胆借用西方民族国家理论，加强“国族打造”，通过强化英语教育、实行组屋制度等措施，加强各民族之间的交流，逐步塑造“新加坡人”的意识。③

---

① 《新加坡华侨华人概况》，中国侨网：http：//www.chinaqw.com/news/2006/0630/68/34590.shtml，2013年11月20日。

② C W TURNBLL. A short history of Singapore 1819－1975. Oxford，1977，p.14. 转引自王黎晨：《1990年以来新加坡的中国新移民》，厦门大学硕士学位论文，2008年。

③ 见梁永佳、阿嘎佐诗：《在种族和国族之间：新加坡多元种族主义政策》，《西北民族研究》2013年第2期。

（三）新加坡华侨华人社会的变化

与大多数东南亚国家一样，早期新加坡华侨华人社会是移民社会。从国籍上看，大多数人属于华侨，他们到新加坡是为了谋生、致富，商业意识浓厚，很少有居留地意识。从来源地来看，他们来自中国内地不同的地区，说着不同的方言，遵循着不同的社会风俗，各地的宗乡会馆成为他们主要的求助机构和精神依托。而从整个华侨华人社会来看，是处在各自为政甚至相互倾轧的分裂状态。

随着时间的推移，新加坡华侨华人到了第二代、第三代，情况发生了变化。但是，在“二战”前，新加坡长期属于英国的殖民地，没有“新加坡公民”的概念，除了小部分华侨加入英国国籍成为英国公民外，大多数华侨包括他们的后代都被当作外来人，华侨社会没有向华人社会转化。1955 年，新加坡试行自治，1957 年《新加坡公民权法》颁布，新加坡华侨大多取得新加坡国籍，华侨社会向华人社会转化。1965 年，新马分家，新加坡被迫独立建国，新加坡华侨华人对新加坡的认同问题变得突出。

新加坡建国后，以李光耀为首的留学英美的华人精英集团通过各种措施，积极推行“新加坡化”的过程，大力提倡“新加坡人”意识。经过几十年不懈的努力，新加坡政治相对稳定，国际地位不断提升，经济、社会不断发展，民族关系比较和谐；另外，中国主张海外华侨华人落地生根，而在冷战背景下，新加坡华侨华人社会与祖（籍）国——中国的关系也变得疏远。在各种因素的影响下，新加坡华侨华人对新加坡的认同意识不断增强，新加坡华侨华人社会不但在“公民身份”意义上，而且在“公民意识”层次上不断向华人社会转化。

1990 年中新建交以后，中国与新加坡的关系获得了全面的快速发展。与之相应，以留学、人才交流、投资经商、劳务以及其他各种途径进入新加坡的中国新移民人数剧增。数量庞大的内地新移民给新加坡华侨华人社会带来了新鲜血液和巨大活力，与此同时也给新加坡原居民社会造成了很大的冲击。

三、建交以来中新关系的发展及对新加坡华侨华人社会的影响

（一）建交以来中新关系的发展

与中国建交以前，出于地缘政治和族群政治的考量，新加坡政府对于处理与中国内地的关系特别慎重。新加坡与中国建交以后，两国关系迅速发展。

第一，两国政治关系发展顺利，除了 2003 年非典时期，两国高层交往频繁。例如，新加坡现任总理李显龙于 2004 年任职以来，先后于 2005 年、2006 年、2008 年、2009 年、2010 年、2012 年、2013 年访华，新加坡总统陈庆炎于 2015 年访华，而作为新中关系开路人之一的李光耀自 1991 年任内阁资政后，已 30 多次访华或出席有关会议。而中方主要领导人也大多到访过新加坡。中国率先提出与东盟建立自由贸易区的设想，并作为域外大国第一个加入《东南亚友好合作条约》以及支持东盟在东亚合作中发挥主导作用等行为，这些都大大加强了中国与新加坡的政治互信，为新中关系的发展夯实了坚实的政治基础。

第二，两国经贸关系发展迅速。建交以后，新中两国先后签署了《经济合作和促进贸

易与投资的谅解备忘录》《促进和保护投资协定》《避免双重征税和防止漏税协定》《海运协定》《邮电和电信合作协议》《成立中新双方投资促进委员会协议》等多项经济合作协议。2008年10月两国又签署了《自由贸易协定》，根据该协定，新加坡自2009年1月1日起取消全部自中国进口产品的关税，中方则于2012年1月1日起取消自新加坡进口的97.1%的产品的关税。新加坡国际企业发展局2013年1月24日公布的数据显示，2012年新加坡与中国的贸易总额达到1 038亿新元（约合845亿美元），比2011年增长2.4%，中国是继欧盟和马来西亚之后新加坡的第三大贸易伙伴。① 该数据还显示，截至2011年底，新加坡对中国直接投资累计达766亿新元（约合624亿美元），比2010年增长12.3%。② 近几年，中国是新加坡投资的首选地，2012年1—9月新加坡在中国实际投资额为52.42亿美元，位居海外对中国投资的第三位，同期日本对中国投资为56.21亿美元，位居第二位。③ 作为新中两国政府间经济合作项目，苏州工业园区和天津生态城人所共知。新中两国建交以来，新加坡还与山东、四川、浙江、辽宁、天津、江苏、广东等省市分别建有合作机制，孕育了中新广州知识城、川新创新科技园、新加坡—大连长兴岛临港产业示范城、新加坡—南京生态科技岛等多个双边合作项目。

第三，在文化教育和人员交流方面，新加坡与中国开展了卓有成效的合作。新加坡与大多数西方国家实行的民主政治不同，其实行的是精英政治，非常重视各类专家在国际管理中的作用，以人才立国作为国家的基本政策。由于新加坡华人占人口大多数，新加坡政府非常重视从马来西亚、中国香港、中国台湾和中国大陆引进各类专业人才。1989年，新加坡政府曾提供25 000个配额给香港专业人士及其家属，1990年新加坡开始吸收接受过欧美教育的中国内地研究人员，此后逐步扩大到中国内地的文化艺术界、体育界人士以及留学生和技术进修人员，另外还有不少投资移民，其中许多人定居下来，成为新加坡的“中国新移民”。

第四，在人才培训领域，两国合作十分活跃。主要项目有中国赴新加坡经济管理和公共管理硕士班、中央党校中青年干部培训班赴新考察、两国外交部互惠培训项目等。2001年起，新方定期派中高级官员团访华。2004年5月，双方决定成立“新加坡—中国基金”，支持两国年轻官员的培训与交流。2007年7月，双方签署《关于借鉴运用新加坡园区管理经验开展中西部开发区人才培训合作的谅解备忘录》。2009年11月，新中两国签署《关于新中两国中、高级官员交流培训项目的框架协议》（2010年至2014年）。2010年4月，第二届新中领导力论坛在新加坡举行，主题为“和谐社会与领导力建设”。

第五，在旅游方面，无论是中国对于新加坡，还是新加坡对于中国都具有重要的地位。新中建交以后，中国因商务、观光等到新加坡的人数不断增多，2004年中国成为新加坡第二大游客来源国，2006年中国内地赴新加坡游客突破100万大关，2011年更高达157万多人次，占新加坡外来游客总量的1/9以上，是新加坡最大的游客来源地。④ 与此同时，新加坡到中国内地的游客也不断增加，2012年新加坡到中国内地的游客也突破了100万大

① 《新加坡2012年对外贸易小幅上升》，商虎网：http：//cn.sonhoo.com/info/633947.html，2013年11月28日。

② 《新加坡2012年对外贸易小幅上升》，商虎网：http：//cn.sonhoo.com/info/633947.html，2013年11月28日。

③ 《2012年1—9月全国吸收外商直接投资情况》，中华人民共和国商务部网站：http：//www.mofcom.gov.cn/aarticle/tongjiziliao/v/201210/20121008398765.html，2013年11月28日。

④ 《新加坡统计年鉴2012》英文版，第193页。

关，达102.77万人次，在东南亚国家中仅次于马来西亚而排名第二，在世界排名第六。[①]考虑到新加坡总人口数量，这些数据是非常惊人的。

（二）中新关系的发展对新加坡华侨华人社会的影响

建交以后中新关系的顺利发展对新加坡华侨华人社会产生了巨大的影响，这种影响包括多个方面，如新加坡华侨华人对中国内地的了解加深，与内地各个领域的互动增加，对中国内地的投资增多，新加坡华侨华人商业网络得到扩展等等。其中尤为重要的是人员的交流与流动，特别是建交以后，形成了第三次中国内地向新加坡的移民潮，给新加坡华侨华人社会注入了新的血液，但同时也带来了一些需要重视的问题。如前所述，新加坡的中国内地新移民现在达到40万以上甚至超过45万，这一数据仅少于美国和俄罗斯，可能与日本相当。1990年中新建交至今，中国内地平均每年向新加坡移民多达1万人，这对于一个城市国家来说需要很大的魄力。由此，我们也可以想见中国内地新移民与新加坡原居民的关系在很多地方存在矛盾与冲突，需要一个审慎的磨合过程。

人口迁移存在多种理论解释，但是最早也是影响最大的人口迁移理论是美国伊沃里特·S. 李的"推力—拉力"理论。人口迁移的推力—拉力理论能够在一定程度上解释新加坡的中国内地新移民剧增的情况，如中国改革开放政策的实施，使人们大胆走出国门，追求更好的发展机会和享受更好的生活的愿望成为新移民的推力因素；新加坡政治稳定、经济发展快、教育水平高、社会和人文环境好，这些则是新加坡对中国内地新移民的拉力因素。但仅用这些因素来解释新加坡的中国内地新移民剧增的现象还远远不够。

与中国内地向欧美等发达国家的移民情况相比，新加坡的人才引进政策，面对国内华侨华人生育率降低，新加坡采取欢迎和鼓励中国内地新移民的政策，新加坡主体民族为华族，中国内地新移民融入新加坡社会相对比较容易等，都是新加坡的中国内地新移民剧增比较特殊的原因。但是无论什么原因都离不开这样一个基础，即中新建交以后，中国和新加坡的政治和经济关系顺利发展、文化和人员交流非常频密，两国政府和人民相互了解和信任的程度比较高。

四、中国内地新移民及其与新加坡原居民的矛盾、冲突和解决途径

（一）中国内地新移民的数量估计与分类

根据《新加坡统计年鉴2016》的统计，2015年新加坡总人口为553.50万人，其中新加坡居民为390.27万人（新加坡公民为337.50万人，新加坡永久居民为52.77万人），非居民为163.23万人。与1990年相比，新加坡总人口增加约250万人，非居民增加132万多人，在1990—2016年新加坡总人口的增加部分中，非居民增加了近4倍。2016年新

① 《2012年1—12月入境旅游外国人人数（按目的分）》，http：//www.cnta.gov.cn/html/2013-1/2013-1-17-17-13-54943.html，2013年11月29日。

加坡居民增长率为0.8%，非居民增长率为2.1%，可能由于受到新加坡国内反移民倾向的影响，近年新加坡非居民增长率有较大幅度的下降。① 在新加坡非居民增长部分，中国内地新移民占了很大比重。现在中国内地新移民究竟有多少，缺乏官方的统计数据，但根据新加坡和中国内地学者的调查估算以及合理的推算，现在新加坡的中国内地新移民应该超过40万，甚至在45万以上。② 也就是说，中国内地新移民占新加坡非居民的1/3左右，占新加坡总人口的大约8%。当然，这还不包括少数取得新加坡公民或永久居民身份的新移民，也不包括可能没有统计到的非法移民。

中新建交以后进入新加坡的中国内地新移民的主要类型有五种。①留学移民。各种类型的留学生是新加坡的中国内地移民的重要组成部分，2005年前后每年约4 000—5 000名内地留学生到新加坡留学，其中很大一部分毕业后继续在新加坡深造或在新加坡就职，而在新加坡就职的约占毕业生的1/3。2006年中国在东盟各国的各类留学生总数超过6万，其中新加坡为3.45万人，约占新加坡留学生总数的一半。③ ②投资移民。2005年前后每年都有千名左右的中国人申请新加坡投资移民，申请成功率在九成左右，新加坡成为中国投资移民在亚洲的首选地。但是，中国投资移民对新加坡的房地产以及其他市场价格造成了比较大的冲击。2010年新加坡将投资移民金额从原来的150万新元提高到250万新元，尽管如此，2012年春节前仍有上千中国投资移民被新加坡政府拒绝，被拒者占申请者的大约八成。④ ③技术移民。技术移民包括教师、科研工作人员、管理人员、艺术人才和体育人才等。技术移民都被新加坡政府视为人才，新加坡政府采取了很多措施吸引技术移民。④劳工移民。中新建交以后，不少中国公民通过各种途径前往新加坡打工，而这些劳工主要集中在建筑、加工和制造业等劳动密集型产业。这些劳工大部分与新加坡公司有正式的劳动合同，一般工作一两年后回国，也有一部分被黑中介或蛇头介绍到新加坡后自己在市场上找工作，受到多方面的盘剥，而且处于半非法状态。估计中新建交以来赴新加坡的劳工移民数以十万计。⑤非法移民。非法移民主要是指以合法身份进入新加坡但逾期滞留者，具体数字无法统计，没有计算到新移民数字里，但估计人数应该不少。

（二）中国内地新移民与新加坡原居民的矛盾、冲突和解决途径

中国内地新移民短期内大量涌入新加坡，在给新加坡带来机遇与繁荣的同时，也不可避免地与新加坡原居民产生各种矛盾和冲突，对新加坡华侨华人社会产生一些不良的影响。正视这些矛盾和冲突，加强沟通与交流，并从国家、群体、个体等多个层面采取一些

---

① Cf. Yearbook of statistics singapore 2016. Department of statistics，Ministry of trade & industry，Republic of Singapore，“POPULATION”.

② 刘宏在2003年出版的《战后新加坡华人社会的嬗变：本土情怀·区域网络·全球视野》中认为，20世纪90年代中期，新加坡的中国内地新移民约为20万，占中国内地新移民的10%；吴前进在《1990年以来中国—新加坡民间关系的发展》（《社会科学》2006年第10期）一文中认为，新加坡的中国内地新移民（不包括非法移民和短期合同工）已达30万；刘宏在《当代华人新移民的跨国实践与人才环流》（《中山大学学报》2009年第6期）中估计新加坡的中国内地华人新移民已达35万。2010—2012年新加坡非居民人口增长率分别为4.1%、6.9%、7.2%，如果忽略其他因素而以2009年中国内地新移民35万为基数，2012年这一数字已经接近42万。

③ 《2012年中国留学发展分析研究报告》，中国行业研究网：http：//www.chinairn.com/news/20120918/610607.html，2013年12月28日。

④ 《超千名中国人申请被拒，新加坡收紧投资移民政策》，网易财经：http：//money.163.com/12/0208/09/7PNTF2LR00254O2B.html，2013年12月28日。

必要的措施，才能够处理好中国内地新移民与原居民的关系，使新加坡华侨华人社会健康地发展。

从有关媒体的报道和学者们的分析来看，中国内地新移民与原居民的矛盾与冲突主要体现在工作竞争、思想观念与行为方式以及对新加坡的国家认同等方面。对这些方面有所了解，并找出解决矛盾与冲突的路径，有助于维护新加坡华侨华人社会的和谐，推进中国内地新移民融入新加坡的进程。

第一，工作方面的竞争与冲突。这应该是最主要的，但并非唯一的一点。在工作方面，有些中国内地新移民在工资待遇以及其他方面的要求比原居民低，在就业率高的时候，这一矛盾还不会怎么突出，但在经济不景气、就业率降低的时候，这一矛盾就会凸显出来。例如，在1997年亚洲金融危机期间，新加坡失业率居高不下，许多新加坡原居民就将失业的原因归结于新移民的到来。新加坡新移民中，有许多留学生成绩优秀，毕业后能够找到比较好的岗位，有的还加入了新加坡国籍或是取得了永久居留资格，这些也会招致原居民的不满。甚至一些演艺人士、新加坡政府引进的体育人才，他们虽然在工作上与原居民不存在竞争关系，并为新加坡做出了贡献，但也不会得到新加坡原居民太多的欣赏，因为他们是新移民的代表。

近几年，新加坡经济稳定发展，失业率很低，新移民在工作方面对原居民并没有造成太大的威胁，但是新加坡原居民反对政府移民政策的声音似乎越来越强烈。虽然近几年新加坡原居民对政府新移民政策的反对不只是针对中国内地新移民，但是由于中国内地新移民数量巨大，而与马来西亚华人移民相比，中国内地新移民与新加坡原居民的关系更加复杂。因此，可以说中国内地新移民未来会更多地受到新加坡某些政党、社会团体和个人的批评甚至是无端指责，对此国家和中国内地新移民团体应该给予足够的重视，采取积极的措施应对。

第二，在思想观念和行为方式方面的矛盾与冲突。新加坡华族原居民与中国内地新移民虽同为华人，有着共同的文化积淀，但因为各自所处地理环境的差异、经济发展水平的差异、教育的差异、两国近代以来走过历史道路的不同，形成了很多不同的思想观念和行为方式，存在较多的矛盾和冲突。在这些方面，有些可能有先进与落后、文明与野蛮之别，需要各自辨别，相互取长补短，有些则是由于经济和政治地位的不同，对问题的看法和处理的方式有所不同，需要相互理解和谅解，尽量避免误会和成见。

不只是在新加坡，很大一部分在海外的中国内地新移民形象都不是很好，他们常常被贴上贫穷、落后、邋遢、叽叽喳喳、不排队、不顾及他人感受、不爱护环境、不择手段、不讲公德等标签，总的来说被认为穷酸而缺乏教养。虽然这不能说完全是他们的错，但遗憾的是，人们一般是根据人的言行举止形成印象，而不可能像社会学家那样去追寻这些言行举止背后形成的深刻的社会和历史原因，然后找到纠正这些错误言行举止的措施。随着中国经济实力的增强，一些新移民又被批评为傲慢、炫富，"新土豪"再次令中国内地新移民的整体形象受损。而在中国内地新移民看来，新加坡原居民市侩、吝啬、重物质而轻感情、保守怕输、鼠目寸光。正是因为有这样的相互负面认知，新加坡才产生了各种形式的排斥中国内地新移民的现象，中国内地新移民对新加坡的认同也受到一定程度的影响，甚至发生过一些恶性事件。20世纪90年代，"小龙女""陪读妈妈"等对中国内地女性新移民以偏概全式的"污名化"形象走红新加坡文化市场，令中国内地女性新移民受到沉重的心理创伤。2006 年新加坡政府还专门做出规定，禁止中国内地陪读妈妈从事按摩业工作，似乎新加坡的内地陪读妈妈都在不务正业。

不过，从新加坡华侨华人的历史来看，中国内地新移民与以华族为主体的新加坡原居民之间的这些差异也并非没有前例可循，更不是什么不可调和的矛盾或不同文明之间的冲突。100 多年前，东南亚新华人与土生华人之间也存在类似的矛盾，即使是新加坡原居民的世代之间，也会存在这样那样的价值观和行为方式的不同。可喜的是，新加坡政府对此有一个正确的认识，已经通过各种方式如“华族文化节”“讲华语运动”等方式诱导双方加强沟通，正确处理和化解这些矛盾。在 2012 年 3 月召开的新加坡国会审议财政预算案时，新加坡副总理兼内政部部长黄根成强调，政府非常认真看待新移民融入新加坡社会的问题，并意识到要在这方面做得更多。[①] 与此同时，新加坡原居民社会和新移民团体对这个问题也非常重视。新加坡有众多的华人宗乡会馆，“从文化层面上发挥了凝聚新移民与本地公民的功能，一定程度上有助于消除彼此间的隔阂”[②]。目前在新加坡最有影响力的新移民团体是2001 年成立的华源会。华源会打破了传统宗乡会馆以地缘和血缘为纽带的格局，吸引了大批高学历的会员参加，自成立以来在帮助新移民融入当地社会方面可以说是不遗余力。

应该说，中国内地新移民与新加坡原居民的思想观念和行为方式等方面的矛盾和冲突，与欧美国家和其他外民族占主体的国家相比还是有本质上的不同。经过新加坡政府和新加坡华侨华人社会的共同努力，这些矛盾和冲突会逐步得到解决。但是，我们也不能低估这些问题的严重性，建议中国政府在新移民出国前，在这方面进行有实际意义的培训。

第三，国家认同问题上的差异。这一点是比较深层次的观念问题，理论上应该是针对加入了新加坡国籍或至少取得永久居留资格的新移民而言的，但现实中可能会延伸到所有的新移民。值得注意的是，这也是东南亚诸多国家多年来拷问华族甚至迫害华族民众的一个理由。在新加坡，关于国家认同的问题可能没有印度尼西亚、马来西亚、越南等国那么严峻，原因就在于新加坡华族是主体民族，新加坡建国以后华族对新加坡的认同也有一个过程，而这一过程至今也没有完结。李光耀甚至将实现“新加坡人”这一目标所需的时间由一代人改为几代人，由几十年改为几百年。[③] 客观地说，国家认同是一个长期的过程，不可能一蹴而就，不同的时代、不同的群体、不同的国际国内环境都会对国家认同问题产生影响。新加坡原居民有许多人因工作及其他的需要移民海外，但不能因此否认大多数原居民对新加坡有着基本的认同，同样也不能因为中国内地新移民对是否定居新加坡举棋不定，或因为有少数以新加坡作为跳板的新移民而普遍怀疑中国内地新移民对新加坡的忠诚问题。

在国家认同问题上，新加坡原居民对中国内地新移民的质疑，在笔者看来，似为“五十步笑一百步”的问题。就整体而言，新加坡原居民对新加坡的真正认同还差“五十步”，中国内地新移民可能还差“一百步”，二者没有本质的区别，只是程度的差异，或是时间的差异。今天的新加坡原居民可能是昨天的侨民，今天的中国内地新移民可能是明

① 《新加坡移民如何融入新加坡社会　成为新加坡政府的新课题》，新加坡留学网：http：//www. liuxue86. com/a/20120527/468698. html，2013 年 12 月 5 日。

② 王玉娟：《沟通与融合：新加坡华人宗乡会馆与中国新移民》，《东南亚研究》2013 年第 5 期。

③ 薛君度、曹云华主编：《战后东南亚华侨华人社会变迁》，北京：中国华侨出版社 1999 年版，第 151 页。

天新加坡的公民，后天变为原居民。新加坡建国以后，由于新加坡政府在许多国际和国内问题上实行了比较切合新加坡实际的战略和决策，新加坡的发展可以说是顺风顺水，新加坡原居民的国家认同问题没有受到大风大浪的考验。同样有理由相信只要中国坚定地实行单国籍政策，中新两国关系长期友好互利发展，中国内地新移民对新加坡的国家认同问题不会成为新加坡华侨华人社会和谐稳定的障碍。近年，新加坡加快了新移民入籍的步伐，这对于解决中国内地新移民的新加坡国家认同问题是有帮助的。

在全球化的时代，人口流动加快，人口流动的路径也越来越复杂，而国家认同问题也发生了很大的变化。过去的三十多年，数百万华人离开原来的所在地，散居于世界各个角落，新加坡作为华人在东南亚地区最主要的移居目的地，同时承载着华人跨国流动和构建更广泛的商业网络的重任。在这种情况下，简单考虑中国内地新移民对新加坡的认同和忠诚，不允许他们有自己的选择和审视的时间，实际上是把新加坡开放港口城市的性格封闭起来，这对新加坡的长远发展是不利的。无论是物流还是人流，流动都是新加坡的活力来源，只有这样才能使人们更加热爱新加坡，在更高层次上实现对新加坡的认同与忠诚。

老 挝

东南亚国家中，老挝是华侨华人数量较少的国家，同时也是中国新侨增长较快的国家。老挝华人大多从事商业与手工业，生活水准高于当地其他族群；华人从政者较少，但与政府关系融洽。老挝华人社团以万象中华理事会为主，以新侨为主的华商社团发展迅速，影响力迅速扩大。老挝的华文教育发展迅速，并有望继续扩大发展。中老两国地缘相邻，又同为社会主义国家，2016年初老挝党政换届之后双边党政高层互动仍然频密，高层较多互动有助于双边关系稳健发展，也有利于华侨华人在老挝兴业创业。作为中老关系的“桥梁”，老挝华侨华人在稳定和推送双边关系发展中，发挥着越来越积极的作用。2016年初老挝党换届后，老挝政局继续保持稳定，经济发展较快，客观上有助于老挝华侨华人在老挝兴业与生活。老中两党两国高层保持频密互动的态势，有利于稳定和推动老中关系，且有助于老挝华侨华人的融入与发展。

一、国情与华人数量

老挝位于亚洲中南半岛北部，北与中国云南省接壤，西邻缅甸，南邻泰国，东邻越南。2008年11月，老挝第六届国会审议确定，老挝只有一个民族——老挝族，下分49个少数民族。

老挝概况

国家全名	老挝人民民主共和国
地理位置	中南半岛北部
气候	热带季风气候、亚热带季风气候
领土面积	23.68万平方千米
执政党	人民革命党
总理	通伦·西苏里
官方语言	老挝语
首都	万象（永珍）
国际机场	瓦岱机场
人口数量	680万多（2015年，数据源自中华人民共和国外交部网站）
华侨华人数量	3万多
华侨华人所占比例	不到1%
主要民族	老挝族

(续上表)

经济增长率	6.9% (2015—2016)
通货膨胀率	1.33%
国内生产总值	135亿美元
人均国内生产总值	1 985美元

数据来源:中华人民共和国外交部网站:http://www.fmprc.gov.cn/wb/gihdq-676201/gi-676203/yz-676205/1206-676644/1206xo-676646/。

因地缘之便,中国云南的边民从宋代末期就开始移居如今叫作老挝的这块土地。① 清朝中后期,来自广东、福建等地的民众经越南、泰国、柬埔寨等地移居老挝。20世纪70年代后半期,老挝政局发生变化,当地华侨华人生活深受影响,不少华人离开了老挝。目前在大洋洲、北美、中国香港等地的一些华人社团就是由当时离开老挝的华侨华人建立的,如老挝华侨华人香港联谊会、大洋洲越南柬埔寨老挝华人团体联谊会等。

关于老挝华侨华人的人数,至今仍没有一个较为确切且一致认可的数据。中国外交部网站提供的数据显示,目前在老挝的华侨华人有3万余人。这一数据与老挝华社——万象中华理事会提供的数据基本一致。② 不过,台湾"侨务"部门的相关统计数据与上述数据差异较大。据台湾"侨委会"2005年的数据,在老挝的华人(Ethnic Chinese)有185 765人(2004年有181 571人),华人人口增长率为2.31%,③ 华人占老挝人口总数的0.4%。④ 上述差异可能是由统计的对象、时间等不一所造成的。上述数据均未包括最近十几年来到老挝务工和经商的中国人。据中国驻老挝大使馆商务处提供的数据,在2015年工程承包项目中,中国向老挝派出的人数大幅增长,超过1.1万人,他们与在老挝经商的中国人一起构成了中国在老挝的新侨群体,如来自湖南邵东县的商人群体。

历史上老挝华侨华人的数量也缺乏准确统一的数据,仅有大致的数据。1927年,法国殖民政府的统计显示,在老挝的华侨华人有2 000人。⑤ 1954年7月在日内瓦会议期间,老挝外长告诉中国总理周恩来,老挝有中国人1万多;⑥ 到了1959年,有4万人;当地华人曾告诉西方学者,老挝华侨华人数量在最高峰时大概有10万人。但无论是西方的相关统计数据⑦还是国内的相关研究⑧,都更普通地采用"4万多"这一数据。台湾1988年出

---

① FLORENCE ROSSETTI. The Chinese in Laos: rebirth of the Laotian Chinese Community as the peace returns to Indonesia. China perspectives, September-October, 1997.

② 李家忠:《印支外交亲历》,上海:上海辞书出版社2010年版,第208页。李家忠于1994年到1995年担任中国驻老挝大使,他提供的老挝华侨华人数据应该是较有参考价值的。

③ The Ranking of Ethnic Chinese Population: http://www.ocac.gov.tw/english/public/public.asp? selno=1163&level=B, 2012-11-09.

④ 海外华人人数:http://www.ocac.gov.tw/public/public.asp? selno=9429&no=9429&level=C, 2012年11月9日。

⑤ JOEL MARTIN HALPERN. The role of the Chinese in Lao society. The journal of Siam society, Vol. 99, July 1961.

⑥ Centre des Archives d'Outre-Mer in Aix-en-Provence, France. Division of Economic Affairs, Indochina General Government, Courrier 1927. 转引自:FLORENCE ROSSETTI. The Chinese in Laos: rebirth of the Laotian Chinese Community as the peace returns to Indonesia. China perspectives, September-October, 1997.

⑦ FLORENCE ROSSETTI. The Chinese in Laos: rebirth of the Laotian Chinese Community as the peace returns to Indonesia. China perspectives, September-October, 1997.

⑧ 朱芳华:《老挝汉语推广的对策初探》,《海外华文教育》2010年第1期。

版的《寮国华侨概况》称老挝有华侨华人15万人之多，这是根据老挝各个主要市镇的华人人口推算出来的。[①] 据估计，20世纪90年代中期，在老挝的华侨华人有1万多人，其中首都万象有华人8 000余人。[②]

老挝华人主要集中在老挝的中南部，以首都万象（Vientiane）与沙湾拿吉（Savannakhet）、巴色（Pakse）、琅勃拉邦（Luang Phrabang）等省会城市最为集中。华人多以经商为主，生活水平略高于其他族群，从事的行业包括餐饮、旅馆、服装贸易、食品加工、日用百货。1954年7月的老挝外长在日内瓦参加印度支那和平会议时告诉周恩来总理，在老挝的中国人主要从事经济活动，很少介入政治。[③] 这一态势延续至今，华人在老挝政治领域的表现逊色于经济领域，华人参与政治活动者较少。

二、新侨

老挝是中国侨民增长最快的国家之一。近些年，到老挝创业兴业的中国人越来越多，这些人构成了侨居老挝的中国新侨群体。他们出生在中国，持有中国护照。在老挝北部临近中国云南的边境地区，来自云南的商务人士和务工者较多；在首都万象，来自湖南邵东县的商人占有较大比例，他们基本是在近十多年到老挝的。2016年2月《美国之音》有报道称："大约20年前，中国人开始大批迁徙进入老挝，他们主要来自湖南、广西和云南，集中定居在老挝北部的琅南塔、琅勃拉邦、乌多姆塞、丰沙里、川圹等几个省份。这些移民最初大多为一些支援老挝公路建设的中国筑路公司工作，后来逐渐进入矿业开采、木材采伐以及运输、烟草种植等领域。渐渐地，老挝北部的华人新移民越聚越多，挂着中文招牌的旅馆、餐厅、砖瓦厂、建筑器材厂、诊所甚至快递公司等也越来越多。"

这些新到老挝的中国商务人士，流动性较大，在老挝的时间不一，也较难统计具体数量。目前关于中国在老挝新侨群体的研究还较少，仅有零星的新闻报道。《环球时报》在老挝得到的数据是："在老挝从事小商品销售的中国人就有6万人左右。"[④] 《南方周末》称："在仅有85万人口的万象，就有大约12万华人。"[⑤] "30万"甚至更多的中国劳工和商人在老挝，这是西方媒体乃至关于老挝的专著给出的数据。

随着中国的援助与投资在老挝的份额逐渐增长，关于中国经济与中国人对老挝造成负面影响的猜测与报道也不断出现。[⑥]

在临近中国的老挝北部，不少老挝人都会说汉语。在美国全国公共广播电台等国外媒体甚至称老挝的磨丁"已成为不折不扣的一块中国飞地"。在磨丁经济特区，所有路牌几乎都有中文标识。磨丁小镇被当地人称为"新磨丁"，几公里外的"老磨丁"于2003年9月开发成俗称"中国黄金城"的磨丁经济特区，不少老挝人在里面租个铺面，销售中国、

---

① 蔡天：《寮国华侨概况》，台北：正中书局1988年版，第57－59页。

② 李家忠：《印支外交亲历》，上海：上海辞书出版社2010年版，第193页。

③ 中华人民共和国外交部档案馆编：《中华人民共和国外交部档案选编第一集：1954年日内瓦会议》，北京：世界知识出版社2006年版，第329页。钱江：《周恩来与日内瓦会议》，北京：中共党史出版社2005年版，第388页。

④ 孙广勇：《老挝人越来越在意中国》，《环球时报》，2011年10月28日。

⑤ 缪琦：《老挝隐形富豪姚宾：来老挝投资要接地气》，《第一财经》，2016年5月3日。

⑥ IAN STOREY. China and Vietnam's tug of war over Laos. China brief, Vol. 5, Issue 13, June 7, 2005. TOM FAWTHROP. Laos's Chinese gamble. The diplomat, December 24, 2010, http://www.thediplomat.com/2010/12/24/laos's-chinese-gamble/, 2012－11－09.

老挝和泰国的商品。但当地村民也抱怨不少中国商贩抢了他们的饭碗。①

老挝的非政府组织——湄公河观察组织成员曾拍摄过老挝南部的一个中资捞沙厂，由于向河里排放了汞，下游许多人出现健康问题。一些村民甚至拿着棍棒找到了厂里，当然政府后来逮捕了他们。拍摄者称："这些事情在老挝国内不能公开报道，只能拿给当地政府和一些国会议员看。当地政府看了以后决定让这个厂停产。不幸的是这个厂搬到南部另外一个省继续作业了。"②

2016 年 2 月 9 日自由亚洲电台报道：来自中国的香蕉种植园主在老挝北部持枪胁迫农民工作，引起当地村寨头人的投诉。报道引用了这位不愿透露姓名的族长的话："种植园主害怕老挝工人不听从他的指挥，所以就使用了武器。"他表示："在老挝，持枪是违法的，因为只有军人和警察被允许持枪。"自由亚洲电台报道，中国香蕉园主让工人使用大量的除草剂等化学产品，而并未向工人提供制服、面具等保护措施，因此工人们担心患上皮肤病。2015 年 11 月，《日经亚洲评论》一篇针对中国人在老挝北部商业行为的文章中，不仅提到了类似的农药致病案例，还报道了中国公司在老挝行贿官员、强制征地引发当地百姓抗议的事件。③

2015 年 11 月，近 300 名中国人涉嫌在老挝从事针对中国境内的跨境电信诈骗活动。2016 年初，老挝警方与中国合作，将上述嫌犯押解回中国。上述事件曾被解读为针对中国的反华情绪，还被解读为美国中央情报局伙同苗族策动的政治事件，而中国官方则视之为普通的刑事案件。

三、社团：万象中华理事会及其他

万象中华理事会（Vientiane Chinese Association）是老挝最大且历史久远的华人社团，其前身为万象华侨公所，成立于 1934 年。1948 年 9 月 28 日，中国政府要求法国殖民政府取消公所名称，代之以"永珍中华理事会"。1959 年，老挝政府要求取消中华理事会，代之以"中华会馆"，受台湾驻万象的"领事机构"指导。

中国驻老挝大使馆延续着同万象中华理事会互动的传统，在华人农历新年期间同老挝华人社团共贺新年，并拜访永珍善堂。永珍善堂是万象中华理事会管理下的华人慈善机构，成立于 1966 年，每年在盂兰节等节日举行慈善捐助活动，还收养一些孤寡老人，目前共赡养 11 位孤寡老人。善堂还为贫困人士办理丧葬事宜，其善行赢得老挝各界赞誉。

永珍善堂创立的老挝海外华侨华人互助中心，是中国政府推动的"海外惠侨工程"重点之一，也是全球首批华助中心之一。2016 年 3 月，永珍善堂为因车祸在老挝巴色去世的中国商人办理后事，这显示了老挝传统华人社团与在老挝的中国新侨群体之间的良性互动。

理事会下属机构还包括：万象寮都公学、福德庙、伏波庙、寮都教育基金会、寮都修校委员会、中华妇女会、中华少狮团、寮都校友总会。拥有会员 1 000 多人，多数为粤籍

① 孙广勇：《老挝人越来越在意中国》，《环球时报》，2011 年 10 月 28 日。

② 师小涵：《"高铁外交"在老挝：道路并不平坦》，《南方周末》，2014 年 4 月 4 日。

③《中国人在老挝为所欲为，引起反弹》，http：//www. voachinese. com/a/chinese－laos－20160211/3187110. html。

潮汕地区的乡亲。中华理事会的委员会通过选举由15名人员组成。万象中华理事会现任理事长为李燕金女士。

此外，新成立的商会构成了老挝华侨华人社团的新力量。2015年7月在各地中华理事会的基础上成立的老挝中华总商会是老挝首个全国性的华侨社团。2005年中国商会成立，后改名为老挝中国总商会。老挝中国总商会有多个分会，2015年成立的广东商会是其第五个分会。

四、华人代表

老挝华侨华人的代表主要包括华社的领导与重要的企业界人士。

张贵龙是老挝中国和平统一促进会会长。2016年举行的中国和平统一促进会换届选举中，张贵龙出任第三届会长。作为老挝的华人企业家，他被不少媒体称为老挝华人首富。他还是中国海外交流协会第四届理事会理事，也是该协会仅有的两位来自老挝的华人之一。① 张贵龙积极投身于公益事业，担任了数个民间社团的职务，如老挝中国和平统一促进会会长、崇德学校名誉董事长、万象寮都公学副董事长、万象中华理事会监事、老挝潮州乡亲会会长等。②

另一位华人企业家姚宾是老挝吉达蓬集团董事长。他于20世纪90年代到老挝经商，涉足房地产开发、建筑、政府采购贸易、木材加工、酒店旅游等行业。他曾多次捐款给福德庙、永珍善堂等华侨华人文化和慈善机构，在担任万象中华理事会副理事长期间，他坚持每年拿出约8万美元捐赠给福德庙、永珍善堂等华侨华人文化和慈善机构；还曾资助文化与体育事业，赞助过参加广州亚运会的老挝体育代表团、老挝乒乓球队以及老挝贫困地区的学校。媒体称他“每年约有一半时间是在陪同老挝政府各级领导前往中国访问，甚至有许多老挝高官在访华时点名要姚宾随行”。2016年4月，他陪同老挝人民革命党中央总书记、国家主席本扬访问中国。③

五、华文教育与中华文化

老挝华文教育以本土的华文学校为主，此外还有大学里设置的中文系与孔子学院。在老挝经商的华人企业家透露，若职员懂中文，其工资将比同等学历的职员高出约五成，高薪亦诱使不少老挝青年开始热衷于学中文。④

（一）华文学校

在老挝的孔子学院、中国文化中心成立之前，当地的华文学校是教授汉语和传播中华文化的主要力量。老挝的华文教育办学条件较好，师资力量较强，教学水平较高，不仅华人子女到华文学校就读，家庭条件较好的其他族裔也会把子女送到华文学校。由当地华社

---

① 辛秀玲：《张贵龙：力促中老友好合作的华人首富》，《民营经济报》，2011年9月29日。

② 陈玩穗：《张贵龙：老挝华人首富》，《民营经济报》，2012年9月29日。

③ 缪琦：《老挝隐形富豪姚宾：来老挝投资要接地气》，《第一财经》，2016年5月3日。

④ 《老挝人懂中文，薪金高五成》，http://orientaldaily.on.cc/cnt/china_world/20160510/00178_009.html。

创办的华文学校遍布老挝各地，主要有以下几所：

（1）寮都公学是中华理事会所属的主要的华文学校之一，1937 年创办，是老挝规模最大、学生最多、师资力量最强的华文学校之一。该校是中国国务院侨办确定的老挝三所华文教育示范学校之一。学校开设幼儿园至高中课程，以中老双语教学，在校生人数 2 800余人。寮都公学每年都有毕业生到中国高校（暨南大学、华侨大学等）接受高等教育。中国驻老挝大使每年都会访问寮都公学，并为寮都公学提供支持和帮助。2016 年 9 月，中国总理李克强访问老挝期间，曾访问寮都公学，这在该校历史上也是空前的盛事。

（2）拥有 85 年历史的巴色华侨公学是老挝南部最著名的华文学校，是当地华社创办管理的学校，也是"汉语桥"在老挝的协办单位。

（3）其他还有寮东公学、崇德学校与新华公学。寮东公学是甘蒙省他曲中华理事会创办的华文学校。崇德学校建于 1931 年，位于沙湾拿吉省，被中国国务院侨办、中国海外交流协会评为"华文教育示范学校"。理事会派专人负责华校工作，筹集办学经费，争取政府对华校的支持，解决师资、教材等方面的困难，改进教学方法，提高教学质量等。琅勃拉邦新华公学也是老挝知名的华文学校，是前老挝副总理宋沙瓦的母校。

（二）其他

在老挝教授汉语及传播中国文化的机构还有：

（1）老挝国立大学中文系，成立于 2003 年。教师由中国汉办委派，使用从中国进口的教材。

（2）老挝国立大学孔子学院，成立于 2010 年 3 月，是目前老挝唯一一家孔子学院。

（3）琅勃拉邦的中文培训中心，由中国昆明理工大学与老挝苏发努冯大学合作设立。

（4）短期培训班是老挝华文教育的另一种方式，分政府创办和私人创办两种。私人创办的华文培训班在规模和收费方面都很灵活。

六、华文媒体

随着网络的发展，老挝的华文新媒体发展较快，包括网络与微信公众号。如"新华老挝要闻"，再如名为"老挝通"的微信公众号，它们及时刊发关于老挝的信息，传播范围较广。网络媒体成本较低，运行便捷，传播范围广，影响力持续上升，尤其是在老挝至今仍没有纸质版华文媒体的背景下，新媒体的发展更值得关注。

目前，老挝还没有本土编辑出版的华文报纸。老挝曾经有过华文报纸，但存在时间短、销量小。1959 年创办的第一份华文报纸《寮华日报》因销路有限而停办。随后创办的《自然报》和《虎报》也都时间不长。1965 年创办的《华侨新闻》和 1967 年创办的《永珍日报》发行量都不超过 1 000 份。20 世纪 70 年代创办的《老华日报》于 1978 年被查封。①

① 傅曦、张俞：《老挝华侨华人的过去与现状》，《八桂侨刊》2001 年第 1 期。

七、2016年老挝局势与老中关系

2016年老挝政局稳定，经济快速发展。2016年1月，老挝人民革命党召开第十次代表大会，听取和审议政治报告，制订《老挝2016—2020年度经济社会发展规划》《社会经济发展“八五”规划》《至2025年国家发展规划》《至2030年国家发展远景规划》，审议和修订《党章》，并选举新一届中央领导机构，本扬·沃拉吉担任老党中央总书记。之后，老挝政府换届，通伦出任政府总理。

2016年老挝同中国的关系也在原有良好的基础上稳定发展，客观上有助于老挝华侨华人生活与创业。2016年3月在中国海南，两国总理在共同出席澜沧江—湄公河合作首次领导人会议及博鳌亚洲论坛2016年年会期间会面；5月，老挝人民革命党中央总书记、国家主席本扬访问中国，这是老挝新一届党和国家领导人第一次访问中国；5月，中国总理李克强到老挝参加东亚峰会，并访问老挝；11月底12月初，老挝总理通伦访问中国；12月下旬，中共中央政治局委员、中央书记处书记、中宣部部长刘奇葆率中共代表团出席第五次中老两党理论研讨会，老挝人民革命党中央总书记、国家主席本扬会见了中共代表团。

据老挝计划投资部副部长坎连·奔舍那介绍，中国投资者目前在老挝投资有约764个项目，涵盖领域广泛，包括矿产、农业、电力、手工艺品、旅游业等多个行业，其中552个项目为100%中国独资，212个项目为中老合资，中国已成为老挝最大的外资来源国。①

2016年老挝铁路项目正式开工，是老挝和老中关系史上的重要事件。老挝总理于2014年4月访问中国时，同中国达成了修建老挝铁路的协议。2015年12月，中共中央政治局常委、中国人大委员长张德江到访老挝，同时任老挝人民革命党总书记、国家主席朱马里一道出席中老铁路开工奠基仪式。2016年6月22日，连接中国与老挝两国的友谊隧道正式开工建设，标志着泛亚铁路网中线中老国际铁路全线建设迈出实质性步伐。2016年12月25日，中老铁路项目全线开工仪式在老挝琅勃拉邦举行，老挝总理通伦和中国驻老挝使馆大使等出席；铁路全长417千米，建设期5年，总投资约374亿元人民币。老挝是内陆国家，开工修建的铁路对于改善老挝的交通状况以及建立老挝同外部的联系方面意义重大。老挝《人民报》2016年12月27日报道称：老挝人民期待已久的高铁即将在60个月后竣工，届时，老挝交通运输和人员往来的成本将会降低，而且便捷安全，同时将促进旅游、贸易和投资实现成倍增长，为老挝带来长期收益，使老挝各族群众得到巨大实惠。

此外，老挝铁路连通中国与东南亚国家（如泰国和马来西亚等国），在强化中国同东盟国家的互联互通上意义重大。中老铁路的建设，对实现“一带一路”沿线国家交通基础设施互联互通，形成沿线低成本、高效率、大能力的铁路客货运输通道，对加快沿线物资、人员的沟通交流具有重要推动作用。

---

① 中国驻老挝大使馆经济商务参赞处网站：http：//la. mofcom. gov. cn/article/jmxw/201611/20161101597667. shtml。

缅　甸

缅甸全国民主联盟在选举获胜后，把缅甸的政治发展作为自己的优先日程。首先是放弃了自己坚持的修宪立场，实现了政府权力的平稳交接，组建由各族群和各党派力量参加的联合政府，对议员进行了素质和能力培训；其次是努力突破既有的限制，艰难推进困扰缅甸多年的民族和解与和平进程；再次是提出12项经济政策，努力促进公共资源在各领域的公平分配；最后是依法处置中缅关系中的棘手问题和突发危机，这些举措都有利于缅甸的政治发展。但由于新政府受到2008年宪法的限制，民盟政府在推进缅甸政治发展方面也举步维艰，而且由于军队的一意孤行，缅甸的政治局势仍呈现某种恶化的趋势。

一、缅甸国情

表1　缅甸概况①

国家全名	缅甸联邦共和国
地理位置	地处北纬9°58′至28°31′之间，东经92°20′至101°11′之间
气候	缅甸属于热带季风气候，国土的大部分在北回归线以南，为热带；小部分在北回归线以北，处于亚热带。受季风的影响，缅甸全年可分为热季（3月至5月中旬）、雨季（5月中旬至10月）、凉季（11月至次年2月）。缅甸全年气温变化不大，最冷月（1月）的平均气温为20℃—25℃；最热月（4—5月间）的平均气温为25℃—30℃。
人口数量	5 150万
华侨华人数量	约250万
华侨华人所占比例	4.85%②
领土面积	67.66万平方千米
主要族群	缅族
政体	总统制共和制

① 关于缅甸的基本数据除特别注明外均摘引自中国驻缅甸大使馆网站：http：//mm.mofcom.gov.cn/article/ddgk/201506/20150600999521.shtml。

② 本文作者根据2014年的人口统计数据计算得出。

（续上表）

GDP 经济增长率/通货膨胀率 CPI	GDP 增长率：8.3%① 通货膨胀率：8.67%②
执政党/总统	执政党：全国民主联盟 新总统：吴廷觉（2016 年 3 月—2021 年 3 月）
失业率	未知
官方语言	缅甸语
GDP	696.70 亿美元③
首都	内比都
人均 GDP	1 353 美元④

二、缅甸华文教育与华文媒体、华人社团

（一）缅甸的华文教育

华文教育在缅甸正式的国民教育系统内尚未取得合法地位，华文教育只能在政府监管的缝隙中展开。华文教育主要以课外补习的形式存在，开展的情况在缅甸北部和南部有比较大的差异，北部比较活跃，这主要是因为北部靠近中国，与中国的贸易和经济交往比较多，用中文交流的需求大。

在缅甸合法的国民教育系统中，有一种特殊的华文教育，即果敢文教育。在缅甸掸邦的果敢地区，学校授课和人们日常交流的语言是果敢语，实际上，该语言就是汉语，只是发音带有云南口音。

此外，缅甸学生也可以到中缅边境地区的国门学校参加系统的华文教育。中国云南省边境地区有一些“国门学校”，学校就在边界线上，作为国门学校学生的一部分，一部分缅甸学生可以到这些学校接受从小学到初中甚至高中的华文教育，但目前这种教育辐射面有限。

目前缅甸国内华文教育培训机构使用的教材有两个系列：一是来自中国台湾的国民教育教材系列，受台湾资助的学校一般称作孔教学校；二是中国汉办编写的教材，这主要用在缅甸的孔子学院和孔子课堂。也有其他一些华文补习学校使用台湾的国民教育教材，为了节省成本，他们使用的是台湾教材的复印本。之所以使用台湾的教材，是因为没有其他更合适的教材。这些华文补习学校的学生大部分有华人血统，在家里交流会用到中文，有一定的中文基础，因此针对外国人所编的作为外语教学使用的中国汉办教材就不适合

① 世界银行数据：http：//www.mofcom.gov.cn/article/i/jyjl/j/201503/20150300923942.shtml。

② 中国驻缅甸曼德勒总领事馆经济商务室：《缅甸计划将通货膨胀率降低 50%》，http：//mandalay.mofcom.gov.cn/article/jmxw/201601/20160101236825.shtml。

③ 根据 2015 年东盟秘书处提供的缅甸 2014 年的 GDP 数据 643.30 亿美元和世界银行预估的 8.3%的增长率计算。

④ 笔者根据 2015 年的 GDP 数据和 2015 年公布的人口数据计算。

他们。

关于缅甸的华文教育，特别需要提出的是在国民教育系统和补习机构之外存在的一类华文教育，即宗教机构为了传教的需要开办的高层次华文教育，这种华文教育是合法的。根据缅甸的法律，为了传教的需要，可以开办所需的语言教育。笔者曾经走访过一所缅甸基督教传道人训练学院，该学院和新加坡一所神学院合办，用华文进行课程教学，可以授予神学学士学位和硕士学位，培养的学生主要分布在各地华人基督教教堂。

（二）缅甸的华文媒体

据笔者目前了解，缅甸的华文媒体只有一家，即《金凤凰》报。该报创刊于 2007 年 10 月 1 日。《金凤凰》除了报道缅甸新闻与国际新闻，还推出"大陆社会""台湾新闻""两岸焦点"和"港澳新闻"等版块。另外，报道缅华社团、侨社和华校组织的活动也是《金凤凰》的一大特色。目前，该报设有网络版。

（三）华人社团

缅甸的华人社团众多，主要可分为两大类：一类是带有明显血缘和地方特色的宗亲社团和同乡会，如林氏宗亲的九龙堂、仰光云南会馆等；一类是带有职业特色的工商总会，其中最著名的是缅甸华商商会。该商会成立于 1909 年，当时的名称是中华商务总会，成立的目的是协调当时存在的公务、私务问题以及一切涉外事宜。[①] 1930 年在缅甸正式申请注册，注册的名字为"缅甸华商商会"，华商总会被当时的英治缅甸政府认可为代表华侨商界的唯一合法机构，商会会长因而被任命为缅甸的立法会议员。在二十世纪三四十年代日本侵略东南亚时，缅甸华侨四处逃亡，商会也处于瘫痪状态。1946 年 6 月，商会正式复办，2009 年，华商商会在缅甸仰光举行了成立百年华诞庆典，共有来自美国、日本、新加坡、泰国以及中国香港和澳门地区的华商会、缅甸华侨华人 800 余人参加。[②] 为了进一步加强缅甸华侨华人与世界其他各地华侨华人之间的联系，华商商会在 2014 年申请在仰光举办第 14 届"世界华商大会"，该申请获得批准。

回顾 20 世纪 80 年代以后缅甸华侨华人团体的发展，可以发现其呈现出以下两个明显的特征：一是以缅甸为基轴的全球缅华社团网络已经形成；二是顺应网络时代，建立了网上联络和互动的缅华社区和平台。[③]

三、民盟平稳接收政权，组建联合政府，规范政府权力运作

在 2015 年 11 月 8 日举行的缅甸国会选举中，昂山素季（Aung San Suu Kyi）领导的全国民主联盟（National League for Democracy，以下简称"民盟"）获得了压倒性胜利。为平稳交接权力，昂山素季数次会晤缅甸武装部队总司令敏昂莱（Min Aung Hlaing）。放弃修宪要求，在既定框架下平稳地交接权力是缅甸政治发展的一个重要体现：2010 年的选举及

① 《缅甸华商商会世纪华诞纪念特刊》2009 年版，第 32 页。
② 范宏伟：《缅甸华侨华人史》，北京：中国华侨出版社 2016 年版，第 283 页。
③ 范宏伟：《缅甸华侨华人史》，北京：中国华侨出版社 2016 年版，第 283 页。

其新政府的上任固然是缅甸政治发展的一个里程碑：在军人多年独断公共资源的分配之后，它拉开了缅甸民众重新通过选票决定公共资源分配的序幕（虽然在现行的政治框架下，公共资源的公平分配还受到很大的限制）。但由于这次选举是在昂山素季领导的全国民主联盟受到严格限制的情况下举行的（全国民主联盟当时被宣布为非法，昂山素季被关押不能参加选举），因此其政治发展的意义远远比不上2015年的选举。这次选举后，政府权力的平稳交接，标志着缅甸政治发展的真正进步。

为了平稳地实现新旧政府之间的权力交接，2015年12月2日，总统府与敏昂莱进行了第一次会晤，讨论权力交接事宜。之所以要和武装部队总司令谈权力交接事宜，是基于缅甸现有政治框架的独特性。依据现行的2008年宪法，缅甸总统并不是武装部队总司令，武装部队总司令由现行的军人出任。武装部队总司令不仅掌管缅甸的武装力量，而且还对政府中的三个最重要的职位——国防部部长、内政部部长以及边境事务部部长，以及议会中的军人议员的任命有直接的决定权。如果总司令不配合或不愿意交接政府权力，昂山素季及其领导的全国民主联盟就不可能顺利上台执政。

权力交接不仅涉及政府现行政治框架内的权力转移问题，还涉及一个更重要的问题，即修宪让昂山素季能够出任总统。根据现行宪法，昂山素季不能出任缅甸总统，因为她的丈夫是一个外国人（虽然已经去世），她的两个儿子也是外国人。在第一次与敏昂莱的会晤中，昂山素季表示愿与军方合作，但明确表示希望修改部分宪法，包括规定配偶或子女为外国人的缅甸人不得竞选总统的条款。[①] 2016年1月25日和2月17日，昂山素季又和敏昂莱进行了两次会晤，希望争取敏昂莱的支持，修改宪法，让自己出任总统。[②] 虽然会谈的细节无从得知，但结果是明确的：昂山素季未能如愿，民盟只能在既有的宪法框架下接收政府权力。为了实现政府权力的平稳交接，民盟决定放弃自己坚持修宪的立场。

2016年3月30日，缅甸新政府宣示就职，缅甸政府实现了权力的交接。虽然这次政府权力的交接是在昂山素季未能出任缅甸总统的情况下实现的，但为了保证昂山素季对新政府的领导，2016年4月，缅甸议会为昂山素季专门通过法律，设立了国务资政（state counsellor）一职，昂山素季可以直接以国务资政的名义发布政令。从公共资源公平分配的角度来看，这是缅甸政治发展的一个缺憾，但从国家安全的角度考虑，这一缺憾并未显失公平。

缅甸新政府注重公共权力资源的均衡分配，联合多党和邀请少数族群代表组建新政府各部。虽然全国民主联盟在选举中大胜，但在总统和副总统、议会正副议长和内阁部长的职位分配中并没有独揽，而是相对均衡地照顾了其他党派的利益。“议会两院正副议长4人中，有3人是少数民族。在3名正副总统中，民盟推举了1名少数民族代表出任副总统。”“在新政府18名部长中，除3个职位依照宪法由军人出任，民盟把两个部长职位‘让’给前执政党联邦巩固与发展党（巩发党），更是邀请7位独立人士出任7个部长职

① 《昂山素季与缅甸总统及军方会晤　初探权力交接》，环球网：http：//world. huanqiu. com/exclusive/2015－12/8096399. html。

② 据缅甸当地媒体*VOICE*传出未经证实的消息，民盟中央执委委员吴温藤2016年1月30日在接受媒体采访时说：“我们将把推选昂山素季为总统一事排在第一重要事宜，将修宪排在第二重要事宜。不过一年内不可能完成两件事宜。”《缅媒：昂山素季曾与军方探讨由其本人出任总统》，《光明日报》国际新闻：http：//world. gmw. cn/2016－02/02/content_18757542. htm。

位。民盟自己只有6人出任部长。"① 在新政府的关键职位分配中，更公平地照顾党派和少数民族利益，这是民盟新政府推动缅甸政治发展的一个重要体现。

精简政府部门，提高政府运转的效率。吴登盛（Thein Sein）政府设立36个部，而民盟新政府将其裁减，合并为21个部。这个大胆的裁减方案得到了议会的广泛支持，包括巩发党议员和军方议员的支持。新总统吴廷觉（Htin Kyaw）在议会解释精简方案时说，精简的目的是提高工作效率，节省财政开支。这次裁减，预计可为新政府省出50亿缅元（约合420万美元）。同时，为了稳定公务员队伍，民盟承诺裁部不裁员。②

为了进一步规范政府权力的运作，减少政府官员的腐败，新政府在上台之后，出台了一系列的相关指示和命令。

首先是禁止亲属担任机要秘书的规定。2016年4月1日，担任总统府部部长的昂山素季发布指示："禁止联邦中央政府成员的妻子或丈夫、亲属关系担任相关政府机构的机要秘书职务（亲属关系是指个人之兄弟姐妹、子女、女婿，媳妇、侄儿、侄女、孙子、重孙等）。聘用该职务必须要根据相关公务员考核规定来选拔。"③

其次是新政府关于收受礼物的规定。根据2016年4月4日颁布的规定，官员一次收受的礼物不得超过25 000缅元（约合20美元，登盛时期的限额是300 000缅元，约合250美元），礼物包括"现金……金、银、机票、免费的饮料和食品、免费的宴请和高尔夫会费"，官员一年从一个个人或组织收受的礼物不得超过100 000缅元（约80美元）。如果礼物超过此限额，而拒绝又可能会影响必要的礼尚往来，可将礼物交给上级或捐献给慈善组织。④

为了使新一届议会议员能够全身心地投入立法工作，提高他们的素质和能力，新政府增加了对议员的补贴，对议员进行了政治和业务培训。新政府上任后，为高薪养廉，大幅度上调了议会议员的工资水平。工资调整以后，一名普通国会议员的工资为每月6 500元人民币上下，民盟还额外给予每日100元左右的补助。如果议员同时是议会某事务委员会成员，还会有每月近4 000元的收入。⑤

对议员的培训包括两部分。一是对议员议政能力的培训。民盟的议员大多是第一次当选，缺乏经验。为了提高当选议员的议政能力，2016年2月15日至19日在缅甸首都内比都举行了第二届议会议员培训。433名当选议员参加了此次培训。培训班上，来自澳大利亚、布丹、马来西亚、巴基斯坦、韩国、东帝汶、英国和中国香港特别行政区等国家和地

---

① 张云飞:《解局：缅甸权力交接　新政府现五大特点》，新华网：http：//news. xinhuanet. com/world/2016－03/30/c_128849359. htm。

② 张云飞:《解局：缅甸权力交接　新政府现五大特点》，新华网：http：//news. xinhuanet. com/world/2016－03/30/c_128849359. htm。

③《缅甸反腐再出重拳　严禁政府高官任用亲属为机要执行官》，（缅甸）《金凤凰》新闻：http：//www. mmgpmedia. com/local－news/13716－%E7%BC%85%E7%94%B8%E5%8F%8D%E8%85%90%E5%86%8D%E5%87%BA%E9%87%8D%E6%8B%B3－%E4%B8%A5%E7%A6%81%E6%94%BF%E5%BA%9C%E9%AB%98%E5%AE%98%E4%BB%BB%E7%94%A8%E4%BA%B2%E5%B1%9E%E4%B8%BA%E6%9C%BA%E8%A6%81%E6%89%A7%E8%A1%8C%E5%AE%98。

④ Daw Suu lowers limit on civil servant "gifts", http：//www. mmtimes. com/index. php/national-news/19819－daw-suu-lowers-limit-on-civil-servant-gifts. html.

⑤ 张珺、许芷君:《缅甸百日维新不及格？官员：人民对我们期望太高》，转引自东方日报网：http：//mini. eastday. com/a/160711081711318. html，2017年3月27日。

区的议员、专家分别和缅甸议员分享了有关议会工作的相关经验。①

二是对议员英语能力的培训。2016 年 3 月 1 日，昂山素季同民盟议员会面时说，所有民盟议员都要参加英文水平考试，并为此进一步参加英文培训班。之所以进行英文培训，是议员“因为工作的关系要接受媒体的采访或举行媒体见面会。议员接受采访时若出现错误，不但议员受到影响，整个团体和国家也会受到影响”。根据安排，3 月 8 日至10 日议员英语水平考试在相关办公室进行。②

民盟胜选之后，没有坚持以修宪为先决条件，而是采取了妥协的立场，在既有的宪法框架下从登盛政府手中接收政府权力。在新政府的组建中，民盟注意政府权力在各族群、各政党之间的均衡分配；注意对公务人员特别是议员的培训、纪律和法律约束，提高他们的执政能力和效率。这都有利于新旧权力之间的顺利交接，有利于权力规范、有效率地运行，有利于缅甸的政治发展。但由于是在旧的框架下开始运行的，新政府在解决民族和解的棘手问题时仍举步维艰。

四、民盟政府努力突破既有约束，艰难推进民族和解进程

缅甸西部若开邦（Rakhine）穆斯林族群的身份问题和缅甸少数民族武装停火、参加和平进程的条件问题是困扰缅甸政府多年的老问题，也是民盟新政府面临的棘手问题。

西部若开邦的穆斯林族群自称罗兴伽人（Rohingya），认为他们很早就居住和生活在缅甸的若开邦，应该作为一个独立族群，获得缅甸公民身份。但缅甸前登盛政府认为他们是从孟加拉来的非法移民，应该被清理出缅甸。登盛时期的做法为民盟政府处理若开邦穆斯林问题施加了严格的限制③。新政府要解决这一问题，不仅需要推翻前政府的做法，还需要修改相关的法律，十分棘手。按照笔者对政治发展的定义，若开邦穆斯林问题可以说是缅甸新政府需要解决的最棘手的政治发展问题。

若开邦穆斯林人是居住在缅甸西部若开邦的一个族群，该族群信奉伊斯兰教。该族群长期不为缅甸政府承认，被排斥在缅甸公共资源的分配主体以外，缅甸政府也为此背负了沉重的国际压力。联合国大会多次通过决议谴责缅甸政府，东盟中的马来西亚、印度尼西亚等国家也向缅甸施压。在 2016 年 12 月举行的关于若开邦穆斯林的东盟外长特别会议

---

① http：//www.aipasecretariat.org/news/aipa-news/the-special-occasion-of-myanmar-parliament-for-mps-of-second-term-completed/。

② 《昂山素季称所有民盟议员均要参加英文水平考试》，（缅甸）《金凤凰》新闻：http：//www.mmgpmedia.com/local-news/12827-%E6%9D%9C%E6%98%82%E5%B1%B1%E7%B4%A0%E5%AD%A3%E7%A7%B0%E6%89%80%E6%9C%89%E6%B0%91%E7%9B%9F%E8%AE%AE%E5%91%98%E5%9D%87%E8%A6%81%E5%8F%82%E5%8A%A0%E8%8B%B1%E6%96%87%E6%B0%B4%E5%B9%B3%E8%80%83%E8%AF%95。

③ 缅甸前政府对若开邦穆斯林问题的处理曾经给人一些希望。据报道，从 1995 年开始，政府对若开邦没有身份的穆斯林曾经颁发过一种白色的临时登记卡（temporary registration cards），当时执政的巩发党为了在 2010 年的选举中获得更多选票，也许诺给予若开邦穆斯林公民身份。据一份报道称，到 2012 年时，约有 50 名官方所谓的孟加拉非法移民获得这种临时登记卡。2014 年 7 月，登盛政府宣布废除白色登记卡，向符合条件的若开邦穆斯林颁发一种绿色的公民身份甄别卡，作为穆斯林获得居住权、政府基本服务和申请归化公民身份的凭证，并在若开邦的 Myebon 镇启动对穆斯林身份的甄别程序，根据 1982 年缅甸国籍法授予一些人以公民身份。但由于在何种条件下持绿卡之人可以申请公民身份等问题未十分明确，穆斯林的身份甄别工作进展缓慢。参见 MARIE LALL. Understanding reform in Myanmar. London：Hurst & Company，2016，pp. 193，197-198.

上，马来西亚政府外长甚至要求东盟公开对缅甸就若开穆斯林问题进行施压。在这次会议上，马来西亚外长阿曼（Anifa Aman）指出缅甸的穆斯林问题是一个地区性问题，号召东盟协调对若开邦穆斯林的人道主义援助，调查缅甸针对若开邦穆斯林的大屠杀。①

民盟主导的新政府上台以后，努力尝试突破前政府遗留的政治束缚，推进若开穆斯林问题的解决。5月3日，议会不顾军人议员反对通过了一项紧急动议，讨论若开邦的族群冲突问题。5月22日的新闻记者会上，昂山素季作为民盟政府领导人第一次公开谈及西部若开邦的穆斯林族群时，敦促不要先入为主地使用"罗兴伽人"（Rohingya）或"孟加拉人"（Bengali）的称谓，因为那样做会加大解决这一问题的难度。② 5月30日，缅甸总统办公室宣布将成立一个以昂山素季为主席的若开邦和平、稳定与发展中央委员会（Central Committee for Rakhine State Peace，Stability and Development），为解决若开邦问题制定政策方针。6月16日，缅甸信息部部长给缅甸政府经营的媒体签发了一封指导性的信函，指示在报道中用"若开邦的穆斯林"（Muslim community in Rokhine）代替"罗兴伽人"。③ 与此同时，民盟政府还开始了对若开邦穆斯林的身份甄别，对符合条件的穆斯林颁发公民身份验证卡（National Verification Card），因为这种卡是绿色的，被称为"绿卡"，持有绿卡的人可以获得基本的政府服务。绿卡的有效期为两年，但可以重复申请延期，从而获得无限期在缅甸居住的权利，获得"绿卡"的人也可以向缅甸政府申请成为公民身份。到6月7日时，缅甸移民局官员已经向1 000多名若开邦穆斯林人颁发了这种绿卡。④

为了解决若开邦穆斯林与若开族人的族群冲突问题，民盟政府还特意邀请了前联合国秘书长牵头组建一个委员会，就若开族群冲突问题提出解决办法。2016年8月24日，国务资政发布通告，政府将成立若开邦事务顾问委员会，并邀请联合国前秘书长科菲·安南（Kofi A. Annan）担任该委员会主席，帮助调查和解决若开邦民众冲突问题。2016年9月，以科菲·安南为首的若开问题委员会（Advisory Commission on Rakhine State）在缅甸仰光成立。顾问委员会由包括安南在内的9个专家组成，其中6个是缅甸专家或官员，根据计划，该顾问委员会将于2017年下半年就若开邦问题提出一个持久性的解决办法。

笔者认为，昂山素季和缅甸新政府邀请科菲·安南作为若开问题委员会的主席，并不是要丢包袱，而是希望绕开既有的政治羁绊，提出一个具有国际合法性的持久解决方案，而安南具有崇高的国际威望、宽广的国际视野、老道的处理棘手问题的国际经验。

少数民族武装的停火与和平问题也是困扰缅甸政府多年的棘手问题。从本质上说，这主要是在以缅族为首的缅甸中央政府和诸多地方少数民族之间如何分配公共资源的问题，因此也是缅甸政治发展的一个核心问题。为了解决这一问题，登盛政府曾经提出民族和解与和平的路线图，但由于无法跳出既有的政治框架——以现有的缅甸联邦为前提解决停火

① 参见 Malaysia calls for Asean to coordinate aid for Myanmar's Rohingya，（新加坡）《海峡时报》新闻：http：//www. straitstimes. com/asia/se-asia/malaysia-calls-for-asean-to-lead-push-for-end-to-rohingya-crisis-in-myanmar，2017年3月28日。

② State counsellor urges avoidance of words "Rohingya" and "Bengali"，缅甸新闻网：http：//www. myanmarnews. net/article/244303643/state-counsellor-urges-avoidance-of-words-rohingya-and-bengali，2017年3月28日。

③ Myanmar government orders state media not to use "Rohingya"，缅甸新闻网：http：//www. myanmarnews. net/news/245173157/myanmar-government-orders-state-media-not-to-use-rohingya，2017年3月28日。

④ Myanmar Times："Green cards" distributed to stateless Muslims，缅甸网：http：//www. burmanet. org/news/2016/06/16/myanmar-times-green-cards-distributed-to-stateless-muslims-nyan-lynn-aung/，2017年3月28日。

与和平问题，少数民族武装响应的积极性不高。到2015年10月，经过九轮的谈判，缅甸中央政府才同力量较弱的8支武装组织的代表签署了全国停火协议。为了加快民族和解进程，民盟政府采取了一个大胆的新举措：改组和平委员会，召开21世纪彬龙会议（21st century Panglong Conference）①。

2016年4月27日，昂山素季表示要尽快举行类似1947年彬龙会议的民族大会，旨在实现永久和平，造福于民。② 为了尽快召开新的彬龙会议，新政府首先对推进和平的相关机构进行了改组，并成立新的组织机构。

首先是对联邦和平对话委员会的改组。2016年5月27日，新政府改组了登盛政府根据2015年10月15日的全国停火对话会议成立的联邦和平对话联合委员会（Union Peace Dialogue Joint Committee）。新的委员会由昂山素季出任委员会主席，国家资政办公厅厅长吴觉丁瑞（U Kyaw Tint Swe）、克伦民族联盟秘书长波多梭奎图温（Padoh Saw Kwel Htoo Win）、缅甸民主党主席吴杜韦（U Thu Wai）担任副主席，前政府和谈协调人吴拉貌瑞（U Hla Maung Shwe）任秘书长。③

其次是成立彬龙会议筹备委员会。2016年5月31日，缅甸总统府发布公告，宣布组建由16名成员组成的21世纪彬龙会议筹备委员会，以推动缅甸和平进程。筹委会由丁妙温（Tin Myo Win）担任主席，国家顾问办公厅部长（minister of the State Counsellor' Office）吴觉丁瑞任副主席。

再次是成立新的民族和解与和平中心（National Reconciliation and Peace Centre，NRPC）。2016年7月11日缅甸政府宣布正式组建民族和解与和平中心。该中心是直属国务资政办公室的一个政府机构，中心共有11名领导成员，国家顾问昂山素季任主席，吴觉丁瑞和丁妙温任副主席。民族和解与和平中心的主要任务是在民族和解与和平事业中，探寻缅甸政府、议会、军队、少数民族组织、少数民族武装及各种组织之间顺利合作的指导方针，以及缅甸实现民主联邦制的方法。从以上的机构组建和调整可以看出，昂山素季及缅甸新政府处理民族和解的一个新思路：增加对民族和解进程的主导权，不对和平谈判设置太多的前提条件，将民族和解问题纳入国家机关的日常事务。

经过几个月的筹备，2016年8月至9月3日，缅甸21世纪彬龙会议在首都内比都的国际会议中心举行。缅甸总统吴廷觉、联邦和平对话委员会主席国务资政昂山素季、缅甸国防军总司令敏昂莱大将等国内政要，与会17支民地武装组织代表，联合国秘书长潘基文、中国外交部亚洲事务特使孙国祥、国际非政府机构、各国驻缅使团、政党代表、民间组织代表以及相关机构代表约1 700人出席了大会开幕仪式。会议有收获也有遗憾，最大的收获是通过会议直播，让更多的人了解了双方的真正分歧所在，遗憾是因在某些问题上未能取得一致，尚有3支武装未能获得与会邀请信。另外，在会议举办期间，实力较强的

① Panglong Conference，即1947年昂山素季的父亲昂山与少数民族代表关于为缅甸独立和各民族的联合在缅甸掸邦彬龙镇召开的协商会议。与会者达成的协议史称“彬龙协议”。该协议保证“边疆地区内政完全自治”。但仰光政府掌权后从未落实该协议，引起少数民族对背叛的愤恨和谴责，导致延续至今长达半个多世纪的内战。

② NLD leader's physician tipped to take part in peace process，缅甸时代网：http：//www. mmtimes. com/index. php/national-news/20001-nld-leader-s-physician-tipped-to-take-part-in-peace-process. html，2017年3月28日。

③ 《昂山素季宣布改组缅甸和平对话委员会》，环球网：http：//world. huanqiu. com/hot/2016－05/8984562. html，2017年3月27日。

少数民族武装组织佤联军代表因会务安排问题退出大会，令这次大会留下些许遗憾。①

2016 年 11 月 20 日，克钦独立军（Kachin Independence Army，KIA）、德昂民族解放军（Ta'ang National Liberation Army，TNLA）、缅甸民族民主同盟军（Myanmar National Democratic Alliance Army，MNDAA）和若开军（the Rakhine Army，RA）等几支民族地方武装攻击军方和警方哨所，理由是政府将一些少数民族武装排除在全国和平进程以外。②少数民族武装和缅甸中央政府军之间的冲突再次爆发。

2017 年 2 月 21 日，联合佤邦军（United Wa State Army）在佤邦自治区首府潘桑（Panghsang）主办了一个为期三天、由没有签署全国停火协议的地方武装领导人参加的峰会，以下地方武装组织的领导人参加了这次峰会：联合佤邦军、克钦独立军、德昂民族解放军、若开军、缅甸民族民主联盟军、北掸邦军、全国民主联盟军，克伦民主进步党和新孟邦党没有参加会议，但通过递交书面文件表明了自己的观点，该次峰会决定不签署全国停火协议③。这意味着他们不能参加全国对话会议（签署全国停火协议是参加全国对话会议的一个前提条件）。

缅甸国防军和地方少数民族武装之间的冲突，以及一些少数民族武装不签署全国停火协议的决定使民盟新主导的民族和解进程再一次陷入僵局。之所以会出现这种局面，关键仍然在于停火的条件，即双方对彬龙会议精神的理解有所不同。

昂山素季虽然提出要以 21 世纪彬龙会议推动缅甸和平进程，但通过其讲话，可以发现 21 世纪彬龙会议与少数民族武装理解的 1947 年彬龙会议的精神似乎有所不同。2017 年 2 月 12 日，昂山素季在缅甸"联邦节"（Union Day）70 周年纪念讲话中，把召开彬龙会议的许诺定义为"通过相互协商和合作找到解决办法"，但对少数民族武装提出的关于彬龙协议的具体要求（通过联邦实现各民族的平等和少数民族自治）只字不提。④ 这种理解上的不同实际上是如何公平分配利益的立场不同，而之所以出现这种理解上的不同和难以协调，笔者认为关键在于昂山素季和其主导的民盟政府无法突破既有的 2008 年宪法框架，根据 2008 年宪法，缅甸已是联邦国家，民盟新政府宣誓就职时，已宣誓"自愿维护国家宪法"。

总结以上的分析，笔者认为，民盟政府邀请前联合国秘书长科菲·安南牵头一个委员会，就若开邦穆斯林问题提出解决办法，目的在于跳出既有的政府立场羁绊，为未来政府可能提出的解决办法增加合法性，减少可能遇到的阻力；政府提出以召开 21 世纪彬龙会议来解决与少数民族武装的和解问题也是企图跳出既有的宪法框架约束，但由于新政府本身仍在旧的框架下运作，因此一些少数民族武装对新政府解决这一问题的前景并没有太多的信任，他们相信只有手中的武器才是自己利益的最好保证，这是 2016 年 11 月缅甸中央政府和少数民族武装在缅北战火再起的一个主要原因。民盟政府如何打破既有的框架，并

---

① 参见庄北宁：《缅甸"彬龙会议"成果挑战并存》，http://mt.sohu.com/20160905/n467660762.shtml。

② Kachin independence army teams other fighters in Myanmar attack，世界新闻网：http://www.worldaffairsjournal.org/content/kachin-independence-army-teams-other-fighters-myanmar-attack，2017 年 3 月 31 日。

③ UWSP criticizes the government peace process at ethnic summit，缅甸伊洛瓦底新闻网：https://www.irrawaddy.com/news/burma/uwsp-criticizes-government-peace-process-ethnic-summit.html，2017 年 3 月 28 日。

④ State counselor urges compromise in union day speech，缅甸伊洛瓦底新闻网：http://www.irrawaddy.com/news/burma/state-counselor-urges-compromise-union-day-speech.html，2017 年 3 月 28 日。

让少数民族武装信任其有能力做到这一点，是缅甸民族和解和政治发展的一个关键。

五、政府提出12项经济政策目标，强调公共资源和机会的公平分配

经济是一个国家最大的政治。但经济在这里指的是什么，如何将其纳入对一个国家政治发展的分析中？笔者尝试结合经济学相关理论，回答这两个问题，提出一个相对综合的政治分析框架，并将其运用于缅甸的政治发展分析。

这里的“经济”主要指的是一国经济的稳定和增长，具体表现就是一国总产出的稳定增长和物价的相对稳定，这两个指标都跟政府主导的各种资源分配政策有关，都影响一国政府权力的正常运作，因而也是一国最大的政治问题，是政治发展研究的一个重要组成部分。

根据今天在很多国家占据主导地位的凯恩斯经济学理论，一国的总产出，包括总的数量和具体的产品构成，受到政府产业政策（包括税收倾斜政策、金融扶持政策、劳动力技能培训政策）的重要影响。产业政策的实质，从分配角度讲，就是政府主导的对公共资源的分配，而公共资源根据何种标准分配正是政治发展要研究的核心问题。

根据20世纪70年代兴起的通货膨胀的政治经济学，一个国家的物价稳定与否，即一个国家的通货膨胀也是政府主导的分配的结果，也应该是一个国家政治发展研究的重要组成部分。

根据该理论，一个国家通货膨胀，每个人都有责任：“资本家、劳动者、政府、银行、地方社团，以及其他种种国内、国际的特殊利益集团，都想在有限的国民收入中争得更大的份额，才造成了难以遏制的通货膨胀。”[①] 中国经济学家樊纲先生对通货膨胀的这一逻辑关系做了很好的演绎：“每个利益集团采取一定的对策（strategies），争取有限的国民总产出，以获取较大的收入。这些集团在一定程度上势均力敌，不存在压倒其他的优势，并且谁都有充足的理由获得他想获得的一份，在其他人收入提高时，他也有充足理由提高收入，以达到‘公平’分配，于是社会便只能通过这样或那样的方式‘认可’各方提出的‘过分’收入要求，而实际收入又是有限的，所以最后增加的只是收入的名义值，即货币数量——用来衡量和购买同一实际产出的货币量增大；而收入分配比例不一定有所变化，用货币单位表示的物价水平则必然提高。在这当中，货币不是被谁有意发放出来的，而是被各方势力‘逼出来的’，金融系统不发也不行；通货膨胀也不是谁有意造成的，而是在你争我夺过程中由各方势力一起抬高的。”通货膨胀表面上“是一个货币现象，但背后的实质其实是利益问题和‘社会博弈’问题”。[②] 依据这样一种分析，根据物价水平衡量的一个国家的稳定与否的经济问题实质上是一个政治问题，是由一个或多个利益集团在国民总产出既定的情况下利用政府权力强制增加自己的货币收入引起的。

从后果看，一个国家的物价指数上涨也是一个国家权力运作的关键因素。2007年缅甸“袈裟革命”（2007年缅甸以僧侣为主体的反政府示威游行的一种形象说法）的起因就是政府取消燃油补贴后物价的暴涨，在这里政府对燃油补贴的取消，实际上就是政府强制主

① 樊纲：《经济十八讲》，北京：东方出版社2016年版，第70页。

② 樊纲：《经济十八讲》，北京：东方出版社2016年版，第71页。

导的一种分配政策。

根据这样一种逻辑，对缅甸的政治发展分析就必须把缅甸的经济问题纳入其中，这里将主要对缅甸民盟政府2016年提出的12项经济政策进行政治分析。

2016年7月29日，民盟主导的缅甸政府在内比都发布了其未来5年的经济政策纲要，提出了12项经济目标。12项经济政策的主要目标及其实质具体见下表：

表2　缅甸民盟政府的5年经济政策纲要及其实质

经济政策	实质
1. 以省邦之间可持续资源的平衡流动和分配为基础，达成民族和解	资源在省邦之间的分配
2. 支持各领域的竞争和市场机制，消除不必要的政府审批，放松政府的垄断权力，拓展贷款渠道	权力在政府与市场之间的分配
3. 强化政府财政管理，通过审慎的财政政策达到经济稳定	权力在各部门之间的分配
4. 聚焦于电力生产与分配、农村道路建设和维护、建设更好的港口配套设施	建设资金在不同领域基础设施建设上的分配
5. 支持农业和畜牧业，促进全面增长，提高粮食安全，促进出口，提高生活水平；拓展农民融资渠道，强化农民对土地的所有权，完善农业生产的各个环节	公共资源向农业部门倾斜
6. 致力于通过创造就业机会减少国内贫困和不平等，鼓励移民和无家可归之人回国	资源向特殊群体倾斜
7. 通过为企业营造安全的稳定环境，促进外国投资，完善产权和法治	资源向外资领域倾斜
8. 促进技术工人的培训以满足制造业和服务业的需要；改善健康、学术和职业教育，实施国际劳工标准	资源向劳工倾斜
9. 继续保持财政稳定和财政体系的创新，以确保为企业、农民和家庭提供稳定的资金	金融资源的均衡分配
10. 改革国有企业，使其对公共利益更负责和反应更及时，必要时将其私有化	政府资源向社会领域倾斜
11. 通过改善缅甸经营环境，提供更多融资服务途径，发展更多技工来帮助中小企业	资源向中小企业倾斜
12. 促进全面经济增长和发展，使国家摆脱贫穷，让人民获得应享的财富	财富的公平分配

资料来源：本文作者编制。12项经济政策目标由本文作者编译，编译来源：Myanmar government reveals economic policy goals，https：//consult-myanmar. com/2016/07/30/myanmar-government-reveals-economic-policy-goals-nld-economic-manifesto/。

解读以上12项经济政策纲要，可以看出民盟政府12项经济政策的一个重要关键词就是“分配”，即通过各种经济资源和经济机会的公平分配，促成民族和解及体现政权的民主性。这是缅甸政治发展的核心，也是影响缅甸政治发展形势的关键。民盟提出的12项经济政策重点强调资源的公平分配，从理论上说，这有利于社会和谐，有利于缅甸政府的平稳运作，有利于缅甸的政治发展。笔者同时预测：它也预示了缅甸以后政治斗争的另一个舞台，即缅甸公共资源分配的斗争将在议会围绕地区和行业资金预算的分配上展开。2016年12月缅甸国会对2016—2017年财年对预算的修改与增加已经说明了这一点。

2016年12月14日，缅甸联邦议会通过了预算增加案。为了能度过2016—2017财政年度（2016年4月1日至2017年3月30日）的剩余月份，国会决定新增财政预算13 500亿缅元（约7 500万美元，这已经远远超出民盟政府组建时削减一些政府部门所节省下来的钱，说明民盟削减政府部门的一个重要目的没有达到）。在议会讨论和讨价还价过程中，十多个部门提交的预算增加被或多或少地削减，但军队凭借其强大的谈判力量，要求增加的份额不但未被削减，而且所得的4 170亿缅元，约占总增加额的30.89%，是预算开支中所占比例最大的份额。①

六、慎重处理中缅关系中的棘手问题，迅速处理在缅中资企业遇到的危机

2011年9月登盛政府暂停中资企业在伊洛瓦底江上游修建水力发电站事件是中缅关系中一个十分棘手的问题。中国希望能够重启电站建设，并把它作为两国关系中的一件大事。但该电站工程重启在缅甸却面临巨大的阻力，众多的非政府组织极力反对该工程建设。昂山素季在选举前曾经许诺，民盟执政之后，会考虑重启该项目。②

民盟政府上台执政以后，履行了昂山素季选举前许下的诺言。2016年8月12日缅甸政府宣布成立密松项目评估委员会，就伊洛瓦底江—密松流域的各水力发电项目是否应该继续执行进行研究、核查和评估。11月11日，该委员会向缅甸总统府提交了其第一份报告。报告中包括缅甸可供发电的水资源与电力需求、密松项目由来和相关合同、密松项目相关情况和评估委员会工作。因委员会工作仍在进行，报告不包括评估和建议内容。在综合考虑各方面因素之后，委员会将就是否继续执行项目做出评估和提出建议，向总统提交最终报告。③

缅甸新政府的这一举措既是履行昂山素季的选举诺言，也显示出昂山素季处事的一贯风格：公开、透明和法治。昂山素季没有利用自己和自己政党的影响力，这恰好体现出昂山素季及其缅甸新政府依法行政的意识，而依法规范行使权力恰好是政治发展的一个衡量指标。

民盟新政府对中资企业所遇危机问题的处理也表明缅甸新政府对中国企业投资缅甸并

---

① Defence takes biggest slice of greenlit supplementary budget，缅甸时代网：http：//www. mmtimes. com/index. php/national-news/nay-pyi-taw/24217 – defence-takes-biggest-slice-of-greenlit-supplementary-budget. html，2017年3月28日。

② 《昂山素季：若胜选将公开密松水电站合同内容》，凤凰网：http：//news. ifeng. com/a/20150922/44706530_0. shtml。

③ 《缅甸密松项目评估委员会提交首份报告》，新华社：http：//www. yn. xinhuanet. com/2016ynnews/20161112/3527450_c. html。

没有偏见。2017年2月23日早7点，缅甸仰光瑞比达工业区发生一起打砸抢劫事件，罢工工人冲进中资企业杭州百艺成衣厂内，抢劫了多名中国籍员工的现金及其他物品，有7名中国籍工人被禁锢。[①] 事发后，缅甸政府迅速采取行动。在中国驻缅甸大使馆工作组和缅甸警方的通力协作下，该突发事件得到快速且妥善的处理：2月23日仰光中资服装厂被围困的中方员工已于下午安全离开现场，5名带头肇事者已被缅甸警方扣押。[②] 仅用一天时间危机事件就得到了妥善解决。

从民盟政府上台以后处理中缅关系的棘手问题和突发事件的具体做法可以看出，昂山素季领导的缅甸民盟政府对中国在缅甸的投资并没有偏见，只不过相对于以前军政府来说，更注重公开、公平和规范，因此在民盟主政之后，中缅之间的经贸关系更为规范和平稳。

缅甸的政局发展对中缅关系和中国投资缅甸有什么样的影响？“春江水暖鸭先知”，这两年一些华商联合会的成立给了最好的答案。据了解，这两年，中国一些省份在缅甸投资的工商企业家纷纷注册成立商会，如2015年成立的浙江商会，2016年成立的缅甸山东工商联合会、缅甸湖南商会等，这些商会的成立说明，已经有越来越多的企业家看到缅甸政治发展带来的商机，并且愿意合作组团共谋发展。这也意味着缅甸将会有越来越多的华侨华人。

总结以上的分析，可以看出2016年是缅甸政治发展中的重要年份。昂山素季及其领导的民盟放弃了以往坚持的修宪立场，采取了妥协的做法，在既有的宪法框架下顺利地实现了政府权力的交接，这对缅甸的政治发展具有标志性意义。它标志着至少在形式上，公共资源的分配开始由军人集团垄断走向大众民主决断。在组建政府过程中，注重权力在各族群和各政党之间的均衡分配，注重对公务员的培训和约束，以上做法均有利于政府权力的规范和有效的运作；在若开邦穆斯林问题上，民盟政府企图借助外力，打破既有的政治约束，增加未来政府政策的合法性；在少数民族武装问题上，政府企图以真正联邦的形式，推进民族和解。但由于政府本身在旧的政治框架下运作，政府推动民族和解的进程举步维艰。在经济政策问题上，民盟政府把公平分配放在核心地位，这有利于缅甸的政治发展；在中缅关系上，新政府对一些重要事情的处理也展示了缅甸政府权力更加成熟、理性和规范的一面；缅甸的政治发展给中国企业带来了更多的商机，也会使缅甸的华侨华人越来越多。

---

① 《缅甸中企遭数百人打砸抢　被押中国员工获救》，中国网：http：//media. china. com. cn/cmyw/2017－02－24/985128_2. html，2017年3月27日。

② 《在缅中资企业被围困员工已安全离开现场》，中国驻缅甸大使馆网站：http：//mm. mofcom. gov. cn/article/x/201702/20170202522952. shtml，2017年3月27日。

柬埔寨

柬埔寨位于中南半岛南部，国土面积在东南亚国家中排第 8 位，人口 1 533 万，其中 35 岁以下的年轻人口占人口比例 50% 以上。[①] 主体民族为高棉族。佛教为国教，全国有 93% 以上的人口信仰佛教，当地华人则是多神信仰。柬埔寨是君主立宪制国家，实行多党制和自由市场经济。现任国王诺罗敦·西哈莫尼，首相洪森。人民党是执政党，主要反对党是由桑兰西党和人权党合并组成的救国党。国会是柬埔寨最高权力机构和立法机构，每届任期五年，韩桑林为国会主席。现任参议院主席赛冲。

柬埔寨概况

国家全名	柬埔寨王国
地理位置	中南半岛南部
气候	热带季风气候
领土面积	181 035 平方千米
首都	金边
官方语言	高棉语、英语、法语
主要民族	高棉族
政体	议会制君主立宪制
执政党	人民党
现任国家元首/政府首脑	诺罗敦·西哈莫尼国王/洪森首相
人口数量	1 533 万
华人数量	70 多万
华人所占比例	5%
GDP	190 多亿美元
人均 GDP	1 300 美元
通胀率	2. 8%
经济增长率	7%

柬埔寨是传统的农业国，工业基础薄弱。1993 年柬埔寨王国政府成立以来，实行对外开放的自由市场经济。现政府在首相洪森的领导下，把发展经济、消除贫困作为首要任务。近十五年来国民经济保持着年均 7% 的增长速度，贫困人口显著减少。2016 年 7 月，

① 世界银行网站：http：//data. worldbank. org/country/cambodia。

世界银行正式宣布：柬埔寨已从最不发达国家进入中等偏下收入国家行列。目前柬埔寨人均国民收入已达到 1 300 美元。首相洪森提出，希望柬埔寨能在 2030 年成为中等收入国家。

华人移居柬埔寨已有上千年的历史，最早可以追溯到公元 11 世纪左右。从古代、近代一直到"二战"结束，曾出现过几次大规模的华人移居柬埔寨的移民潮。据有关数据记载，1890 年，柬埔寨约有华侨华人 13 万人，20 世纪 60 年代中期则达到 43 万人。① 20 世纪 70 年代中后期，受各种因素的影响，华侨华人数量急剧减少，直到 80 年代才开始逐步回流。目前，柬埔寨有 70 多万华人，约占总人口的 5%，② 若加上 80 年代中后期以来进入柬埔寨的华人新移民，则已达到 100 万。③

一、柬埔寨华人社会发展现状

（一）柬华社团及其领导机构的发展情况

与东南亚其他国家的华社相比，柬华社会内部较为团结，虽然社团机构众多，但组织架构合理，运作有序。柬埔寨华人理事总会（以下简称"柬华理事总会"）是柬埔寨华社最高领导机构，成立于 1990 年。柬华理事总会下辖五大会馆、十三个宗亲总会，共管理 160 多个分支机构和 55 所华文学校。④ 担任柬华总会会长 20 年的杨启秋先生，也是柬埔寨最大的华人会馆——潮州会馆的馆长，在他的领导下，柬华理事总会的地位和影响力不断提升，不仅赢得了华人的认同和信任，也引起了柬埔寨政府的重视。杨启秋作为对柬埔寨有杰出贡献的华人，被柬埔寨政府授予了"勋爵"头衔。2016 年 12 月，杨启秋因身体原因卸任后，著名银行家方侨生被推举为柬华理事总会会长。与此同时，作为柬埔寨龙头企业——皇家集团董事长的陈丰明，被聘请出任柬华理事总会名誉会长，他目前还是柬埔寨总商会会长及首相洪森的私人顾问，也是柬埔寨最年轻的勋爵。德高望重的华人领袖人物，再加上有由突出贡献的华人精英组成的领导集体，在很大程度上决定了柬华理事总会在柬埔寨华人社会乃至柬埔寨社会中拥有较高威望。2014 年 2 月 25 日，为表彰柬埔寨华社名流杨国璋勋爵、许书利勋爵、许贞木勋爵为国家经济和社会发展做出的贡献，首相洪森特向三人颁授"国家最高贡献勋章"。这是柬埔寨向对国家经济社会建设与发展做出显著成绩的各界人士颁授的最高荣誉奖章。

柬华理事总会不仅承担着领导柬华社会的责任，协助政府管理华人事务，同时在柬中关系中发挥着桥梁作用，得到中国政府的肯定与鼓励。2014 年 9 月 29 日，中国国务院侨

① 《柬埔寨的华侨华人》，《人民日报（海外版）》：http://www.people.com.cn/GB/paper39/8858/826655.html，2003 年 4 月 3 日。

② 中华人民共和国外交部网站：http://www.fmprc.gov.cn/mfa_chn/gjhdq_603914/gj_603916/yz_603918/1206_604282/，2014 年 12 月 12 日。

③ 据柬华理事总会会长杨启秋 2015 年 9 月 2 日接受专访时提供的信息，（柬埔寨）《柬华日报》：http://www.jianhuadaily.com/index.php? option = com_k2&view = item&id = 18373：2015 - 09 - 02 - 13 - 42 - 26&Itemid = 591，2016 年 1 月 20 日。

④ 中华人民共和国外交部网站：http://www.fmprc.gov.cn/mfa_chn/gjhdq_603914/gj_603916/yz_603918/1206_604282/，2014 年 12 月 12 日。

办、中国海外交流协会向包括杨启秋先生在内的40多个国家和地区的100位侨领授予“服务华社荣誉人士”称号，以表彰他们多年来为侨社的团结进步，以及中国与世界各国的友好关系所做的突出贡献。2016年7月，广东省侨办和广东省海外交流协会联合向杨启秋勋爵、杨国璋勋爵和柬华理事总会前副会长杜瑞通先生颁授“服务华社 真情奉献”荣誉证书，表彰三位侨领对华社做出的无私奉献。

近年来，柬华社团除不断强化自身力量外，也日益重视与世界其他侨团尤其是世界性华人社团组织的联系与合作，并在其中担当重要角色。2002年成立的越柬寮华人团体联合会，是越南、柬埔寨和老挝华人共同组建的世界性华人社团组织，柬埔寨华人欧佳霖是创会会员。目前，越柬寮华人团体联合会已成立了商会，重点发展包括柬埔寨在内的东南亚地区与美国华人之间的商业往来。柬埔寨最大的华人会馆——潮州会馆，也定期派代表参加海外国际潮团联谊会和潮商经济年会，除了联络感情外，贸易和投资等合作事宜是会议的重点议题。此外，在柬埔寨几个较大的宗亲会如黄氏、林氏、李氏宗亲会等，每年都会参加在海外举办的世界级恳亲大会，经贸合作与文化交流是恳亲大会的主题。随着柬埔寨华人社团逐步走向国际化，其地位和影响力也在不断提升。

（二）华文教育的现状与问题

在柬华理事总会的统筹管理下，柬埔寨华文教育的发展十分兴盛。柬埔寨五大会馆下均设有直属华校。目前，柬埔寨共有大小华校55所，1 000多名教师，学生约5万。① 端华学校是柬埔寨最大的华文学校，也是东南亚规模最大的华文学校，至今已有一百年的历史，共有学生15 000多人，教师300人。②

兴办学校、敦亲睦族一直被柬埔寨华人社团视为重要职责。柬华理事总会也一直将发展华人的文化和教育事业作为首要任务，称之为“留根工程”，并于2002年专门设立了“柬埔寨华人文化教育基金会”，每年都要拨出9万美元帮助支持经济困难的华校。③

为弘扬中华文化，增进与柬华裔青少年间的沟通与往来，柬埔寨华社举办或协办了一系列大型文化交流活动，如连续多年在中国广西举行的“海外华裔青少年中国寻根之旅夏令营”活动，由柬埔寨福建会馆、柬埔寨福建商会与中国厦门市侨联联合举办的“闽南文化寻根之旅夏令营”活动，由中国海外交流协会主办、甘肃省海外交流协会承办、柬埔寨华人会馆和华文学校协办的“中华文化大乐园——柬埔寨金边营”活动等。通过这些活动，不仅增强了柬埔寨华裔青少年对祖籍国的认识和了解，增进了感情，也有助于提高他们学习华文的兴趣和积极性。

柬埔寨华文教育的迅速发展可以说离不开柬埔寨政府的开明政策，以及中国政府及其相关机构的扶持。尤其是中国驻柬大使馆、中国国务院侨办和中国国家汉办等均在人力、

---

① 柬华总会副会长兼文教处处长蔡伟华，在接待广州暨南大学副校长一行时提供的数据，（柬埔寨）《柬华日报》：http：//www.jianhuadaily.com/index.php？option＝com_k2&view＝item&id＝19649：2015－12－02－02－56－37&Itemid＝591，2015年12月16日。

② （柬埔寨）《柬华日报》：http：//www.jianhuadaily.com/index.php？option＝com_k2&view＝item&id＝21248：2016－03－26－12－43－05&Itemid＝591，2016年3月26日。

③ 《泰国朱拉隆功学院访问柬华总会》，（柬埔寨）《高棉日报》：http：//cn.thekhmerdaily.com/homepage/detail/9353，2015年10月8日。

物力和财力上给予了力所能及的帮助。2010年以来中国国家汉办的汉语教师志愿者项目在师资上给予了大力支援。2015年，侨办和汉办分别选派了89位教师和135位教师志愿者到柬援教。[①] 2016年又选派了79名教师和142名教师志愿者开展为期一年的支教工作。[②]中国暨南大学华文学院在教材编写和师资方面也提供了很大的帮助。继小学教材的编写并投入使用后，2013年起，暨南大学又开始为柬华校撰写初中版华文教材。2015年下半年，该教材已在柬华校试行。此外，中国海外交流协会、来自中国的高校等教育机构以及一些新华侨华人社团等，都对柬埔寨华文教育事业提供了人力、物资和资金援助。近两年来，江西侨办多次派出讲师团，通过开办暑期教师培训班的形式，为柬埔寨华校教师进行教学培训。柬埔寨高棉控股集团与中国首都师范大学，于2013年开展了四年制中文本科"留学生培养项目"的合作，2013年有17位柬埔寨学生赴首都师大读书，2014年又有26位获得奖学金的柬埔寨学生前往留学。[③] 据不完全统计，截至目前，柬埔寨赴华留学生总数已达2 000多人，在东盟各国中位居前列。[④] 2015年12月6日，在第10届孔子学院大会上，柬埔寨王家研究院获得"全球先进孔子学院奖"，这是该学院2009年成立以来，第三次获奖。随着华文地位的提高和影响力的日益扩大，在柬华学校就读的非华裔子弟已达到20%以上。[⑤]

目前，柬埔寨华文教育发展中存在的主要问题是教育资金的缺乏，导致不少华校设施简陋，缺乏足够的教学仪器设备，教师待遇难以提高。据柬华理事总会的数据，每年资助乡村华校所需的经费，已达到7万—8万美元。[⑥] 另一个主要的问题就是师资缺乏，尤其是缺少高素质的教师，教师水平整体较低。目前华校教师大多是20世纪70年代之前的本地华校毕业的学生，年事已高，即便已达退休年龄，依然坚守岗位。即使有少量年青一代的华校初中毕业生，但因华校教师薪酬较低，难以吸引和留住人才。也有一些来自中国的新移民，他们学历虽高，但大都不懂柬语。虽然中国政府和有关教育机构每年都有选派教师和志愿者，但工作时间只有1—2年，难以缓解根本问题。此外，华校还面临着如何融入本地教育体系的问题。柬华社会普遍认识到，华人要在当地更好地生存发展，只有先学好柬文，同时学好华文，才能更好地适应现代社会多元文化的需求，与柬埔寨各民族融合发展。如果华校不对教育制度进行改革，早日融入柬埔寨国家教育体系，华文教育也将步履艰难，最终难以为继。柬埔寨华校开始尝试对教学制度进行改革，从2003年起，逐步开设柬埔寨文课程，实行柬华双语教育，加快融入柬埔寨国家教育体系的步伐。目前，越来越多的华校已开始柬华双语教育，这必将成为一种趋势。

---

① 《柬华理事总会宴请汉办国侨办援柬教师》，（柬埔寨）《柬华日报》：http://www.jianhuadaily.com/index.php?option=com_k2&view=item&id=18471：2015-09-08-13-58-31&Itemid=591，2016年1月20日。

② 《柬华理事总会欢迎中国援柬华校教师》，（柬埔寨）《柬华日报》：http://www.jianhuadaily.com/index.php?option=com_k2&view=item&id=23210：2016-08-25-12-34-49&Itemid=591，2016年12月20日。

③ 《高棉集团助26学子赴华留学》，（柬埔寨）《华商日报》：http://www.7jpz.com/article-32706-1.html，2014年12月13日。

④ 《70名中国学子获得中国政府奖学金》，（柬埔寨）《柬华日报》：http://www.jianhuadaily.com/index.php?option=com_k2&view=item&id=22713：70&Itemid=591，2016年12月23日。

⑤ 《延续中华民族的文化血脉——端华学校校长李辉明谈柬埔寨华文教育》，（柬埔寨）《高棉日报》：http://cn.thekhmerdaily.com/index.php?page=news_detail&ref_id=596119&ref_aid=52716393，2014年12月8日。

⑥ 《柬王家研究院汉语推广研讨会　罗世兴剖析柬华文教育现状与发展》，（柬埔寨）《柬华日报》：http://www.jianhuadaily.com/index.php?option=com_k2&view=item&id=19886：2015-12-17-14-39-42&Itemid=591。

（三）华人传媒的发展

随着柬埔寨华文教育的兴盛，作为华社“三宝”之一的柬埔寨华人报刊也得到迅速发展。目前，在传统媒体中较有影响力的主要有五家：《柬华日报》《华商日报》《柬埔寨星洲日报》《金边晚报》和《高棉日报》。《柬华日报》是柬华理事总会主办的主流华文媒体，素有柬华理事总会机关报之称。16 年来，该报社已发展成为集纸媒、网媒和手机在内的多种形式的媒介平台，还与新华社、中新社等中国权威媒体开展合作，共同出席相关活动，派出代表参加学习、培训，建立信息往来；同时也为在柬生活、工作的华人新移民提供帮助。为培养更多年青一代新生力量，《柬华日报》每周一出版“学生世界”专版，专门为华校学生们提供写作平台。

此外，随着新媒体的发展，尤其是华人新移民的不断涌入，柬埔寨新老华文媒体纷纷开始借助网站和微信平台开展工作、传播交流信息。除前述五大报纸均设有中文网站外，2013 年 5 月，《柬华日报》还开通了脸书（Facebook）和微信平台。近几年出现的柬埔寨中文社区网站、柬单网等更是吸引了大批华人新移民。尤其是柬单网近两年可谓异军突起，成绩突出，其创办宗旨是为柬埔寨年青一代华人创建一个相互交流的平台。作为服务于在柬华人的中文信息媒体，其旗下不仅有高端中文杂志《品味高棉》，还开设有网站和微信公众平台，并在线下围绕多个主题创建大型活动平台。较有影响的分别是 2015 年 7 月和 2016 年 11 月举办了两届的“在柬 80、90 后华人专场交流活动”，拥有较高的参与度；此外，还定期举办为高端商务人士量身打造的“在柬华人商务交流会”，以及面向亚洲群体的“中日韩商务交流会”等。以脸书和微信平台为代表的社交新媒体的出现，正在给柬埔寨华人传媒和华人社会带来新的气象。

（四）华人经济与参政情况

1993 年，柬埔寨王国新政府成立以来，对华人经商采取宽容鼓励的政策，华人经济迅速恢复并发展起来。据日本学者野泽知弘的调查统计数据，目前，柬埔寨华人大部分从事工商业，从事第三产业的华人约占 70%；约 20% 的华人从事第二产业，剩余约有 10% 的华人从事农业和渔业等初级产业，主要是种植橡胶、胡椒、水果、蔬菜等。① 据《华商日报》报道，柬埔寨 92% 的商业是由华人控制，主要是零售业和批发业，其次是进出口贸易。此外，柬埔寨华人在金融领域也有不少建树，如加华银行和湄江银行都是柬国内规模较大的银行，特别是加华银行是柬埔寨最大的私人银行，创办人方侨生已于 2016 年年底被推举接替杨启秋担任柬华理事总会会长一职。目前，部分有实力的华商已开始走向世界。

经济上的成就和地位的提高也推动华人在政治上有所作为，除积极参加选举投票外，不少有经济实力和影响力的华人积极参政议政，如刘明勤、曹云德、徐光秀等。政府内阁中包括副首相、国务大臣、财经部大臣、新闻部大臣、公共工程与运输部大臣、国会参议院议长等有半数以上的内阁大臣都拥有华裔血统。2017 年 3 月 15 日刚刚去世的副首相宋安就是客籍华人后代，他是柬客属会馆的最高名誉会长，也是政府中排名第三的实权人

① 野泽知弘：《柬埔寨的华人社会》，《南洋资料译丛》2012 年第 2 期。

物。洪森的妻子也是来自中国海南的华裔后人。反对党救国党副主席莫淑华、杨才英等都拥有华人血统。华人在柬埔寨拥有较高的政治经济地位。

（五）华人新移民

较早来到柬埔寨的华人新移民，主要是20世纪80年代中后期开始到柬埔寨投资的港澳台经商者，还有一些来自东南亚国家的华人企业经营者。进入21世纪以来，来自中国内地的国有和私营企业纷纷进驻柬埔寨。从基础设施的建设到能源开发领域，再到电力、交通、制造业、酒店服务行业等各领域，涌现出越来越多的来自中国内地的新移民。目前虽然没有华人新移民的确切统计数据，但根据官方数据，华人占柬总人口5%，约70万人，再依据柬华理事总会关于"旅柬、在柬华人已过百万"的数据信息，可以估算出目前在柬华人新移民已超过30万。这与有关专家的估计是一致的①。贸易和投资是他们来到柬埔寨的主要目的。

随着华人新移民数量的不断增加，新的华人社团也应运而生。目前较具规模和影响力较大的华人新移民社团主要有：1996年成立的柬埔寨中国商会，会员主要是来自中国内地的央企、国企和民营企业；成立于1998年的柬埔寨中国港澳侨商总会，会员主要是来自香港和澳门的企业，也有来自中国内地和其他国籍的华人企业，至今会员企业已达到60多个，约20万从业人员；② 还有1996年由台湾投资者设立的柬埔寨台商协会。这三大社团的会员所从事的行业主要集中在制衣业。此外，华人新移民还在商贸、农业、电讯、交通、电力、房地产、矿业和旅游业等领域开展贸易和进行投资。

与其他大部分国家新老华人移民之间多少存在相互隔阂和矛盾分离的状态有很大不同的是，柬埔寨新老华人移民之间关系相对融洽。对此，日本学者野泽知弘进行了实地调研，认为双方已形成了一种较为牢固的共生关系，这种共生关系是以社团组织为媒介建立起来的，并有进一步扩展到商务经贸合作领域的趋势。③ 近年来，在许多华人文化活动和重要节日等庆典仪式上，以及有关华文教育和一系列慈善捐赠活动上，都能看到新老华人社团的并肩参与、相互支持。华人新移民社团不仅致力于维护自身会员企业权益，也与当地有实力的华人企业和华人社团以及柬埔寨政府建立了良好的关系。这是其他国家华社中少有的现象。

新老华人移民之间和谐的关系无疑有利于双方的合作与共同发展，但与此同时也衍生了新的问题。尤其是华人新移民及其组成的新移民社团，由于是初来乍到，对当地环境缺少了解，本地华人成为他们与当地政府和民众沟通的桥梁，但也因此导致华人新移民及其社团与当地基层民众和组织的直接沟通和联系较为不足，极易产生矛盾和误解，影响了与当地民族的关系。

---

① DAVID FULLBROOK. China's growing influence in Cambodia.（Hong Kong）Asia times，Oct 6，2006，http：//www. atimes. com/atimes/Southeast_Asia/HJ06Ae01. htm.

② 《熊波大使到访港澳侨商总会，期待做出新贡献》，http：//www. jianhuadaily. com/index. php？option = com_k2&view = item&id = 23671：2016 - 11 - 02 - 11 - 28 - 31&Itemid = 591，2016年11月2日。

③ 参见野泽知弘：《柬埔寨的华人——华人与华侨的共生关系》，《南洋资料译丛》2011年第4期。

二、柬埔寨社会政治环境及其对华侨华人的影响

2013年柬埔寨举行全国大选，由于反对党救国党认为大选中存在舞弊现象，拒绝接受大选结果，并组织发起了多次大规模的示威抗议和罢工活动，导致政治僵局持续发酵，一直延续至2014年下半年才得以平息。

经历了2013年大选的喧嚣和2014年大选后的政治僵局，2015—2016年柬埔寨政局大致回归相对平静的状态，但不稳定因素依然存在。尤其是执政党与反对党之间的权力斗争并未因大选结束而终止。先是2015年8月，救国党议员洪速华在柬越边界争议地区与越南人发生冲突，其后对柬越边界划界问题提出质疑，法院最后以伪造和使用假公共文件并制造严重骚乱等三项罪名将其逮捕，救国党原主席桑兰西也被指控为共谋者。接着，2015年10月26日，两位救国党议员在国会门外遭到不明身份人士的暴力殴打，引发人们对幕后主使的种种猜测。救国党副主席金速卡的国会副主席一职遭到在国会占多数席位的人民党议员的罢免。之后，国会又召开紧急会议，宣布桑兰西有罪在身，不再拥有议员资格，桑兰西再次流亡国外。2016年10月，首相府签发文件，以"防止国家治安受到威胁"为由，要求所有航空公司不得允许桑兰西乘飞机回国。12月，首相洪森宣布，桑兰西不再是国会少数党领袖，拒绝与其对话。接着国会着手修改"政党法"，审议"若政党领导人犯罪则解散该党"的条文。为避免救国党被解散，桑兰西辞去了主席一职。金速卡获得国王特赦并担任救国党代主席。随着2018年大选的日益临近，两党之间的政治竞争与博弈将日趋激烈，极有可能令原本平静下来的政局再起波澜。

尽管目前局势仍在洪森领导的人民党控制下，但未来发展却隐含着不少问题，对华人的影响也存在不确定因素。柬埔寨有不少人希望能改变人民党近20年来一党独大的格局，这从2013年大选反对党得票率直逼人民党的结果中已初见端倪。就华人而言，拥护洪森的人民党和支持反对党——救国党的人呈现两极分化态势。柬埔寨《华商日报》于2013年大选期间进行的民意调查显示，华人中年长一辈大都支持洪森的人民党，尤其是华商，而年轻人则看好救国党。支持人民党的华人认为，人民党给柬埔寨带来稳定和发展，且对华人友好，而救国党有美国支持，对华人的态度不确定；支持救国党的华人认为，人民党贪污腐败，导致社会贫富分化严重，让人看不到未来。但也有华人持中立态度，认为不论谁执政，只要不排斥华人，让人民生活幸福、国家稳定，就应支持。① 可见，不论对华人还是柬埔寨人而言，政治的稳定和社会的安宁才是生存发展的最大保证。

除政党之争时不时会引发局势不稳，令投资者有所顾忌外，柬埔寨频繁的罢工活动也是令企业经营者颇感困扰的问题，尤其是华人经营者。因为罢工活动大都集中在制衣和制鞋企业，这也是柬埔寨劳动力相对集中的地方，其投资经营者80%以上都是华人。罢工活动不仅影响到经营环境，也影响到社会安定。虽然与2014年相比，2015—2016年的罢工活动数量已大幅减少，但遍布柬埔寨各企业的工会组织，以及极其随性的"罢工文化"始终让投资者心有余悸。据柬埔寨劳工部数据，目前柬埔寨全国已注册的工会就有3 626个，

---

① 参见《支持哪个党？华人看法两极》，柬埔寨华人社区网：http：//www. 7jpz. com/article－25503－1. html，2013年7月13日。

其中基层工会有 3 497 个，工会联盟有 103 个，还有 18 个工会联盟联合会和 8 个雇主协会。[①] 柬埔寨工人罢工事件大多数都没有遵照法律规定和程序进行，属于非法罢工，却难以从根本上阻止。政府也日益认识到罢工问题的严重性，这几年不断通过劳工部和国际劳工组织，与劳资双方沟通协商，实现了工人工资的逐年增长。2017 年开始，工人的基本薪资将调至 153 美元。国会于 2016 年 4 月通过了《工会法》，5 月正式生效。柬埔寨还成立了劳工仲裁委员会，并于 2016 年 6 月与国际劳工组织签署了成立柬埔寨劳工法院的协议，目前正在草拟《劳工法院法》草案，并希望能于 2017 年底之前成立"劳工法院"，以便更有效地处理劳资纠纷等问题。

三、中柬关系现状及其对华侨华人的影响

2013 年柬埔寨大选后政经形势出现了一些波动，但并未影响到中柬关系的发展方向。三年来，中柬两国政治关系持续稳定并日益密切，高层互访频繁，仅 2015 年，首相洪森已三次出访中国，并在多个大型国际会议上与中国领导人会晤，双方在各个层次上的交流合作频繁，互信不断增强。2016 年 10 月，中国国家主席习近平对柬埔寨进行了访问，签署了 31 项协议，并免除了 6 亿元人民币的债务，提供了近 16 亿元人民币的贷款援助和 1 亿元人民币的军事援助。[②] 在良好的政治氛围下，中柬两国的经贸合作发展迅速，两国贸易规模不断扩大。据中方统计，2015 年中柬双边贸易额为 44.3 亿美元，同比增长 18%。2011—2015 年，中国已连续五年成为柬埔寨最大的外资来源国，投资总额 49 亿美元。2015 年，中国对柬埔寨直接投资 8.65 亿美元，占柬埔寨投资总额的 18.62%。[③] 2016 年上半年，虽然投资总额有所下降，但中国仍是柬埔寨最大的外资来源国。

中国在柬埔寨投资企业已超过 500 家，主要投资电站、电网、制衣、农业、矿业、开发区、餐饮、旅游综合开发等领域。除华电、大唐、中水电等国企投资的水电站外，约三分之二的对柬投资来自民营企业，主要投资制衣业。[④] 目前对柬埔寨 GDP 贡献最大的主要是制衣、建筑、旅游、农业四大产业，尤其是制衣业和建筑业，这也是华人投资的重点领域。据柬埔寨商业部统计，在柬埔寨服装纺织企业中，80% 以上都是来自中国内地和港澳台的华人企业。[⑤] 据柬劳工部的数据，柬埔寨有 8 197 家企业，工人 100 多万，而柬埔寨制衣制鞋厂已

---

① 《柬埔寨共有 3 626 个注册工会》，（柬埔寨）《柬华日报》：http://www.jianhuadaily.com/index.php?option=com_k2&view=item&id=24078：3626&Itemid=590。

② 《进一步深化中柬两国军事多领域合作》，（柬埔寨）《柬华日报》：http://www.jianhuadaily.com/index.php?option=com_k2&view=item&id=24264：2016-6&Itemid=590。

③ 《柬埔寨 2015 年宏观经济形势及 2016 年预测》，中国驻柬埔寨大使馆经济商务参赞处网站：http://cb.mofcom.gov.cn/article/zwrenkou/201605/20160513108960.shtml。

④ 中国驻柬埔寨大使馆经济商务参赞处网站：http://cb.mofcom.gov.cn/article/zwrenkou/201510/20151001148002.shtml。

⑤ 《柬埔寨投资纺织企业八成来自中国》，（柬埔寨）《高棉日报》：http://cn.thekhmerdaily.com/homepage/detail/13726，2016 年 1 月 24 日。

达到1 088家，拥有近71万劳动者。[①] 目前，柬埔寨的失业率仅0.7%，[②] 中资和华企的作用功不可没。近几年来，中资企业大举进军柬埔寨建筑和房地产市场，2000年至今，在柬埔寨国土规划和建设部注册的中资公司有135家，排名第一，总投资额已达9.46亿美元，仅次于韩国。[③] 由此可见华人企业在柬埔寨经济发展中重要的地位与作用。而持续、稳定、良好发展的中柬关系无疑是巨大的推力和助力。

2013年中国推出了“一带一路”倡议构想，作为“21世纪海上丝绸之路”沿线重要国家的柬埔寨，对中国的倡议做出了积极的回应，因为这一倡议与柬埔寨提出的“四角战略”所涉及的领域十分吻合，双方的合作与对接工作已经展开。2016年6月，在首相洪森的倡议下，柬埔寨金边王家大学专门设立了“海上丝绸之路研究柬埔寨中心”。洪森提出，希望能利用中国政府提供的“丝路基金”、亚投行资金，加强柬埔寨的基础设施项目建设。柬埔寨政府正着手将西港经济特区的中柬合作建设项目打造成“一带一路”的样板项目。2015年4月习近平主席与洪森会谈时专门提到：要在“一带一路”框架内加强基础设施互联互通合作，运营好西哈努克港经济特区。洪森希望把西哈努克港经济特区建设成为柬埔寨的“深圳”。这无疑给中柬经济合作带来了新的动力，也为在柬华商提供了更多的发展机会。许多华商企业都希望能抓住这一有利时机，拓展商机。目前，已有103家来自中国、欧美和日韩的企业进驻，其中88家已开始生产经营，[④] 中资企业占了80%以上。

就目前来看，双方合作中仍存在着不少制约因素，其中最大的问题就是柬埔寨日益频繁的罢工潮，由于其背后有反对党和非政府组织的支持和参与，使得形势更加复杂。另外诸如国际劳工组织和人权组织等国际非政府组织的影响力也比较大，由于对中国不了解、不信任，再加上某些组织特殊的政治背景，他们会利用环保、土地纠纷、反腐等议题，号召民众向柬埔寨政府和中资企业发难，导致一些合作项目无法启动。如水电站项目的发展就曾面临着一些阻碍，其原因主要是柬埔寨非政府组织质疑建设大坝会对环境造成破坏，如甘寨水电站和达岱水电站在建设的过程中就面临着这样的问题；另外因赔偿等问题也招致当地居民的抱怨和反对声音。近几年发生了多起针对中资公司水电站项目的示威抗议活动。此外，由于柬埔寨不完善的土地制度，导致因投资开发引起的土地纠纷等问题也日益突出。万谷湖地产项目引发的拆迁风波，就给中国企业带来了深刻的教训。2015年，在柬中资企业遭遇的土地纠纷事件呈急剧上升趋势，建材、通信、经济特许地开发、综合开发等多个领域都有企业遭受重大损失。对此，中国驻柬埔寨大使馆经济商务参赞处专门发布风险提示，希望到柬投资的中国企业遵守当地法律，详细了解土地权属及相关债权债务关系，慎选合作伙伴。

显然，随着中国企业在柬埔寨投资的日益增长，影响越来越大，形式越来越多元化，企业所牵涉的环境和社会争议也越来越受到柬埔寨民众的关注。由于缺乏有效沟通，以及

---

① 中国驻柬埔寨大使馆经济商务参赞处网站：http：//cb.mofcom.gov.cn/article/ddgk/zwfengsu/201605/20160501311766.shtml，2016年5月5日。

② 《柬埔寨失业率仅为0.7%》，中国驻柬埔寨大使馆经济商务参赞处网站：http：//cb.mofcom.gov.cn/article/jmxw/201605/20160501311770.shtml。

③ 《比韩国多五倍：注册中资建商最多》，柬埔寨华人社区网：http：//www.7jpz.com/article－40565－1.html，2016年1月21日。

④ 参见《西港特区项目得到肯定，写入中柬两国联合声明》，（柬埔寨）《高棉日报》：http：//cn.thekhmerdaily.com/article/17557。

语言、文化上的隔阂，在柬埔寨某些民众、媒体及非政府组织眼中，中国企业整体上在促进社会发展和保护环境等问题上存在短板，形象受到影响。对此，在柬埔寨政府对中国投资持热烈欢迎态度的同时，一些媒体、民众和非政府组织的态度却有所保留，表现出疑虑、反感甚至抵触。这种现象目前虽不严重和普遍，但值得反思并加以关注。与经济合作相比，中柬两国的文化交流明显不足，尤其是民间更深层次的文化往来与沟通交流明显缺失，亟待加强。2016 年中国和平发展基金会邀请柬埔寨非政府组织代表团到北京访问，以及之后在柬埔寨举办的柬埔寨—中国民间组织圆桌会议，无疑都是有益的尝试，但还远远不够。

吉尔吉斯斯坦

吉尔吉斯斯坦是中国西北最重要的中亚邻国之一，也是“丝绸之路经济带”战略格局中最重要的国家之一。在吉华侨华人约有 15 万人。2016 年以来中吉两国关系总体发展良好。根据吉尔吉斯斯坦国家统计委员会发布数据，2016 年 1—10 月，吉尔吉斯斯坦与中国贸易额为 12.89 亿美元，同比增长 50%，其中吉方出口 0.48 亿美元，同比增长 90%；吉方进口 12.41 亿美元，同比增长 50%。2016 年 1—10 月，吉中贸易额占吉尔吉斯斯坦整体外贸总额的 29.3%，自华进口占吉尔吉斯斯坦进口总额的 37.9%，中国是吉尔吉斯斯坦第一大贸易伙伴和第一大进口来源国。①

吉尔吉斯斯坦概况

国家全名	吉尔吉斯共和国
地理位置	地处中亚，与中国接壤
领土面积	19.99 万平方千米
首都	比什凯克
国语/官方语言	吉尔吉斯语（国语）/俄语（官方语言）
主要民族	吉尔吉斯族
政体	议会制共和制
执政党及主要反对党	社会民主党、尊严党、祖国党组成执政联盟；共和国党和故乡党为议会反对党
现任总统	阿塔姆巴耶夫
人口数量	566.3 万（截至 2014 年 1 月）
华侨华人数量	约 15 万
华侨华人所占比例	约 2.64%
GDP/人均 GDP	4 236.355 亿索姆/74 400 索姆（约合 1 154 美元）
通胀率	3.4%
失业率	2.2%

数据来源：《吉尔吉斯斯坦国家概况》（最近更新时间 2016 年 2 月），中华人民共和国外交部网站：http：//www.fmprc.gov.cn/web/gjhdq_676201/gj_676203/yz_676205/1206_676548/1206x0_676550/；《2015 年吉尔吉斯斯坦社会经济发展概况》（2016 年 2 月 5 日），中华人民共和国商务部网站：http：//www.mofcom.gov.cn/article/i/dxfw/ae/201602/20160201252969.shtml。

① 《2016 年 1—10 月吉尔吉斯与中国贸易额同比增长 50%》，中国驻吉尔吉斯斯坦大使馆经济商务参赞处网站：http：//kg.mofcom.gov.cn/article/jmxw/201612/20161202335150.shtml，2016 年 12 月 23 日。

一、中吉两国发展现状与人员交流

2016年以来中吉两国关系总体进展良好。在政治领域，2016年11月2日中国国务院总理李克强在对吉尔吉斯斯坦进行正式访问并出席上海合作组织成员国政府首脑（总理）理事会第十五次会议前，在《吉尔吉斯斯坦言论报》发表题为"共同开创中吉关系美好未来"的署名文章。文章中特别谈到两国务实合作："近年来，双方加快发展战略对接，不断推进'一带一路'框架下各领域务实合作，产能合作也取得新进展。2015年，中吉双边贸易额超过43亿美元，与建交之初相比增长了近百倍。中方愿意进口更多吉尔吉斯斯坦的水果、肉类、奶粉等优势农产品，丰富中国居民的餐桌。吉尔吉斯斯坦率先成为亚洲基础设施投资银行创始成员国，越来越多中国企业积极参与吉尔吉斯斯坦经济建设，双方在电力、交通、卫生等领域合作实施了一系列重要项目。达特卡—克明输变电工程结束了吉尔吉斯斯坦电力资源分布不均、输送不畅的历史，南北公路竣工后将实现吉尔吉斯斯坦人民天山变通途的梦想，奥什市医院建成后将为南部地区居民提供更加优质的医疗服务。中方还将积极参与比什凯克市政路网改造和农业灌溉系统改造。这些重大工程项目必将为两国合作注入强劲动力。"①

随着近年来中吉两国关系的不断发展，中国赴吉尔吉斯斯坦的人数从2013年到2015年不断增长。2015年6月5日吉尔吉斯斯坦国家注册局官员在谈及在吉外国劳务移民时称，持有中国护照在吉生活和工作并在官方注册的中国人已达2万人，主要从事商贸、餐饮等服务业，以及建筑业等。② 而目前吉尔吉斯斯坦有各族华侨华人同胞约15万人。其中，维吾尔族约5万人，回族（含东干人）约8万人，汉、哈萨克、乌孜别克、柯尔克孜各族约2万人。③ 其中从商人数约4万人。④ 众多在吉的华侨华人成为沟通中吉两国各领域关系的重要媒介，推动中吉关系取得显著成效。吉尔吉斯斯坦与中国在民族关系上有互融互通之处。吉尔吉斯斯坦的主体民族吉尔吉斯族，与中国境内的柯尔克孜族同属一个民族，而清代从中国西北迁居于此的中国回族人口形成当地的"东干族"，是吉尔吉斯斯坦几个主要民族之一，他们日常使用陕甘方言，在饮食习惯和宗教信仰方面保留了中国陕甘地区回族传统。⑤ 东干人在居住国当地多从事农业、商业工作，是推动中国与居住国友好关系发展的桥梁。此外，在吉尔吉斯斯坦首都比什凯克还有一条"邓小平大街"，以此纪念中国改革开放的总设计师，街道起始处有一座邓小平半身塑像纪念碑，碑文以吉、俄、中三种文字铭刻在花岗岩纪念碑正面。⑥

---

① 《李克强在吉尔吉斯斯坦媒体发表署名文章》，中国驻吉尔吉斯斯坦大使馆网站：http：//kg. chineseembassy. org/chn/zyxxfb/t1412162. htm。

② 《目前约有2万中国人在吉尔吉斯斯坦工作》，中国驻吉尔吉斯斯坦大使馆经济商务参赞处网站：http：//kg. mofcom. gov. cn/article/zqzj/201506/20150601007386. shtml。

③ 庄国土：《华侨华人分布状况和发展趋势》，《侨务政策研究》2010年第4期；刘宏宇、王静、张全生：《吉尔吉斯斯坦维吾尔华人华侨社会探究》，《中亚局势新动向》，北京：社会科学文献出版社2012年版。

④ 《〈大陆桥〉杂志和〈吉尔吉斯华侨报〉开辟对中亚外宣工作的新途径》，亚心网，2008年7月9日。

⑤ 《从舌尖到出行——感受吉尔吉斯斯坦人的中国情结》，人民网：http：//chinese. people. com. cn/n/2014/0708/c42309－25252870. html。

⑥ 《吉尔吉斯纪行》，德州新闻网：http：//www. dezhoudaily. com/xiuxian/liuhu/whdl/2013/11/2013－11－12509244. html。

二、吉尔吉斯斯坦华商经济的发展与社团建设的成熟

中国商品在吉尔吉斯斯坦市场颇受欢迎。自吉尔吉斯斯坦独立以来，中国商民为吉尔吉斯斯坦居民提供了各领域的商品和物资，如位于奥什和比什凯克的“卡拉苏”“麦地那”“中海”“国英”“大唐”等商城，已成为中国商品的直接代名词，而且从事中国商品对吉进口的绝大多数是来自中国西北的少数民族个体商户。据比什凯克的麦地那市场的经营者介绍，麦地那市场目前有800多家商户，1 000多名经营者，主要经营者和商品多来自中国西北，是中亚地区最大的布料、丝绸制品批发市场。目前麦地那市场每年向吉尔吉斯斯坦海关上缴利税超过700万美元，产品除提供吉尔吉斯斯坦外，还大量向塔吉克斯坦、乌孜别克斯坦、土库曼斯坦销售。每周从比什凯克麦地那市场与喀什对开的国际长途客车就有三班。比什凯克的多尔多伊批发市场也是当地最大的服装市场之一，主要商品来自中国。该市场的批发客户主要来自俄罗斯和哈萨克斯坦。据世界银行统计，2011年，多尔多伊市场流通额达到28.42亿美元。2012年，多尔多伊市场为吉尔吉斯斯坦贡献1/3的国内生产总值。[①] 而中海市场大约有700个摊位，一半由中国浙江、福建等地的商人经营，可带动千余名吉尔吉斯斯坦人就业。大唐市场中有70%的吉尔吉斯斯坦人，30%的中国人。[②] 但随着2010年后乌吉两国贸易边境口岸的关闭，吉尔吉斯斯坦加入俄白哈关税同盟之后提高了同盟外进口关税，造成部分吉尔吉斯斯坦华商商品销量下降，利润受到严重影响，不少商户开始向家用电器、制鞋等领域发展。就大型中资企业在吉投资而言，2015年7月中国紫金矿业集团在吉尔吉斯斯坦参与投资的塔尔得布拉克—左岸金矿项目举行投产仪式。中国驻吉尔吉斯斯坦大使馆经济商务处参赞孙贺在投产仪式上说，塔尔得布拉克—左岸金矿是中国企业在吉最大的投资项目之一。项目建成后，有望年产黄金3.7吨，新增1 000个就业岗位，创造产值1.5亿美元，每年贡献税收2 400万美元。塔尔得布拉克—左岸金矿是吉尔吉斯斯坦第三大金矿。自2012年开工以来，紫金矿业集团持有60%股份的奥同克公司对该项目的投资已超过2亿美元。[③]

随着在吉中国人数量的增加，相关的华侨华人社团、华商商会也逐渐成立，目前较大的几家社团组织有：吉尔吉斯斯坦华商（民族）联合商会、吉尔吉斯斯坦华侨华人联合会、吉尔吉斯斯坦中亚华侨华人友好协会、中海市场中商商会等。如吉尔吉斯斯坦中亚华侨华人友好协会于2004年在吉尔吉斯斯坦国家司法部正式注册成立，现有会员近百人，由包括汉、回、维吾尔、柯尔克孜、俄罗斯、哈萨克、乌孜别克等各民族华侨华人组成。会长（虎玉梅，回族）一人，副会长六人，正副秘书长两人。协会每年都举办三四次大型联谊活动。协会在2012年还创办了中亚五国第一份中文报纸——《中亚侨报》，使大家能及时了解中国国内的政治、经济、文化、教育等新闻信息。另外，为实现华裔新生代能够学习中文的愿望，协会开办了吉尔吉斯斯坦第一个华侨华人子女中文教育中心，并在中国

---

① 《走近吉尔吉斯斯坦多尔多伊纺织服装市场》，《中国纺织报》：http：//www.tnc.com.cn/info/c－013003－d－3440040－p1.html。

② 《中资企业及华商：带动吉尔吉斯斯坦民众就业》，中新网：http：//finance.chinanews.com/cj/2014/07－05/6353971.shtml。

③ 《中企在吉尔吉斯斯坦投资的金矿项目投产》，新华网：http：//news.xinhuanet.com/2015－07/30/c_1116090794.htm。

国务院侨办、新疆维吾尔自治区政府外侨办的资助下，扩大了招生，增加了教学设备，正式更名为"吉尔吉斯李白中文小学"。目前学校已经开办两年多，有50多名华侨华人子女在此学习中文。①

三、华文教育

据不完全统计，截至2010年在吉尔吉斯斯坦境内有13所大学和7所中学开设了汉语课程，在校学生超过4 000人，比4年前增长了近7倍。目前，吉尔吉斯斯坦在华文教育中使用的教材超过20种，打破了一套教材一统天下的局面。每种课型都有多种教材可供教师选择，如北京语言大学出版的《汉语新目标》《汉语速成》《中级汉语教程》等就较受欢迎。② 目前吉尔吉斯斯坦全国汉语在学人数累计达1.5万人，在吉尔吉斯斯坦孔子课堂和孔子学院建设取得较快发展。2015年5月吉尔吉斯斯坦外长阿卜杜勒达耶夫与中国驻吉大使齐大愚参加了吉尔吉斯斯坦首都比什凯克第31中学孔子课堂揭牌仪式。比什凯克第31中学孔子课堂是吉尔吉斯斯坦国立民族大学孔子学院下设的第9个孔子课堂，也是吉尔吉斯斯坦第18个孔子课堂。孔子课堂由中国国家汉办授权开班，除汉语教学外，还开展小型研讨会、比赛、文化培训等与中国文化相关的活动。阿卜杜勒达耶夫表示，孔子学院不仅是传授汉语的学校，更使吉尔吉斯斯坦的年轻人有机会了解中国的优秀文化和悠久的历史，相信孔子学院将发挥更加重要的友谊桥梁作用。③ 2015年9月27日，吉尔吉斯斯坦国立民族大学孔子学院举办第二届"孔子学院日"暨中秋节系列庆祝活动，中国驻吉尔吉斯大使馆代表、中资企业代表、各教学点师生、当地群众等一千余人参与此次活动。孔子学院举办的类似活动可以说借助中国传统的民俗文化丰富了汉语教学和实践手段，让吉尔吉斯斯坦学生进一步了解中国传统文化的魅力，也充分展示了孔子学院秉承"让中国了解世界，让世界了解中国"的使命。④

2015年12月中南民族大学与吉尔吉斯斯坦比什凯克人文大学签订合作协议，双方院校将在科学研究、教学管理、学生培养等方面加强合作。中南民族大学校长李金林、比什凯克人文大学校长 Musaev ABduda、孔子学院院长 Isamatova Gulzat、中方院长廖东梅等出席了签约仪式。中南民族大学中亚、南亚孔子学院巡演团于2015年11月赴比什凯克人文大学孔子学院演出，与比什凯克人文大学建立起了良好的校际合作关系。本次协议的签订不仅深化了中南民族大学与比什凯克人文大学的交流与合作，更进一步推动了中南民族大学"一带一路"国际化发展战略的实施。⑤

---

① 《华人华侨虎玉梅》，天山网：http：//topic. ts. cn/201501/yrq/2015 - 01/27/content_10964452. htm。

② 古丽尼沙·加玛力：《吉尔吉斯斯坦汉语教育现状及发展前景展望》，《世界汉语教学学会通讯》2010年第1期。

③ 《吉尔吉斯斯坦外长称赞孔子学院增进与中国友好》，新华网：http：//news. xinhuanet. com/world/2015 - 05/14/c_1115290278. htm。

④ 《吉尔吉斯斯坦掀最炫"中国风"，孔院现场教汉语》，中国侨网：http：//www. chinaqw. com/hwjy/2015/09 - 29/65841. shtml。

⑤ 《中南民族大学与吉尔吉斯比什凯克人文大学签订合作协议》，国家民委网站：http：//www. seac. gov. cn/art/2015/12/18/art_34_244650. html。

四、应注意的问题

（1）吉尔吉斯斯坦经商的社会和法制环境的障碍需要关注。2010 年奥什爆发吉乌民族冲突后，骚乱波及广大华侨华人。原本奥什地区就有各类华商 1 万人以上，但在骚乱后至今吉尔吉斯斯坦南部华商仅有 2 000 人左右。大部分华商迁移到塔吉克斯坦、乌兹别克斯坦经商。此外，吉尔吉斯斯坦政府对中国商人征收的税率比当地人高数倍。当地政府向中国公民颁发的商务许可证数量也被削减。再加之，吉尔吉斯斯坦货币信用度低，银行体系稳定性不足。在吉华商均对吉尔吉斯斯坦货币和银行抱有疑虑，而吉尔吉斯斯坦的外国银行如俄罗斯银行、土耳其银行的手续费用则高达 10% 以上，中资银行在吉又未设立分行，华商手中大量持有现金，极不安全。目前在奥什经商的中国商人已有不少前往邻近国家，尽管周边国家的经商环境也有不足，但总比吉方限制性的经济政策要好。而乌鲁木齐至奥什的航班也由一周两班减少为一周一班。

（2）吉尔吉斯斯坦经济企稳尚需时间。根据吉尔吉斯斯坦国家统计委员会公布的数据，2015 年全年吉尔吉斯斯坦对外贸易进出口总额 57. 459 亿美元，同比下降 24. 6%。其中出口额为 16. 764 亿美元，同比下 降 11%（对独联体国家出口下降 13. 7%，独联体以外国家进口下降 8. 6%）；进口额为 40. 695 亿美元，同比下降 29%（对独联体国家进口下降 21. 6%，独联体以外国家出口下降 36%）。进口额是出口额的 2. 4 倍，贸易逆差 23. 931 亿美元（2014 年贸易逆差 38. 51 亿美元）。[①] 吉尔吉斯斯坦国内经济企稳，还需要政府加大改善经济的举措，实施有效的社会经济改革政策。

（3）俄白哈关税同盟对中国商品的排斥。2010 年 1 月 1 日起俄白哈关税同盟启动，对外实行统一进口关税（部分商品有过渡期）。7 月 6 日起关税同盟海关法正式生效。根据 2014 年 11 月 27 日吉尔吉斯斯坦议会审议通过的《对外经济活动商品名录法》和《对吉尔吉斯海关法和海关关税法修订案》两项法案，自 2015 年 1 月 1 日起，吉尔吉斯斯坦境内开始启用俄白哈关税同盟对外经济活动商品名录，并将于 5 月 9 日起实行统一的所有商品平均进口关税税率为 7. 36% 左右的俄白哈关税同盟关税税率，同时，要求所有进口商品必须提供原产地证和发票。由此造成中国货物进入吉尔吉斯斯坦的价格因关税同盟的存在而无形中被抬高，而吉尔吉斯斯坦作为转道哈萨克斯坦、俄罗斯等国的中转枢纽地位也将丧失，中吉贸易会受到冲击。

（4）在吉尔吉斯斯坦华文教育方面，应推动华文教育从主要集中于比什凯克、奥什等大城市，扩大到吉尔吉斯斯坦华侨华人聚集地区。华文教育的教材也应注意语种的多元化，特别是增加少数民族语言和当地吉尔吉斯斯坦通用语言如吉语、俄语等不同语种，适合华侨华人子女的学习和生活习惯，这样将有利于推动少数民族华侨华人子女接受华文教育。在师资结构上，注重培养教学方式方法灵活的华文教育教师，活跃课堂气氛并能增强学生的学习兴趣，如此才能进一步推动华文教育在吉尔吉斯斯坦获得更大发展。

---

① 《2015 年吉尔吉斯全年对外贸易情况》，中国驻吉尔吉斯斯坦大使馆经济商务参赞处网站：http://kg.mofcom.gov.cn/article/ztdy/201603/20160301265131.shtml。

塔吉克斯坦

塔吉克斯坦共和国位于中亚地区东南部，周边与阿富汗、乌兹别克斯坦、吉尔吉斯斯坦、中国接壤，是一个典型的多山型内陆国家，在中亚五国中面积最小。苏联解体后塔吉克斯坦经历了严重的内战和经济危机，目前国内已逐步实现稳定，社会经济状况日渐好转。塔吉克斯坦国内矿产资源非常丰富，其经济开发具有先天优势。在诸多矿资源中，铀矿储量最为丰富，居原苏联各加盟共和国首位；铅、锌储量占中亚第一位，锑、钼、钨、铜、银、金、煤、铁、岩盐、萤石、石油、天然气等储藏亦十分丰富。塔吉克斯坦水力资源在原苏联各加盟共和国中占第二位（仅次于俄罗斯），达3 200万千瓦。①

近两年，随着中塔经贸和人员往来增加，两国经济关系不断提升。2016年1—8月中国和塔吉克斯坦两国贸易额增长45%，同期，塔、俄两国贸易额下降10%。俄罗斯和中国依然是塔吉克斯坦主要的贸易伙伴。2016年前八个月，塔俄双边贸易总额约6.6亿美元，塔中贸易总额约6.2亿美元。与去年同期相比，塔俄贸易额下降了10%，塔中贸易额增长45%。② 在两国经济关系顺利发展的前提下，中国企业赴塔吉克斯坦合作、投资、援建等项目不断增多，赴塔吉克斯坦经商、劳务等人口也相应增长。截至2012年11月，中国赴塔吉克斯坦公民已超过1万人次，其中在塔吉克斯坦劳务人员达8 231人，比2011年增加1 819人，在塔吉克斯坦注册的各类企业152家，比2011年134家增加13%。③ 此外，塔吉克斯坦在原苏联时期就有维吾尔族人口，据估计至2006年时塔吉克斯坦维吾尔族人数为0.5万—0.6万。④ 如果考虑到中国在塔吉克斯坦的其他少数民族人口并加上近年来人口自然增长，那么在塔吉克斯坦的中国侨民总数量估计在2万人左右。为保护在塔吉克斯坦中国公民的安全，2017年1月20日，塔吉克斯坦的中资企业商会、华人华侨联合会以及塔吉克斯坦国立民族大学孔子学院代表等数十人参加的领事保护工作会议暨首批领保联络员聘任仪式在中国驻塔吉克斯坦大使馆召开。中国驻塔吉克斯坦大使岳斌出席会议并强调，塔吉克斯坦作为中国的友好邻邦和“一带一路”重要沿线国，越来越多中国公民来塔吉克斯坦投资兴业、学习旅游，领事保护工作日益繁重。驻塔吉克斯坦大使馆愿一如既往地做好旅塔侨胞的领事保护工作，为维护中国公民合法权益、促进中资企业在塔吉克斯坦兴业发展保驾护航。会议中，岳斌向首批3位领保联络员颁发了聘任证书。⑤

塔吉克斯坦侨情随着这两年中国人数量的不断增加而逐步突显出重要性，加强与塔吉

① 《塔吉克斯坦概况》，塔吉克斯坦驻中国大使馆网站：http：//www.tajikembassychina.com/Ru_04_01_ch.asp。

② 《2016年1—8月中国和塔吉克斯坦两国贸易额增长45%》，中国驻塔吉克斯坦大使馆经济商务参赞处网站：http：//tj.mofcom.gov.cn/article/jmxw/201609/20160901399444.shtml。

③ 《年关将至，使馆召集在塔吉克斯坦中资企业召开安全防范座谈会》，塔吉克斯坦华人论坛：http：//www.mytjk.com/forum.php？mod=viewthread&tid=657&extra=page%3D1。

④ 《塔吉克斯坦的维吾尔族》，引自中华网：http：//club.china.com/data/thread/1011/127/88/22/6_1.html。

⑤ 《驻塔吉克斯坦大使岳斌出席使馆领事保护工作会议暨首批领保联络员聘任仪式》，中国驻塔吉克斯坦大使馆网站：http：//tj.china-embassy.org/chn/sbgx/t1432293.htm。

克斯坦侨界为代表的中亚侨界的广泛接触和联系，将为进一步密切中国与中亚国家的友好往来奠定坚实基础。现阶段，塔吉克斯坦侨情的最大特点体现在：因中资机构、企业大量进入塔吉克斯坦，中国赴塔劳工数量不断增多，从事两国边贸者亦不断增多，当地侨社建设因此获得一定发展，华文文化获得推广。

一、中国在塔吉克斯坦的企业合作、投资与援建

早在1992年1月，塔吉克斯坦共和国就与中国正式建交。塔吉克斯坦不仅是上海合作组织成员国，积极参与、履行上海合作组织有关协议，而且与中国在边界领土划分、联合反恐、禁毒等工作上合作顺利。2013年2月25日在北京举行的“庆祝中国和塔吉克斯坦首次高级会晤20周年研讨会”上，中国外交部副部长程国平评价中塔关系时赞扬道，中塔关系经过20年的发展，目前正处于历史最高水平，发展前景广阔。① 在两国政治关系顺利开展的前提下，以紫金矿业②、特变电工③、中国路桥公司、中石油、中国有色集团、中国水利水电建设股份有限公司等为代表的中国大型企业集团不断赴塔吉克斯坦开展合作、投资、援建等工作，在经济领域有力地推进了中塔关系向前发展。

紫金矿业自2007年就开始进入塔吉克斯坦，并与对方合作成立了中塔合资股份制企业——泽拉夫尚有限责任公司，紫金矿业拥有75%的股权，塔吉克斯坦政府拥有25%的股权，该公司运行至今经济效益显著。据统计，2012年上半年，塔吉克斯坦共生产黄金930公斤，比2011年同期增加7公斤，其中泽拉夫尚公司生产黄金621公斤，占塔吉克斯坦黄金总产量的67%。该公司已成为塔吉克斯坦黄金生产的中坚企业，受到塔吉克斯坦政府的高度重视。④ 2013年1月，在塔吉克斯坦国家税务委员会召开的2012年全国税务系统年度总结表彰大会上，泽拉夫尚公司被授予“2012年度塔吉克斯坦共和国优秀纳税企业”奖。该公司2012年所缴税费占所在地彭吉肯特市全年财政收入的80%，已成为塔吉克斯坦上缴利税大户。⑤ 尽管企业效益有所增加，但公司并未忘记回馈社会。2007—2010年泽拉夫尚公司共向其参与资助建设的彭吉肯特市第69小学捐助48.2万元人民币；为维修当地社区桥梁、道路、校舍以及抢险救灾等捐款185.6万元人民币；为地方贫困家庭援

---

① 《中国副外长程国平：中塔关系处于历史最高水平》，中新网：http：//www. chinanews. com/gn/2013/02－25/4594099. shtml。

② 紫金矿业是福建省上杭县一家勘探和开发黄金、有色金属及其他矿产资源的综合性大型矿业集团。上海、香港两地（A＋H股）上市，市值超过1 000亿元，位居美国《福布斯》2012年全球2000强第1198位、中国500强企业第241位。参见紫金矿业集团网站：http：//test. zjky. cn/About. asp？ id＝9。

③ 新疆特变电工股份有限公司是我国输变电行业的龙头企业、最大的电子铝箔新材料基地、大型太阳能光伏系统集成商。现建有新疆、辽宁、山东、天津、上海、湖南、陕西、四川等全国八大生产基地，正在建设印度海外基地。产品销售遍布全国31个省、自治区、直辖市和美国、印度、俄罗斯、巴西等60余个国家和地区。综合实力位居世界机械500强第429位、中国企业500强第366位、中国机械100强第11位、新疆装备制造业第1位，品牌价值275亿元，名列中国装备制造业第14位。《特变电工股份有限公司简介》，新疆特变电工股份有限公司网站：http：//www. tbea. com. cn/Modules/AboutTBEA/Default. aspx。

④ 《2012年上半年我国紫金矿业公司在塔吉克合资企业生产黄金621公斤，占塔黄金总产量的67%》，中国驻塔吉克斯坦大使馆经济商务参赞处网站：http：//tj. mofcom. gov. cn/article/jmxw/201207/20120708249729. shtml。

⑤ 《ZGC成塔吉克斯坦的重要的财政支柱》，紫金矿业网站：http：//test. zjky. cn/Newslist. asp？ id＝4757。

助39.8万元人民币。为此，公司在当地赢得了良好口碑，为中塔经济合作树立了优秀榜样。①

而新疆特变电工股份有限公司（以下简称"特变电工"）在塔吉克斯坦开展的各项合作项目也获得良好声誉。2011年9月26日，由特变电工承建的塔吉克斯坦"胡占德—艾尼"220千伏输变电工程提前5个月顺利投产运行成功。该项目是继2009年特变电工承建的塔吉克斯坦500千伏南北主电网工程后的又一重大工程。"胡占德—艾尼"220千伏输变电工程建成后，彻底结束了塔吉克斯坦艾尼市和彭吉肯特地区长期缺电和孤网运行的历史，使该地区近30万人享受到稳定可靠的电力供应，显著改善了该区域人民的生活质量。"胡占德—艾尼"220千伏输变电工程是2010年6月17日新疆维吾尔自治区党委书记张春贤会见塔吉克斯坦总统拉赫蒙时签署的一项利用中国政府优惠买方信贷及少量塔吉克斯坦自筹资金的能源合作项目，目的在于促进中塔两国能源领域合作发展。该项目同时被列为塔吉克斯坦共和国国庆20周年的献礼工程。②

目前中国在塔吉克斯坦企业超过150家，发展势头良好，显著推动了中国西北沿边省份对外经济合作。诸如在中塔两国关系发展的大背景下，新疆维吾尔自治区与塔吉克斯坦之间的经贸关系就获得发展。据统计，截至2011年底，新疆在塔吉克斯坦建立的投资企业18家，总投资额达2.6亿美元，其中投资规模在100万元以上的有7家。为在制度上进一步推动双方合作，2012年9月18—21日"2012塔吉克斯坦—中国新疆出口商品展洽会"在塔吉克斯坦科黑巴尔巴德展览中心举行，共吸引了上万塔吉克斯坦民众参观、考察、洽商，这为促进塔吉克斯坦和新疆企业界的有效交流与合作搭建了平台。③ 随着2013年3月2日塔吉克斯坦正式成为世界贸易组织成员国，相信未来中塔两国经济发展的空间将会更大。

二、塔吉克斯坦侨社的建立与运行

除大型企业外，小商品贸易是旅塔中国人最早从事的工作之一。2006年第一个中塔市场在塔吉克斯坦哈特隆州库尔干秋别市正式开放，吸引了不少中国人到此经商。④ 维吾尔族在原苏联时期就有相当数量在塔吉克斯坦生活发展，除少数从事农业科技和教学外，大多也都从事商贸经营。随着新疆与塔吉克斯坦经贸往来的增多，大量新疆维吾尔族人士也来到塔吉克斯坦经商，维吾尔族人在当地有自己的团体"维吾尔协会"，现任主席是阿卜杜克里木。⑤

---

① 《泽拉夫尚爱心资助　塔吉克小学新校舍启用》，紫金矿业网站：http：//test. zjky. cn/Social2. asp？id = 825。

② 《特变电工承建塔吉克斯坦"胡占德—艾尼"220kV输变电工程一次投运成》，新疆特变电工股份有限公司网站：http：//www. tbea. com. cn/Modules/News/TextNews/ShowNews. aspx？SortID = 1&ID = 8406C201 - 778C - 418A - 95F4 - 6B6E973439B9。

③ 《中塔两国企业家携手共商深化经贸》，中国网：http：//news. china. com. cn/live/2012 - 09/19/content_16290791. htm。

④ 《首个中—塔市场在塔开放》，新疆天山网：http：//www. ts. cn/news/content/2006 - 09/25/content_1201635. htm。

⑤ 《塔吉克斯坦的维吾尔族》，引自中华网：http：//club. china. com/data/thread/1011/127/88/22/6_1. html；《2012年12月27日丁建伟领事、杨韬副领事与塔吉克斯坦华人华侨主席商登美一行慰问华人华侨》，塔吉克斯坦华人论坛：http：//www. mytjk. com/forum. php？mod = viewthread&tid = 680。

此外，随着中国企业大量进入塔吉克斯坦以及中国在塔华侨华人数量的快速增多，2011年1月1日第一届塔吉克斯坦华人华侨联合会在杜尚别正式成立，可以说这是在塔吉克斯坦国家司法部正式注册成立的塔吉克斯坦最大华侨华人民间社团组织。联合会的宗旨是："团结在塔华人华侨，热爱祖国；发挥侨力，维护在塔侨民权益；关爱在塔侨民，凝聚侨心；汇集侨民智慧，共创未来。"联合会根据塔吉克斯坦华侨、华人、华商、华企的实际情况，下设钢铁协会、砖业协会、市场协会、其他待定协会、监察委员会、常务理事会、秘书处、外联部、财务等。其中外联部、秘书处为常设机构，负责处理联合会日常事务。常务理事会根据需要不定期召开会议，讨论联合会重大事宜等。各协会等机构根据所在行业，经自荐、提名、表决等方式选举出各协会领导，并分管各机构工作。①

联合会自成立后一直与中国驻塔吉克斯坦大使馆保持紧密的沟通与合作。如2012年6月在得知上海合作组织"和平使命—2012"联合反恐军事演习中将有中方将士参加后，中国驻塔吉克斯坦大使馆、当地中资企业、华人华侨联合会等就共同组成军演慰问活动筹备组，一起发起劳军活动。中国路桥公司、新疆特变电工、中国水利水电建设股份有限公司、塔中矿业、紫金矿业、新疆三建、中国重型机械总公司、喀什阿克诺尔实业、华新水泥亚湾公司、凯顺能源、海浪投资等企业及广大华侨华人均鼎力支持，短时间内就募集到捐赠款项50万元人民币，充分体现了在塔侨界人士的团结一心和对祖国亲人的一片深情。如新疆喀什阿克诺尔实业维吾尔族负责人艾尼瓦尔就表示，能够看到来自祖国的人民军队参加军演感到非常振奋，强大的祖国是企业的坚强后盾。② 在解决当地中国劳工纠纷方面，华人华侨联合会也与中国驻塔大使馆紧密协作。如2012年4月14名中国四川籍劳工被中介机构招募至塔吉克斯坦杜尚别一钢厂务工，工厂曾承诺每人每月给予工资5 000元人民币，而事实上工人们除第一个月领取到全额工资外，之后厂方就再没有兑现工资承诺。此外，工人们赴塔时只有一个月的劳务签证，工厂方面亦未办好工人们的劳务续签手续，致使14人处于非法滞留状态。后经中方使领馆和华人华侨联合会协助，帮助工人与厂方拟定初步解决办法，另有部分劳工还在联合会帮助下选择离境，避免了工人们在塔生活进一步陷入困顿。③

可以说，华人华侨联合会的成立在组织制度建设上促进了在塔华侨华人的相互联系与协助，为侨界不断壮大且进一步谋求发展奠定了必要基础。2012年12月第二届塔吉克斯坦华人华侨联合会举行新一届会长竞选，该届联合会的参选人条件为：对塔吉克斯坦社会生活熟悉，在塔吉克斯坦工作或生活两年以上；本人必须长期在塔工作，有本人为法人的在塔吉克斯坦合法注册，员工10人以上的公司或企业；保证联合会每年6万美元（不含会费）的基本开支等条件。经最终选举，商登美当选为第二届会长。④ 从第二届联合会会长的参选条件

① 《关于海选第二届塔吉克斯坦华人华侨联合会会长（主席）的公告》（附联合会简介），塔吉克斯坦华人论坛：http：//www. mytjk. com/forum. php？ mod = viewthread&tid = 660&extra = page% 3D7。

② 《中资企业华人华侨慰问我军上合组织胡盏德军演官兵准备工作就绪》，塔吉克斯坦华人论坛：http：//www. mytjk. com/forum. php？ mod = viewthread&tid = 534&extra = page% 3D4。

③ 《成功协调处置一起拖欠华工工资事件》，塔吉克斯坦华人论坛：http：//www. mytjk. com/forum. php？ mod = viewthread&tid = 549&extra = page% 3D4；《再次护送遇到困难的同胞出境》，塔吉克斯坦华人论坛：http：//www. mytjk. com/forum. php？ mod = viewthread&tid = 560&extra = page% 3D4。

④ 《关于海选第二届塔吉克斯坦华人华侨联合会会长（主席）的公告》（附联合会简介），塔吉克斯坦华人论坛：http：//www. mytjk. com/forum. php？ mod = viewthread&tid = 660&extra = page% 3D7。

可以看出，联合会对会长人选的要求有着较高标准，不仅强调个人能力，而且强调对联合会的责任能力，其最终着眼点在于进一步壮大联合会的为侨服务能力。

三、塔吉克斯坦华文文化的传播与发展

加强华文文化传播力度也是近两年塔吉克斯坦侨社工作的新方向。

2012 年 6 月新疆经济报社考察团一行访问了塔吉克斯坦，考察团与塔吉克斯坦国家工商会主席沙力夫·萨伊德正式签署联办发行塔吉克文《大陆桥》杂志的协议。此外，中国驻塔吉克斯坦大使馆官员表示，塔吉克斯坦华人华侨联合会已向塔吉克斯坦有关方面正式申请创办《塔吉克斯坦华侨报》，大使馆希望《新疆经济报》能够发挥媒体优势，未来帮助塔吉克斯坦华人华侨联合会共同办好这份报纸。考察团负责人表示，《新疆经济报》愿意为塔吉克斯坦华侨华人服务。经商定，新疆经济报社将与联合会共同创办《塔吉克斯坦华侨报》，分中、俄、维吾尔三种文字，计划在塔吉克斯坦国庆日正式创刊，与此同时《大陆桥》杂志将推出塔吉克斯坦特刊。①

在华文教育方面，与新疆师范大学合作的塔吉克斯坦唯一一所孔子学院是塔吉克斯坦国立民族大学孔子学院。该学院自 2009 年 3 月运行以来，积极面向幼儿、中小学、大学开展不同层次的汉语教育，该院在塔吉克斯坦设有 12 个教学点，逐步形成了覆盖塔吉克斯坦全国的汉语教学网络，成为塔吉克斯坦汉语教学的核心机构。2011 年，该孔子学院注册学员近 2 000 人，开展各类文化活动 28 次，吸引 1. 3 万余名各界人士参加，同比增长一倍。2012 年上半年，院本部累计开设汉语培训班 23 次，培训学员 574 人次。孔子学院充分利用中塔文化优势和特色，开展了不少大型文化交流活动，有效地提升了汉语的吸引力和感召力，成为中塔文化交流和互相学习的重要平台。②

为加强塔吉克斯坦国民对中国的认识和了解，在中国驻塔大使馆等的帮助下，2013 年 1 月 24 日塔吉克斯坦国家图书馆中国厅正式建成并投入使用。在投入使用仪式上，中国驻塔吉克斯坦大使、塔吉克斯坦文化部部长、塔吉克斯坦国家图书馆馆长、塔吉克斯坦外交部副部长、驻塔中资机构、塔方代表等中塔高层官员均出席。中国厅总面积达 200 平方米，内部分为阅读区、教学区、电脑区、休闲区。阅读区现有图书 5 286 册、电子书籍 773 册、杂志 2 470 册、报纸 174 份等。而教学区可供 65 人同时使用。该厅的开放成为中国文化在塔吉克斯坦的另一个展示窗口。③

四、应注意的问题

综上可见，随着中塔双边关系的深入发展，塔吉克斯坦侨情变化呈现日益加大的特

① 《走向中亚——新疆经济报社赴中亚考察团纪行》，凤凰网：http：//news. ifeng. com/gundong/detai. _2012_07/13/15986593。

② 《塔吉克斯坦民族大学孔子学院举行学期总结活动》，环球网：http：//world. huanqiu. com/hot/2012 - 07/2903587. html。

③ 《塔吉克斯坦国家图书馆中国厅 1 月 24 日启用》，塔吉克斯坦华人论坛：http：//www. mytjk. com/forum. php？ mod = viewthread&tid = 744&extra = page%3D1。

征，侨社建设虽然得以快速发展，但是随着很多中资企业进入塔吉克斯坦而来的大量中国劳工与当地企业、当地民众的纠纷问题，逐渐成为中方领事保护工作中的突出问题。

据中国驻塔大使馆数据显示，截至2012年11月，共发生各类领事保护案件130起，已处理130起，其中重特大案件34起（其中9起死亡案件，死11人；3起抢劫案，伤中国公民12人；21起中国公民被扣押案，涉241人；1起重大经济侵权案，涉及金额6 000多万元人民币），经济和劳务经济纠纷案件71起，国内协助领事保护案件11起，违反当地法律提供领事保护协助案件3起，塔方投诉中国公民和企业案件9起，塔方粗暴执法伤害中国公民案件2起。使馆在处置以上各类案件时，坚持以人为本，执政为民的思想，坚持公平公正的立场，营救和解救中国公民241人，协助企业和帮助死难者家属处理善后事宜8起，协助中国死亡公民家属获得赔偿金500多万元人民币，帮助中国劳工追回劳务报酬400多万元，协助中国企业挽回经济损失774.9万元人民币。中国使馆2012年在涉及中国企业和公民案件向塔方交涉56次，就中国公民赴塔便利化、劳动配额等交涉5次，向塔方照会20次。①

在面对日益增多的中国赴塔人员数量和纠纷时，除了加强领事保护工作外，进一步推动华侨华人社团自身壮大发展，扩大华文文化教育事业的人员队伍和传播能力，加强对外劳务人员的外语、法律知识、个人素质培训和监管，加大对国内中介劳务机构的认证、监督和管理等，则是进一步确保中国赴塔人员安全和较顺利参加塔吉克斯坦经济社会建设的重要前提。

---

① 《年关将至，使馆召集在塔吉克斯坦中资企业召开安全防范座谈会》，塔吉克斯坦华人论坛：http://www.mytjk.com/forum.php? mod = viewthread&tid = 657&extra = page%3D1。

蒙　古

蒙古是我国的一个重要邻邦，也是陆上丝绸之路经济带沿线的一个重要国家。由于受历史与现实环境下国际局势与中蒙关系变迁的影响，蒙古华侨经历了诸多波折。目前，居住在蒙古的华侨有 4 300 余人，约占蒙古总人口的 0.14%，与其他国家在蒙古的侨民相比，华侨数量可谓相当之少。近年来，随着中蒙两国关系稳步发展，两国各领域的合作交流不断深化，蒙古华侨的生活质量也有了一定的改善与提高。蒙古华侨人数虽少，但是在中蒙双边政治、经贸、军事、文教等领域的交流中发挥着重要作用，他们是中蒙两国睦邻友好的重要使者。

一、蒙古基本国情

蒙古国地处东北亚，是世界第二大内陆国家，北面与俄罗斯接壤，东、南、西三面与中国接壤。蒙古地广人稀，人口密度约为每平方千米 2 人，是全球人口密度最低的国家之一。蒙古总人口约为 306 万人，其中近半数人口集中在首都乌兰巴托。蒙古的国土面积为 156.65 万平方千米，境内多沙漠戈壁，自然环境恶劣。西部、北部和中部多为山地，东部为丘陵平原，南部是戈壁沙漠。山地间多河流、湖泊，主要河流为色楞格河及其支流鄂尔浑河。经济以畜牧业和采矿业为主。

蒙古原称“外蒙古”或“喀尔喀蒙古”。1911 年 12 月蒙古王公在沙俄支持下宣布“自治”。1919 年放弃“自治”。1921 年蒙古人民党领导的人民革命胜利，同年 7 月建立君主立宪政府。1924 年 11 月 26 日废除君主立宪，成立蒙古人民共和国。1945 年 2 月，苏、美、英三国首脑签订雅尔塔协定，规定“外蒙古（蒙古人民共和国）的现状须予维持”，并以此作为苏联参加对日作战的条件之一。1946 年 1 月 5 日，当时的中国政府承认外蒙古独立。1992 年 2 月改国名为“蒙古国”。2015 年 10 月 28 日，第 70 届联合国大会改选联合国人权理事会成员，蒙古成功当选，任期自 2016 年至 2018 年。①

蒙古概况②

国家全名	蒙古国
人口数量	306.16 万

① 《18 个国家成功当选联合国人权理事会成员》，新浪网：http：//news. sina. com. cn/o/2015 - 10 - 29/doc - ifxkfmhk6479993. shtml。

② 资料来源：《蒙古国家概况》，中华人民共和国外交部网站：http：//www. fmprc. gov. cn/web/gjhdq_676201/gj_676203/yz_676205/1206_676740/1206x0 - 676742/。

（续上表）

地理位置	东北亚
华侨数量	4 300 多
华侨所占比例	约 0.14%
气候	温带大陆性气候
领土面积	156.65 万平方千米
主要族群	蒙古族、哈萨克族、杜尔伯族
现任总统/总理	哈勒特马・巴特图勒嘎总统/扎尔格勒图勒嘎・额尔登巴特总理
GDP 经济增长率/通货膨胀率 CPI	5.3%/14.6%
政体	议会制共和制
失业率	6.3%（城镇）
官方语言	蒙古语
GDP	120 亿美元
首都	乌兰巴托
人均 GDP	4 170 美元

二、蒙古与中国的关系

中蒙两国是友好邻邦。多年来，中国政府坚定不移地对蒙古奉行睦邻友好政策，尊重蒙古的独立与主权，尊重蒙古人民自己选择的发展道路。蒙古国家大呼拉尔 1994 年通过的《蒙古国对外政策构想》规定，蒙古奉行开放、不结盟的外交政策，强调“同俄罗斯和中国建立友好关系是蒙古对外政策的首要任务”，主张同中俄“均衡交往，发展广泛的睦邻合作”。多年来，蒙古强调对外政策的统一性和连续性。在此基础之上，中蒙关系稳步发展，双方高层互访频繁，经贸务实合作不断扩大，人文交流日益活跃。

（一）外交关系不断发展

中蒙建交 60 多年来，两国关系虽然经历过一些曲折，但睦邻友好始终是主流。尤其是近些年来，两国关系发展迅速，成果显著。中蒙两国于 1949 年 10 月 16 日建立外交关系；20 世纪 60 年代中后期，两国关系走入低谷；70 年代，两国恢复互派大使；80 年代，两国关系开始逐步改善；1989 年，两国关系实现正常化。1994 年两国修订《中蒙友好互助条约》，并在此基础上签订《中蒙友好合作关系条约》。双方确认，两国在和平共处五项原则基础上加强和发展友好合作关系。此后两国高层互访频繁，政治互信和各领域合作不断深化。

2014 年以来中蒙关系稳步发展。2014 年 8 月，习近平主席对蒙古进行国事访问。双方发表联合宣言，将中蒙关系由战略伙伴关系提升为全面战略伙伴关系[①]，开辟了中蒙关系发展的新阶段。2015 年两国领导人互访交流频繁，就中方丝绸之路经济带倡议达成重要共识。2016 年 6 月 23 日，中国国家主席习近平在塔什干同俄罗斯总统普京、时任蒙古总统额勒贝格道尔吉举行中俄蒙元首第三次会晤，习近平主席主持会晤。三国元首见证了《建设中蒙俄经济走廊规划纲要》等合作文件的签署。2016 年 7 月 13 日，国务院总理李克强对蒙古国进行正式访问，并出席在乌兰巴托举行的第十一届亚欧首脑会议。10 月，中共中央政治局常委、中央书记处书记刘云山访蒙，会见蒙古领导人并出席多场人文交流活动。同月，蒙古人民党主席、国家大呼拉尔主席恩赫包勒德来华访问并出席"中国共产党与世界对话会"。[②] 双方高层频繁会面并进行磋商，可见中蒙关系发展势头良好，双方保持密切交往，务实合作不断深化。目前，蒙古已将发展对华关系作为其外交政策的首要方针，中国亦积极推动中蒙关系不断向前发展。

（二）经贸合作日益密切

目前，中国是蒙古的最大贸易伙伴国、最大出口市场和最大进口市场，还是仅次于荷兰的蒙古第二大投资国，在蒙注册的中资企业数量约 6 500 家，占在蒙外资企业总数近半。蒙古地大物博，自然生态资源丰富，尤其是矿产最为丰富。但是，蒙古资源开发尚处于起步阶段，国内供水、供电、道路等基础设施较为落后，目前尚有部分矿藏仍处于转让、勘探、建设阶段，中蒙双方在基建、投资等领域的经贸合作仍有进一步深入的空间。

2014 年 6 月 24 日，外交部部长王毅在乌兰巴托同蒙古外交部部长恩赫包勒德会谈后表示，中蒙互利合作要形成"万马奔腾"的局面。[③] 2015 年是中蒙经贸合作顺利推进和成果丰硕的一年。2016 年，习近平主席提出要在经济领域加快推进丝绸之路经济带同"草原之路"倡议战略对接，拓展务实合作，努力实现双边贸易额 2020 年达到 100 亿美元的目标。积极推动两国项目合作取得实质性进展，在过境运输等项目上加强合作。[④] 在此基础上，2016 年中蒙经贸务实合作稳步推进，取得了一定的成果。2016 年 6 月 23 日，《建设中蒙俄经济走廊规划纲要》签署，标志着"一带一路"框架下的首个多边合作规划纲要正式启动实施，实现了"一带一路"在多边经济走廊方面的突破。[⑤] 两国高层互访频繁，在贸易、经济技术、能源、基础设施建设、金融等领域签署一系列双边重要合作文件，进一步充实了中蒙两国全面战略伙伴关系的内涵。中国商务部部长高虎城访问蒙古并出席中蒙经贸联委会第 14 次会议，中蒙跨境经济合作区取得积极进展。中蒙经贸领域互访频繁，务实交流迈上新台阶。

---

① 《中蒙关于建立和发展全面战略伙伴关系的联合宣言》，中华人民共和国国务院新闻办公室：http：//www. scio. gov. cn/zhzc/3/2/Document/1378518/1378518. htm。

② 蒙古相关新闻，中华人民共和国外交部网站：http：//www. fmprc. gov. cn/web/jhdq_676201/gj_676203/yz_676205/1206_676740/xgxw_676746/default. shtml。

③ 《王毅：中蒙合作要形成"万马奔腾"的局面》，中华人民共和国外交部网站：http：//www. fmprc. gov. cn/web/gjhdq_676201/gj_676203/yz_676205/1206_676740/xgxw_676746/t1168410. shtml。

④ 《习近平会见蒙古国总统额勒贝格道尔吉》，中华人民共和国外交部网站：http：//www. fmprc. gov. cn/web/gjhdq_676201/gj_676203/yz_676205/1206_676740/xgxw_676746/t1374699. shtml。

⑤ 《2016 年中蒙经贸合作十大新闻》，中国驻蒙古大使馆网站：http：//mn. china-embassy. org/chn/zt/2016top10news/t1425839. htm。

中国政府对蒙无偿援助项目快速推进，一批惠及民生、支持当地经济社会发展的项目启动实施。7月14日，李克强总理与额尔登巴特总理在蒙古国家宫共同出席援蒙残疾儿童发展中心项目启动仪式，为项目模型揭幕。9月9日，项目举行现场开工仪式，正式动工建设。该中心是近年来中国在蒙古民生领域最大规模的援助项目，建成后将成为蒙古最大、最现代化的残疾儿童治疗康复基地。除无偿援助外，中国政府向蒙方提供多笔优惠出口买方贷款，支持蒙古各领域经济社会发展。2016年，一批公路、桥梁、电力、通信类项目使用中方优惠出口买方贷款启动实施，将大大提升蒙古当地基础设施水平。

（三）军事联系不断加强

近年来，中蒙两国在军事领域的交流与合作不断深化。继2015年后，2016年5月21日至6月4日中方再次派实兵赴蒙参加“可汗探索—2016”多国维和演习。2016年8月7日至11日，军委联合参谋部副参谋长孙建国海军上将率中国人民解放军代表团访蒙并参加第九次中蒙防务安全磋商会议。10月9日至16日，蒙武装力量总参谋长达瓦少将率团对华进行正式友好访问并出席第七届“香山论坛”会议。10月26日至29日，中国人民解放军边防代表团访蒙。[①] 如此密切的军事交流与合作，有力地增进了中蒙两军的互信，促进了两军关系的发展。

中蒙两国还开展了其他形式的军事交流与合作。根据中蒙两军年度交往计划，蒙军百余名军人赴华军事院校参加为期一年的培训，中国人民解放军继续派军事留学生赴蒙古国防大学学习。这些交流对深化两军关系、促进两军友谊发挥了积极作用。2016年9月至12月，中国驻蒙古大使馆与蒙古国防大学成功组织了“中蒙共同面临的恐怖威胁和未来可能的联合行动”主题研讨[②]，这是对建立中蒙两军联合反恐机制进行的有益尝试，对共同维护两国安全利益起到重要作用。面对中蒙边境出现的有组织跨境犯罪活动，中蒙双方开展有针对性的打击行动。2016年，两国边防部门商讨对策，一线部队针对性开展情报交流、联合巡查，发现和处置了一批有组织跨境犯罪活动，妥善处理了一系列边境突发事件，对维护两国边境地区安全稳定发挥了积极作用。此外，2016年，中方向蒙军援助了一批工程机械设备，造福蒙古人民，为中蒙两国、两军关系做出贡献。中蒙双方的军事合作已达到一个新高度，这将有力增进两国在军事上的了解与互信。

（四）人文、科教交流不断深化

中蒙两国于1951年开始建立文化联系。近年来，中蒙两国开展了多渠道、多层次、多形式的文化交流与合作，中蒙人文交流日益密切。2016年，“电视中国剧场”在蒙启动，中蒙人文交流图片展、中蒙新闻论坛、“感知中国·蒙古行”“欢乐春节·中国日”等活动在蒙成功举办。两国有关媒体机构签署合作协议，媒体、青年交流机制继续开展。2010年6月，乌兰巴托中国文化中心揭牌。多年来，乌兰巴托中国文化中心举办参与了丰富多彩的中国文化活动。2016年5月24日，由中国驻蒙古大使馆和乌兰巴托中国文化中

① 中蒙军事合作相关新闻，中国驻蒙古大使馆网站：http：//mn. china-embassy. org/chn/zmgx/sbgx/t1326657. htm。

② 《驻蒙古使馆评选发布2016年中蒙关系十大新闻》，中国—蒙古国博览会：http：//www. cmexpo. gov. cn/presentations/news/975. htm。

心联合举办的中蒙文化交流系列活动开幕式在蒙古成功举行。8月4日至8日，中国驻蒙古大使馆、乌兰巴托中国文化中心和蒙古国后杭爱省政府、蒙古国文学艺术联合会联合举办大型文化交流活动"中国文化节"。2016年9月28日，"跨越时空的对话——纪念文学巨匠汤显祖和莎士比亚逝世400周年"展览在乌兰巴托中国文化中心多功能厅拉开帷幕。[①] 一系列中蒙文化交流活动的顺利开展，加强了中蒙两国间的人文交流与合作，增进了彼此间的了解和友谊。

在科技交流方面，1987年，中蒙双方签署了《1987—1988年度科技合作计划》，中断了20多年的科技交流得到恢复。2014年8月，双方签署《中蒙关于推进科技人员交流的协议》和《中蒙关于共建中蒙生物高分子应用联合实验室的谅解备忘录》。2015年，首届中蒙博览会中特设以"弘扬丝路精神，传承友谊，深化合作，协同创新，共同发展"为主题的科学技术交流展和技术转移暨创新合作大会。双方通力合作，共同推进相关科技交流的深入进行。2016年中蒙双方的科技交流持续深入。

中蒙两国教育交流始于1952年。多年来，两国在教育领域的交流与合作发展顺利。双方先后签署了《中蒙教育交流与合作计划（1996—2000)》《中蒙教育交流与合作计划(2005—2010)》和《中蒙教育交流与合作执行计划（2011—2016)》。2013年5月，中国教育展在蒙古举行。2015年3月至8月，中国驻蒙古大使馆积极开展中国政府奖学金招生工作，进一步促进了中蒙人文教育领域的交流合作。2016年2月24日，中国驻蒙古大使邢海明应邀赴蒙古国立大学访问并发表题为"携手发展，共创中蒙关系美好未来"演讲。9月30日，邢海明大使应邀赴蒙古农牧业大学发表演讲，出席该校汉语文化中心揭牌仪式和中国大使奖学金启动仪式。[②]

三、蒙古华侨概况

蒙古国情较为特殊，1946年1月5日后才从中国版图分离出去，因此，在华侨问题上，区别于其他国家，较难有确切的认定与分别。目前，蒙古华侨人口4 300多人，约占蒙古总人口0.14%。[③] 华侨人数较少，且集中于首都乌兰巴托市内，多从事商业活动。此外，蒙古国内有一万多中国务工人员，主要集中于建筑业、矿产行业及其他专业技术领域。蒙古是我国的重要邻国，与我国共享4 000多千米的国境线，拥有得天独厚的地缘与亲缘优势，却仅有如此少的华侨，这是与历史及蒙古国情等特殊情况密切相关的。

旅蒙华侨史大致分为四个阶段，由四代华侨组成。中华人民共和国成立前，在蒙古独立的一系列动荡事件中，有两批国人莫名被迫成为华侨。第一批华侨是1924年前从山西、河北等地到外蒙古来做皮毛等生意的商人，因为蒙古独立而定居下来；第二批华侨是1945年8月抗战胜利，蒙苏联军从中国撤军时，因战乱等原因滞留蒙古。他们中的多数人来自内蒙古和东北，在蒙古以做建筑工、开饭馆、做小买卖为生。受历史变迁和地缘变化的影

---

① 《"跨越时空的对话——纪念文学巨匠汤显祖和莎士比亚逝世400周年"巡回展巴黎开幕》，人民网：http：//world. people. com. cn/n1/2016/0915/c1002 -28717583. html。

② 《2016年中蒙人文交流十大新闻》，中国驻蒙古大使馆网站：http：//mn. china-embassy. org/chn/zt/2016top10news/t1425836. htm。

③ 《蒙古国华侨华人概况》，中国侨网：http：//www. chinaqw. com/hqhr/2014/04 -21/1158. shtml。

响，中华人民共和国成立前后，旅居蒙古的华侨总数约为 1 万人，多从事各种手工业、农业种植业及采矿业方面的工作。当时蒙古为一个以畜牧业为主的国家，全国人口仅 100 余万人，华侨占蒙古总人口的 1% 左右。

中华人民共和国成立的消息传到蒙古后，大批华侨要求回国，其中以第二批华侨为甚。华侨强烈的归国要求，除因被迫为侨、长期与国内亲人音信隔绝外，更主要的是蒙古政府的防范政策使华侨在这一时期较难融入蒙古当地社会。这些政策包括华侨不加入蒙古籍就不准入中学、大学读书，也不准学习专门的技术；华侨购买物品比蒙古人更受限制，在蒙古物资困难的情况下，华侨连许多生活必需品都较难买到，有时一盒火柴也需要数天才能买到。在如此的差别对待与生活的窘境下，华侨纷纷要求回国。蒙古当局对华侨回国一事表示否定。究其原因在于蒙古地广人稀，劳动力本就不足，再加上华侨多为手工、种植等行业的专业技术人才及矿区工人等稀缺人才，华侨回国，势必会影响到蒙古本国的生产。在综合考虑华侨境况与诉求及蒙古方面的实际情况后，周恩来总理专门就此问题给予指示，表示中方愿意动员一批工人赴蒙，以替换要求回国的华侨。这一方案虽然当时并未立即付诸实施，但也成了此后中国大规模派遣工人赴蒙援建的缘起。在此次蒙古华侨返国浪潮中，中方采取了区别对待和说服教育的方针，即凡属年老病弱或国内有亲属需要返国者，经征求蒙方意见后办理返国签证；对于在蒙古国有企业工作的青壮年或技术工人以及已毕业或尚未毕业的内蒙古留学生，则尽量说服教育，并特别加强对一般青壮年的说服教育工作，以动员这些“建设生力军”留在蒙古。通过上述方法，到 1953 年 7 月时，在蒙华侨剩余 7 000 余人，其中多数为建筑工人。

人员援助是冷战时期中国发展与其他社会主义国家关系的重要内容。据统计，1949 年至 1973 年间，在蒙古的要求下，中国政府累计派遣 26 000 多名工人赴蒙援建，其中 1955 年 7 451 人、1957 年 1 000 人、1958 年 2 370 人、1959 年 6 575 人、1960 年 639 人、1961 年 3 796 人、1964 年 3 700 余人。① 连同家属的话，则这一时期赴蒙的国人达到 3 万余人。这一时期中国赴蒙援建工人的命运，始终受到中苏关系变化的影响。在中苏矛盾和分歧公开化的过程中，夹在中苏之间的蒙古地位渐趋重要，一度成为中苏争取的对象。后因泽登巴尔的全面掌权，蒙古日趋倒向苏联，中蒙关系不断恶化，从而不可避免地导致中国工人最终撤离蒙古。在这个过程中，留在蒙古当地的援建工人，则成为蒙古的第三代华侨。

同赴蒙援建的工人一样，这一时期蒙古华侨的命运也受到中苏关系恶化的影响而遭遇了较为严重的蒙古排华事件。1983 年，全面依附苏联的蒙古当局要求乌兰巴托的蒙古华侨迁往外省偏远荒凉的牧区居住。这个无理要求遭到华侨拒绝后，蒙古遂要求华侨限期返回中国。最后导致了限期大批蒙古华侨 72 小时出境的排华事件。针对蒙古当局有意刁难华侨的行为，中国外交部门很快就做出了反应，在 14 次交涉未果后，近三分之二的蒙古华侨被迫返回祖国，主要分散安置在河北、山西、内蒙古等省份。我国相关侨务部门对这批蒙古难侨进行了较好的接待与安排，保证了他们正常的生活与工作。② 除这批受排华影响而回国的难侨外，这一时期还有部分蒙古华侨因思念家乡、部分蒙古侨生因升学而回国定居，这都致使这一时期的蒙古华侨数量大大减少。

---

① 谷继坤：《中国工人“赴蒙援建”问题的历史考察（1949—1973）》，《中共党史研究》2015 年第 4 期。

② 高伟浓、张应进：《蒙古归侨的社会适应初探——以山西省为例的分析》，《华侨华人历史研究》2015 年第 1 期。

20 世纪 90 年代初，伴随着苏联解体及中蒙关系的恢复，蒙古迎来了很多中国移民，即第四代蒙古华侨。蒙古开始采取民主政策后，华侨纷纷与国内亲友联系并开拓商机。尤其是蒙古归侨，利用自身与蒙古的广泛联系，开始与蒙古华侨合作，从发展边贸开始，为中蒙贸易、中资企业在蒙设厂及蒙古吸引中国投资做出了积极的贡献，成为中蒙之间不可忽视的一股重要力量。蒙古华侨的生活慢慢稳定下来，生活质量也逐渐获得改善与提高。

目前蒙古华侨多从事商业。在蒙古首都乌兰巴托市，有多家中餐馆，这些中餐馆大多是由华侨经营，生意较为火爆。乌兰巴托新建的大量楼房，许多是新侨建筑企业承建的。近年来新侨创办了数百家建筑建材公司，其中新侨投资的砖厂就达一百多家。相比蒙古国民，华侨的收入较为稳定，生活较为富足。因为追求安稳的生活，华侨很少涉足蒙古政治，也较少在政府部门任职。蒙古华侨较为重视子女对汉语和中国文化的学习。蒙古政府承认华校的学历，并规定就读华校的学生可以进入蒙古国内的大学深造后，越来越多华侨选择送自己的子女到华校读书。华校的开销多数需要华侨自己承担，中国驻蒙古大使馆也会提供相应的津贴，以保证蒙古华文学校的正常运转。

国家关注并重视华侨在当地的生存发展。每逢春节，中国驻蒙古大使馆都出席旅蒙华侨迎春联谊会①，并专门慰问旅蒙华侨。2017 年 1 月 31 日，中国驻蒙古大使馆举办新春慰侨送温暖活动。② 杨庆东与旅蒙华侨、蒙中友谊学校、华侨贫困户代表座谈，考察侨校并走访部分华侨家庭，转达邢海明大使和使馆的新春问候，并向他们送去慰问金和慰问品。他表示中国驻蒙古大使馆将一如既往地秉持"以人为本、外交为民"的理念，继续为全体旅蒙华侨提供真诚周到的服务和帮助。

四、蒙古华侨华人社团

旅居海外的华侨向来有建立社团以联络乡谊、互助互利的传统，蒙古华侨也不例外。因为历史原因与国际形势的影响，几经波折，蒙古华侨人数不多。目前蒙古国内仅有旅蒙华侨协会这唯一的侨团组织。旅蒙华侨协会成立于 1952 年，自成立以来受到了旅蒙华侨、中国政府、中国驻蒙古大使馆及社会各界的关心与支持。蒙古华侨人数较少，多沾亲带故，旅蒙华侨协会与会员的关系较为紧密，至今已成为联系蒙古华侨、关怀华侨民生、组织侨众活动、见证蒙侨发展的重要社团组织。

作为蒙古侨界最重要的社会力量及最有力的活动组织者，旅蒙华侨协会见证了蒙古华侨的奋斗史、爱国史及中蒙关系的发展史。在中国驻蒙古大使馆新春招待会③及各类外事侨务活动中都会见到旅蒙华侨协会的身影。每当在中国重大节日时，协会都会定期举办国

① 《邢海明大使出席旅蒙华侨迎春联谊会》，中国驻蒙古大使馆网站：http：//mn. china-embassy. org/chn/sghd/t1431602. htm。

② 《驻蒙古使馆慰问旅蒙华侨》，中国驻蒙古大使馆网站：http：//mn. china-embassy. org/chn/sghd/t1435174. htm。

③ 《驻蒙古使馆临时代办王福康举行旅蒙华侨和在蒙中资企业代表春节招待会》，中华人民共和国外交部网站：http：//www. fmprc. gov. cn/web/gjhdq_676201/gj_676203/yz_676205/1206_676740/1206x2_676760/t790467. shtm。

庆庆祝联欢会[①]、庆祝农历新年活动，邀请使馆工作人员、在蒙华侨华人、中资企业、孔子学院及留学生等社会各界代表参加庆贺，成为中国传统文化及亲情乡谊的联络者与推动者。侨协的身影深入侨界，常常代表侨界发声，支持祖国的决议，表达蒙古侨胞的心声。[②] 2013 年 2 月 28 日，旅蒙华侨协会主办的“追忆历史，珍惜现在，展望未来”华侨图片展在旅蒙华侨学校文体中心开幕。图片展共展出图片 380 余幅，分为中蒙两国领导人与华侨华人合影、旅蒙华侨协会发展历史、旅蒙华侨学校发展历史等八部分。[③] 这些珍贵的图片见证了蒙古华侨史最珍贵的记忆。除了举办活动外，协会还致力于在日常生活中服务侨众。旅蒙华侨协会会长白双占表示：“当前华侨的文化素质和生活质量大大提升。原来华侨大多聚居在蒙古首都市中心区名为‘一百户’的地方，现在大都搬到博格达小区，分散到不同的楼房中。要发挥‘抱团精神’，我们华侨协会的担子更重了。”[④] 对此，旅蒙华侨协会每月印发专门的免费报刊，发送到乌兰巴托 30 多个华人单位、中国餐馆及华人旅社，并展开与蒙古华侨华人的定期交流，在具体事项中为他们服务，以更好地彼此守望、互相照应。此外，旅蒙华侨协会重视华资企业在中蒙经贸中的重要作用，将与在蒙投资的华资企业建立广泛联系，加强新老华侨的沟通交流成为协会的重要工作。

除了传统性的侨团外，近年来蒙古华侨新建了很多地缘性的商会组织，成为蒙古侨界中另一股重要的新兴力量。这些商会组织主要有蒙古国中华总商会、蒙古国福建总商会、浙蒙经贸促进会、蒙古国内蒙古商会等。蒙古国中华总商会是中国在蒙古最大、最具有影响力和代表性的华人企业联合会。总商会成立 13 年来，在中国大使馆的支持和帮助下，不断发展壮大，已成为拥有 114 个会员企业的大商会。多年来，商会积极进取、主动服务，为在蒙中资企业搭建了信息交流、帮扶互助、对外交流、经济活动四大平台，先后举办了中资企业同蒙古总理见面会、蒙古法律法规论坛等重要活动，有力地促进了中国企业在蒙发展，扩展了企业的业务范围。地方性的商会，如蒙古国福建总商会亦已初具一定的规模。商会成立七年来，已拥有 50 多个成员单位，在蒙投资涉及矿产、房地产、服务、餐饮等多个行业，为促进中蒙经贸合作做出了积极贡献。历任驻蒙古大使都十分重视商会的发展及商会在中蒙经贸中的重要作用，先后接见商会成员，了解商会情况，听取商会汇报。[⑤] 2011 年 12 月 14 日，中国驻蒙古大使馆王福康代办更在使馆召开中资企业商会会长

---

① 《旅居蒙古华侨协会举办国庆 62 周年联欢会》，中华人民共和国外交部网站：http：//www. fmprc. gov. cn/web/gjhdq_676201/gj_676203/yz_676205/1206_676740/1206x2_676760/t864616. shtml；《驻蒙古大使王小龙出席旅蒙华侨协会举办的庆龙年活动》，中华人民共和国外交部网站：http：//www. fmprc. gov. cn/web/gjhdq_676201/gj_676203/yz_676205/1206_676740/1206x2_676760/t904191. shtml；《驻蒙古大使邢海明出席华侨协会 2015 年国庆招待会》，中华人民共和国外交部网站：http：//www. fmprc. gov. cn/web/gjhdq_676201/gj_676203/yz_676205/1206_676740/1206x2_676760/t1302622. shtml。

② 《旅蒙古国华侨协会发表声明》，人民网：http：//world. people. com. cn/n/2014/0227/c1002－24486824. html。

③ 《驻蒙古大使王小龙参加首届旅蒙华侨图片展》，中华人民共和国外交部网站：http：//www. fmprc. gov. cn/web/gjhdq_ 676201/gj_676203/yz_676205/1206_676740/1206x2_676760/t1017697. shtml。

④ 《旅蒙华侨协会会长：蒙古华侨用团队精神拥抱成功》，中新网：http：//www. chinanews. com/hr/2012/05－23/3908985. shtml。

⑤ 《驻蒙古大使王小龙会见蒙古国中华总商会理事》，中华人民共和国外交部网站：http：//www. fmprc. gov. cn/web/gjhdq_676201/gj_676203/yz_676205/1206_676740/1206x2_676760/t811999. shtml；《驻蒙古大使邢海明会见蒙古国中华总商会理事会成员》，中华人民共和国外交部网站：http：//www. fmprc. gov. cn/web/gjhdq_676201/gj_676203/yz_676205/1206_676740/1206x2_676760/t1320296. shtml。

座谈会①，邀请蒙古国中华总商会会长张春山、蒙古国福建总商会会长连东升、蒙古国内蒙古商会会长刘巴特、浙蒙经贸促进会会长薛化栋等出席会议，并广泛讨论各商会的特点、优势和困难等问题，以寄希望于商会这一平台，为在蒙中资企业提供更多、更好的服务，为发展中蒙经贸合作关系做出新的贡献。

新形势下，商会的作用益发凸显。2015年12月11日，驻蒙古大使馆和蒙古国中华总商会在乌兰巴托共同主办在蒙中资企业践行"一带一路"战略高峰论坛，在蒙中资企业主要负责人和商会代表共200多人出席。② 2015年12月29日，由蒙古国中华总商会、浙蒙经贸促进会与蒙古国雇主联盟共同举办的首届中蒙企业家友好合作新年联谊会在乌兰巴托成功举行。③ 相信今后，商会必将会继续紧密团结，为加强中蒙互利合作、推动中蒙经贸务实合作做出新的努力。

此外，蒙古还有旅蒙华侨华人妇幼联合会。作为蒙古侨胞最重要的妇幼团体，2017年3月8日，驻蒙古大使馆政务参赞高凤英代表中国大使馆出席旅蒙华侨华人妇幼联合会举办的庆"三八"妇女节联欢会。④ 旅蒙华侨华人200余人出席此次联欢会。旅蒙华侨华人妇幼联合会于2010年发起成立，在短短的几年里，队伍不断壮大，积极促进旅蒙华侨华人妇女融入当地社会，热心关爱弱势群体，积极开展社会文化活动和公益活动，为传播中华文化做出积极贡献。

五、蒙古华校与华教

（一）旅蒙华侨友谊学校

旅蒙华侨友谊学校是蒙古目前唯一一所华文学校，学校属于私立性质，在蒙古开展汉语教育方面有一定的影响力，被中国国务院侨办评为海外华文教育示范学校，其历史可溯及1956年9月在乌兰巴托成立的培才学校。培才学校是中国政府为解决当时赴蒙援建工人子女教育问题而设立的，由周恩来总理亲自命名。培才学校同时招收华侨学生，由于中蒙两国关系的交恶，培才学校规模逐渐缩小。为解决当地华侨子弟的教育问题，时任旅蒙华侨协会会长的赵廷源先生于1964年9月在培才学校的基础上创建了华侨子弟学校，随着1989年中蒙关系正常化，特别是自90年代中期开始，蒙古对汉语的需求日渐升温。应蒙古学生家长的要求，华侨子弟学校自1993年开始招收蒙古本地学生。为了顺应时代发展的要求，经有关方面研究批准，华侨子弟学校于1999年9月29日更名为旅蒙华侨友谊学校。2001年在国侨办、中国驻蒙古大使馆、香港浸信会联会、旅蒙华侨协会等单位的大力协助下，学校建成了1 440平方米的新校舍，拥有14个教室、1个电脑室、1个体育馆，

---

① 《驻蒙古使馆临时代办王福康召开在蒙商会座谈会》，中华人民共和国外交部网站：http：//www. fmprc. gov. cn/web/gjhdq_676201/gj_676203/yz_676205/1206_676740/1206x2_676760/t887418. shtml。

② 《驻蒙古大使馆成功举办在蒙中资企业践行"一带一路"战略高峰论坛》，中华人民共和国外交部网站：http：//www. fmprc. gov. cn/web/gjhdq_676201/gj_676203/yz_676205/1206_676740/1206x2_676760/t1323671. shtml。

③ 《首届中蒙企业家友好合作新年联谊会在蒙成功举行》，中国驻蒙古大使馆网站：http：//mn. china-embassy. org/chn/sghd/t1444849. htm。

④ 《高凤英参赞出席旅蒙华侨华人妇幼联合会举办的庆"三·八"妇女节联欢会》，中国驻蒙古大使馆网站：http：//mn. china-embassy. org/chn/sghd/t1444849. htm。

学校办学规模进一步扩大，教学质量也进一步提高。学校目前共有600余名学生，其中94%为蒙古学生，教职工40余人，现设有小学至高中和全日制班21个。[①] 学校秉承“友谊、求实、奋进、创新”的理念，多年来培养了一大批蒙古优秀青年，为中蒙两国友谊做出了积极贡献。

旅蒙华侨友谊学校的发展得到了社会各界的支持与帮助。2015年11月13日，中国驻蒙古大使邢海明等出席旅蒙华侨友谊学校举办的年度教学成绩庆功会，12月28日，他代表大使馆向该校捐赠了20万元人民币和1 000万图格里克，用于资助优秀学生和贫困家庭学生就学。2016年9月6日，中国驻蒙古大使馆捐赠仪式在旅蒙华侨友谊学校隆重举行，邢海明大使出席仪式并代表大使馆向旅蒙华侨友谊学校捐款，用于修建中蒙友好交流中心。[②] 此外，中蒙教育文化基金和在蒙中资企业代表也向该校进行了捐赠。旅蒙华侨友谊学校的发展，为推动中蒙人文交流做出了贡献，为推动中蒙友好关系发展做出了贡献。

（二）蒙古华文教育发展

蒙古华文教育发展的原因包括以下几个方面。首先是蒙古当局实行民族政策以来，对华校教育持肯定和支持的态度。蒙古政府承认华侨的学历，允许就读华侨学校的学生毕业后可进入蒙古国内的大学深造。华校的课程参照中国国内的标准，以华文为主要语言媒介，并注重传授蒙古文，方便学生日后到蒙古的大学深造。这就解除了许多华侨及当地民众的后顾之忧，更多人愿意选择送子女到侨校读书，这样既不耽误升学，又可以学习华文、感受中华文化。其次是持续升温的中蒙关系及中国在蒙社会经济生活中益发重要的地位，使华文教育日益受到重视，越来越多的蒙古人开始主动学习华文。在新形势的影响下，蒙古于2007年颁布的新课程改革理念“2006—2015年蒙古国教育发展主要规划”里提出，高中阶段将汉语列为选修第二外语之一。这体现了蒙古政府对汉语教学的重视，也直接促进了华教的发展。近年来，蒙古汉语教学发展迅猛。据不完全统计，蒙古全国现有30多所大学及30余所中小学开设汉语课，其中绝大多数学校采用汉语授课，还有部分学校是专门的中文学校。目前，在蒙古的外语教学中，使用汉语教学的学校数量和规模仅次于英语，位居第二，汉语也成为仅次于英语的蒙古第二大外语。

随着近些年中蒙两国人文交流的加强，2008年5月，蒙古国立大学孔子学院挂牌成立。2010年6月，乌兰巴托中国文化中心揭牌设立。这些既是中国热、华文热的写照，也是蒙古华文教育发展的重要动力。汉语教师是推动华文教育发展的重要力量。2014年10月21日，中蒙两国签署《中国孔子学院总部/国家汉办与蒙古国教育科学部关于组织汉语教师志愿者赴蒙古任教的协议》。[③] 根据相关协议，2014—2015学年，中方派出174名汉语教师志愿者到蒙古51所学校任教。该《协议》对汉语教师志愿者赴蒙古国任教的机构、期限、数量、管理和教学工作及有关各方的职责做出了明确规定，自双方签字之日起生效，为期5年。2016年9月25日，中国驻蒙古大使馆文化参赞李薇参加了2016—2017学年度赴蒙汉语教师志愿者到岗培训开班仪式，赴蒙汉语教师志愿者管理教师及志愿者90

---

① 扎娜：《蒙古国旅蒙华侨友谊学校高年级汉语课教学现状调查》，东北师范大学硕士学位论文，2014年。

② 《中国驻蒙古国大使馆向旅蒙华侨友谊学校捐赠修建中蒙友好交流中心》，中国驻蒙古大使馆网站：http：//mn. china-embassy. org/chn/sghd/t1395540. htm。

③ 《中蒙续签汉语教师志愿者赴蒙任教协议》，环球网：http：//china. huanqiu. com/News/fmprc/2014 – 10/5175736. html。

余人出席。[①] 近两年来，每逢春节驻蒙古大使馆都会参加在蒙汉语教师志愿者的迎新春活动。2016年1月24日及2017年2月19日，驻蒙古大使邢海明等都出席联欢会，同教师志愿者们共同欢庆新春。[②] 这些汉语教学的志愿者担负起了发展蒙古华文教育的重任，为蒙古持续升温的汉语学习热贡献了自己的力量。

六、结论与思考

蒙古华侨的生活状况及社会境遇与蒙古国情及中蒙关系的发展有着直接的关系。一方面，不管中蒙两国国家关系如何，汉蒙两族之间都有着数千年的融合、依存及割舍不断的兄弟情谊。中蒙文化相通、习俗相近，蒙古华侨与蒙古国民有着天然的联系。另一方面，由于历史及现实的一些原因，蒙古华侨在蒙古始终处于较尴尬的状态。蒙古对中国存有戒心，使得华侨在蒙的待遇一向不佳，直到近年中蒙两国关系改善，中国投资大幅提升后，华侨处境才获得明显的改善。尽管如此，蒙古华侨内心仍有焦虑与担心，也因此始终保持低调谦谨的作风。受蒙古国情及经济发展状况制约，我国在蒙务工经商人数较多，但移民人口较少。在蒙华侨在数量上没有较大提升，华侨中更是有不少仍心向祖国。再加上《蒙古国外国公民法律地位法》规定，各国外国公民在蒙因私居住人员不得超过蒙总人口3%，一个国家在蒙因私居住人员不得超过蒙总人口1%。按蒙古现有人口约306万计算，即一国因私在蒙的人口不得超过3万人。无论从主观还是客观上都决定，在蒙华侨及务工人员的数量和现今相比，都不可能有较大的提升。华侨如何在蒙自处、如何较好地融入和归化当地，始终是蒙古华侨所要面对的重要问题。

蒙古持续升温的中国热及中蒙两国"全面战略伙伴"关系的发展，为蒙古华侨更好地生存和发展提供了坚实基础。蒙古华侨华人在推动新时期中蒙经贸，发展蒙古中餐馆、建筑建材业、其他专业技术领域及促进中蒙人文交流及邻邦友好中发挥着重要的作用；在蒙中资机构工作人员是中蒙务实合作的主力军，是"丝绸之路经济带"与"草原之路"倡议对接的践行者和中蒙共同发展的推动者、见证者；汉语教师志愿者是中华文化的传播者和中蒙友谊的重要使者。他们共同担负着促进新时期中蒙友好、中蒙互利、中蒙共荣的重任。

在旅蒙华侨华人利用自身独特优势，为蒙古社会、经济及中蒙友谊做贡献的同时，如何保证华侨华人在蒙古当地的人身财产安全也是我们需要关注的问题。近年来，随着赴蒙古从事商务活动、旅游和学习的外国人数量不断增加，蒙古境内针对外国人的盗窃、抢劫、诈骗活动数量也随之攀升。当地诸如"蓝色蒙古""泛蒙古运动"等排华、反华组织，经常针对华侨和中资企业进行盗窃和抢劫活动。据蒙古国警察部门统计，2010—2013年共有365名外国公民遭到违法行为的侵害，其中中国公民155人。[③] 在蒙中国劳务人员酒后同蒙古公民发生争执、在蒙中资企业员工在公共场所遭到蒙方人员滋扰等事件也时有

---

① 《李薇参赞出席2016—2017学年度赴蒙汉语教师志愿者到岗培训开班仪式》，中国驻蒙古大使馆网站：http：//mn. china-embassy. org/chn/sghd/t1400550. htm。

② 《在蒙汉语志愿者教师欢度新年》，中国驻蒙古大使馆网站：http：//mn. china-embassy. org/chn/sghd/t1334478. htm。

③ 《蒙古国投资指南》，中华人民共和国商务部网站：http：//images. mofcom. gov. cn/mn/201512/20151210155815172. pdf。

发生。个别蒙古政客和媒体为捞取政治资本或赚取关注度而炒作“中国威胁论”，部分蒙古民众抱怨中国人“抢走”当地的就业机会，少数中国人炫富、商业欺诈和破坏环境等不良行为的曝光及部分中蒙民众在历史问题上的不同认知，都造成了中蒙关系稳步发展大局下的偶发冲突。在中蒙关系日益密切的今天，在蒙古华侨华人地位及生活状况逐步改善并担负起重要使命的情况下，如何正确引导、利用华侨华人力量，调动华侨社团及华人商会参与新时期中蒙经济建设及和平友好事业，鼓励华校及汉语教师志愿者传播中华文化，努力发展侨教以提高我国的软实力，保障华侨华人的合法权益及人身财产安全，已经成为新时期我们在认识和处理相关侨务问题时所需要首先关注和思考之所在。

俄罗斯

一、俄罗斯基本国情

俄罗斯是“一带一路”沿线最重要的国家之一，其国土横跨欧亚大陆，北邻北冰洋，东濒太平洋，西接大西洋，西北临波罗的海、芬兰湾，面积为1 707.54万平方千米。作为世界上邻国最多的国家之一，俄罗斯西北面有挪威、芬兰，西面有爱沙尼亚、拉脱维亚、立陶宛、波兰、白俄罗斯，西南面是乌克兰，南面有格鲁吉亚、阿塞拜疆、哈萨克斯坦，东南面有中国、蒙古和朝鲜，东面与日本和美国隔海相望。俄罗斯地形以平原和低地为主，其中平原、低地和丘陵占国土的60%左右，高原和山脉各占20%。

俄罗斯人口数量为1.46亿，居世界第七，由于国土广阔，俄罗斯人口密度低，且分布极不平均，人口主要集中在中央区、伏尔加河沿岸区、北高加索区和乌拉尔区。俄罗斯是世界上民族最多的国家之一，共有194个民族，其中俄罗斯族约占总人口的77.7%①，主要少数民族有鞑靼、乌克兰、巴什基尔、楚瓦什、车臣、亚美尼亚、阿瓦尔、摩尔多瓦、哈萨克、阿塞拜疆、白俄罗斯等族。俄语是俄罗斯联邦全境内的官方语言。俄罗斯主要宗教为东正教，其次为伊斯兰教、天主教和犹太教。根据全俄民意研究中心的调查结果，50%—53%的俄民众信奉东正教，10%信奉伊斯兰教，信奉天主教和犹太教的各为1%，0.8%信奉佛教。

俄罗斯概况②

国家全名	俄罗斯联邦
地理位置	横跨欧亚大陆
领土面积	1 707.54万平方千米
首都	莫斯科
主要语言	俄语
主要民族	俄罗斯族
政体	总统制共和制

① 俄罗斯国家概况（2017年1月更新），中华人民共和国外交部网站：http：//www.fmprc.gov.cn/web/gjhdq－676201/gj－676203/0z－678770/1206－679110/1206x0_679112/。

② 俄罗斯国家概况（2017年1月更新），中华人民共和国外交部网站：http：//www.fmprc.gov.cn/web/gihdq－676201/gj－676203/0z_678770/1206_679110/1206x0_679112/。

（续上表）

执政党/主要反对党	统一俄罗斯党/俄罗斯联邦共产党、公正俄罗斯党、俄罗斯自由民主党
现任国家元首/政府首脑	弗拉基米尔·弗拉基米罗维奇·普京总统/德米特里·阿纳托利耶维奇·梅德韦杰夫总理
人口数量	1.43亿（截至2013年1月1日）
华侨华人数量	约40万
华侨华人所占比例	0.276%
GDP	1.861万亿美元（2014年）
通胀率	12.9%（2015年）
失业率	5.6%（2015年）

注：经济数据来源于世界银行网站：http：//www.worldbank.org/en/country/russia；俄罗斯联邦统计局网站：http：//www.poccuu.org/0－tongjiju.htm。

二、中俄关系概况及其新发展

中俄两国于1991年12月27日签署《会谈纪要》，确认俄罗斯继承苏联与中国的外交关系。此后二十多年，中俄关系呈现不断上升的势头。1996年4月，中俄宣布建立“平等信任、面向21世纪的战略协作伙伴关系”，并确立国家元首和政府首脑定期会晤机制。2001年签署《中华人民共和国和俄罗斯联邦睦邻友好合作条约》，为两国发展长期战略协作伙伴关系奠定了法律基础。2008年，中俄签署《中俄国界东段补充叙述议定书》，彻底解决了历史遗留的边界问题，为两国战略协作伙伴关系的深入发展奠定了坚实基础。2010年9月，两国签署《中俄关于全面深化战略协作伙伴关系联合声明》。2012年6月，两国签署《中华人民共和国和俄罗斯联邦关于进一步深化平等信任的中俄全面战略协作伙伴关系的联合声明》。2013年3月，中国国家主席习近平对俄罗斯进行国事访问，两国元首批准了《〈中俄睦邻友好合作条约〉实施纲要（2013年至2016年）》，签署了《中华人民共和国和俄罗斯联邦关于合作共赢、深化全面战略协作伙伴关系的联合声明》。10月22日至23日，俄罗斯总理梅德韦杰夫访华，与中国总理李克强举行了第18次中俄总理定期会晤，两国政府签署了《中俄总理第十八次定期会晤联合公报》以及20余项合作协议，涉及经贸、金融、海关、卫生、旅游、教育、电信等领域。

2014年2月6日，中国国家主席习近平出席了在俄罗斯索契举行的第22届冬季奥林匹克运动会开幕式并与普京总统会晤，这是中国国家元首首次出席在境外举行的大型国际体育赛事开幕式，也是习近平主席连续第二年选择俄罗斯作为首访国，充分体现了中俄全面战略协作伙伴关系的高水平和特殊性。除了中国国家元首对俄罗斯的出访外，2014年，俄罗斯总统普京还两次访问中国。5月20日至21日，普京总统对中国进行国事访问并出席在上海举行的亚洲相互协作与信任措施会议第四次峰会（亚信峰会）。除了国家元首的互访外，两国政府总理也实现会晤，10月12日，中国总理李克强乘专机抵达莫斯科，这是李克强就任总理后首次对俄访问，10 月 13 日，李克强总理与俄罗斯总理梅德韦杰夫共同主持中俄总理第 19 次定期会晤。两国总理在会面后签署了俄罗斯经东线向中国提供天然气、两国全球卫星定位系统合作、高铁领域合作等 39 项协议和备忘录。

2015 年，中俄关系继续"升温"，双方高层往来频繁。习近平主席在 5 月和 7 月两次访问俄罗斯，同时俄罗斯总统普京和总理梅德韦杰夫分别于 9 月和 12 月访问中国，中俄全面战略协作伙伴关系保持着高水平发展，中俄两国在双边关系、国际战略、维护国际秩序等方面取得新的成果，尤其在战略与经济合作方面呈现"亮点"。5 月 8 日，中俄发表《中华人民共和国与俄罗斯联邦关于丝绸之路经济带建议和欧亚经济联盟建设对接合作的联合声明》。俄罗斯表示支持丝绸之路经济带建设，愿与中方密切合作，推动落实该倡议。中方表示支持俄方积极推进欧亚经济联盟经贸合作方面的协议谈判。此外，2015 年，中国倡议的亚洲基础设施投资银行正式成立，俄罗斯加入亚洲基础设施投资银行，体现出对中国承担更多国际责任和补充现有国际经济体系的支持。

二十五年来，中俄两国在政治、经济、人文、科技、军事等领域的合作均富有成效。政治上，中俄关系不断深化发展，成为新型大国关系的典范。两国在涉及国家主权、领土完整等国家核心利益问题上相互支持。在国际与地区事务上，以"不结盟、不对抗、不针对第三国"为指针，在促进世界多极化、稳定国际与地区安全形势上相互协作。在经济合作方面，自 1992 年中俄两国政府签署《中俄关于经济贸易关系的协定》以来，两国经贸合作取得长足的进展，据俄罗斯海关统计，2016 年俄中贸易额 661 亿美元，同比增长 4%，中国连续 7 年保持俄第一大贸易伙伴地位，在俄外贸中占比 14.1%。①

三、俄罗斯侨情概况

（一）华侨华人发展历史

华人移居俄罗斯的历史可追溯至 19 世纪中期。俄罗斯帝国与中国清王朝签订的一系列不平等条约将中国黑龙江以北、外兴安岭以南 60 多万平方千米的领土割让给俄罗斯，这些土地上世代生活着的中国居民除少部分内迁外，大部分成为俄罗斯属下的居民，形成了特定历史条件下的"割地成侨"。② 有资料显示，在签订《北京条约》期间，乌苏里地区有数千中国人，他们是猎人、淘金者、挖参人和流放到此的犯人。此外，清末中国人口急剧膨胀，土地与人口的矛盾日益尖锐，许多无地、失地或无生计的平民百姓外迁谋生。俄罗斯地处远东，疆域辽阔，且与中国东北江水相连，自然而然成为一些中国人向外迁移的目的地之一。③ 华人移民俄罗斯的新阶段开始于 19 世纪末，随着中东铁路的开通，农民、手工业者、商人等陆续移居海参崴、伯力等地。此后，由于开发远东对劳动力的需求迅速增长，俄罗斯国家部门和一些私人企业招募中国劳工到俄罗斯从事艰险的工作。这一时期来俄罗斯的中国侨民基本上都是青年人，他们迫于生计，远走俄罗斯。根据 1897 年

① 中华人民共和国商务部网站：http://oys.mofcom.gov.cn/article/oyjjss/201702/20170202515168.shtml。

② 李志学：《"割地成侨"：俄罗斯华侨华人史的特殊一页》，《学习与探索》2005 年第 5 期，第 157－160 页。

③ 强晓云：《帝国时期俄罗斯的中国移民：人文特征与管理体制》，《当代世界社会主义问题》2006 年第 1 期，第 58－59 页。

进行的一项普查，当时俄罗斯共居住着约5.7万中国人，其中远东地区有4.1万人。[①] 此后华侨数量继续增加，到1910年，按照当地的统计，远东地区的华侨人数已经达到11.14万人，[②] 由于存在非法移民的情况，普遍认为在俄罗斯的华侨实际数量比这个数字多。

苏俄十月革命和国内战争期间，部分华侨离开了动荡的俄国，但也有许多华工留在俄罗斯参加了苏联的革命事业。在新政权巩固后，有些华侨长期留在苏联军队工作，还有少部分华侨转为工人并最终成为苏联公民。随着远东地区中国人的增多，中国人自成体系的社团、语言及生活方式逐渐引起苏联政府的猜忌，20世纪30年代，日本占领了中国东北并成立了"伪满政权"，苏联以防范日本和"满洲国"为借口，迁移和遣返了在远东地区的近万华侨。[③] 中华人民共和国成立后，中苏成为盟国，两国开展了全方位的往来与合作，大批的中国留学生来到苏联，"他们中的绝大多数都学成回国，成为中华人民共和国国家建设的重要力量。但也有少数由于婚恋嫁娶关系留在苏联。根据苏联官方统计数字显示，1959年苏联境内有2.6万华人"[④]。随着此后中苏关系恶化，两国民间人员往来几乎中断，在苏联的华侨数量逐渐减少。

苏联解体后，中俄很快确立了友好合作关系，这为两国民间的交往奠定了良好的基础。20世纪50年代延续下来的中苏公务互免签证制度以及1992年签订的《中俄两国关于互免团体旅游签证的协定》极大地方便了中俄两国人民的往来，根据俄官方1994年公布的统计数据，仅那一年移民俄罗斯的中国人就有20 301人。此后每年进出俄罗斯的中国人基本稳定在50万人次上下。由于进入俄罗斯的中国人流动性较大，很难确切地统计在俄罗斯的中国人数量，根据中国学者的研究，2007—2008年中国在俄罗斯的新移民数量约有20万。[⑤] 而据俄罗斯学者估计，旅俄中国人的总数在20万到45万之间。总体上看，二十多年来，在俄罗斯已经逐渐形成了数量可观的华侨华人队伍，他们主要来自东北三省、山东、新疆、河北、浙江、福建等，主要聚居在莫斯科、圣彼得堡、叶卡捷琳堡、伊尔库茨克、海参崴、新西伯利亚等主要城市。

从俄罗斯华侨华人的历史发展来看，帝俄时期和苏联时期的华侨华人数量并不算多，但苏联解体后，俄罗斯华侨华人数量不断增加，据中国驻俄罗斯大使馆有关统计，长期居留在俄罗斯的华侨华人数量超过20万，俄罗斯方面的统计高于这个数字。目前在俄罗斯的华侨华人主要分为三类，一类是中国外交机构、商务机构以及新闻机构代表的人员等；第二类是中国的私人企业家、个体经商户、劳工等，他们的数量最多；第三类是到俄罗斯高校和科研机构留学的大学生和进行学术交流的访问学者等。总体上看，近二十年来，俄罗斯华侨华人数量迅速增长主要由于以下几个原因：

首先是政治因素。良好的政治关系是国家间开展一切交流活动的基础。苏联解体后，中俄两国迅速确立了友好关系，并且解决了此前长期悬而未决的边界问题，历史遗留问题

---

① 苏联中央统计局人口普查处：《全苏人口普查简报》第4辑，《苏联的民族与母语》，1982年。转引自阿·格·拉林著，阎国栋译：《俄罗斯华侨历史概述》，《华侨华人历史研究》2005年第2期，第3页。

② 国务院侨务办公室政研司：《华侨课题研究文集（2002—2003年度）》，2005年，第124页。

③ 阿·格·拉林著，阎国栋译：《俄罗斯华侨历史概述》，《华侨华人历史研究》2005年第2期，第12页。

④ 苏联国家统计委员会编：《苏联居民的民族构成》，1991年，第24－25页；转引自阿·格·拉林著，阎国栋译：《俄罗斯华侨历史概述》，《华侨华人历史研究》2005年第2期。

⑤ 朱秀杰、焦红：《1991年以来俄罗斯的中国移民构成分析》，《人口学刊》2010年第3期，第32页。

的解决为两国全面战略协作伙伴关系的深入发展奠定了基础。在中国发展睦邻友好关系的政治因素推动下，两国的友好往来具有了顺利发展的政治大环境。两国政府不断出台政策促进彼此开放，例如开放更多的边境口岸，实行两国人员往来互免签证等措施，这些措施使得到俄罗斯旅游观光、投资经商、求学深造以及借助俄罗斯进入其他欧洲国家的中国人越来越多，掀起了中国新移民到俄罗斯的高潮。

其次是经济因素。20 世纪 90 年代，俄罗斯实行了“休克疗法”，激进的改革措施造成社会激烈动荡和经济快速下滑，企业倒闭、通货膨胀、商品短缺。在经济结构上，俄罗斯的石油、天然气、森林等资源极其丰富，以航空航天和军事工业为代表的重工业发达，但长期以来，家电、纺织服装、农产品等与人民日常生活息息相关的轻工业、种植业和服务业落后。苏联解体后，由于经济陷入混乱，商品短缺现象极其严重。此外，俄罗斯劳动力不足，苏联解体后，一度出现了人口加快流失的情况。与此同时，90 年代以来，中国市场经济快速发展，商品丰富，企业生产能力强大，劳动力人口充裕，中国的经济发展恰好与俄罗斯的经济情况形成互补，迅速推动中俄经济联系，很多中国企业和商人到俄罗斯“填补”市场空缺，特别是 90 年代，一大批中国个体经商户——“倒爷”怀着发财致富的梦想进入俄罗斯从事商贸活动。可以说经济因素是促进华侨华人数量增长的最主要原因，中国的商业移民、生产移民和工作移民大量进入俄罗斯，成为新时期俄罗斯华侨华人的主体。①

最后是人口因素。俄罗斯地广人稀，是世界上人口密度最小的国家之一。俄罗斯的人口出生率一直较低，据 2010 年俄罗斯人口普查，俄罗斯人口的平均密度为每平方千米 8.3 人，不到世界平均人口密度的四分之一。苏联解体二十多年来，俄罗斯人口一直呈现负增长态势，除了人口总数呈现不断减少的趋势外，俄罗斯人口分布极不均衡是另一特点。莫斯科市和莫斯科州的平均人口密度是每平方千米近 400 人，而在 600 多万平方千米的远东地区，人口不到 700 万，其中楚科奇自治专区人口的平均密度仅为每平方千米 0.01 人。人口分布不均，致使人力资源的分布出现严重失衡，对俄罗斯地域经济发展极为不利。此外，这次俄罗斯人口危机还表现为老龄化严重、男女比例严重失调等特点。普京总统在 2013 年的国情咨文中重点谈到了人口问题，并提出要通过降低人口死亡率、提高人口出生率和实施有效的移民政策等措施来遏制人口减少趋势。中国作为世界上人口最多的国家之一，有着充裕的劳动力市场，这为中国人填补俄罗斯劳动力市场的空缺提供了客观条件。

（二）华侨华人在中俄经贸与人文交流中的作用

历史上，华侨华人为俄罗斯的经济建设和革命事业做出了贡献，近二十年来，新的华侨华人群体在中俄两国的经贸往来与人文交流中起到了重要的作用，成为中俄两国友好关系的推动者和历史见证者。

1. 丰富俄罗斯市场供给，服务中资企业

20 世纪 90 年代，俄罗斯经济陷入混乱，与居民生活息息相关的很多商品极为短缺。大批华人瞅准商机，将中国生产的各类商品带到俄罗斯，不仅为中国商品的销售扩大了市场范围，也丰富了俄罗斯的市场供给，解决了俄罗斯人民的生活所需。此后，尽管大批中

① 李凡：《俄罗斯华侨华人在促进中俄经贸、人文交流中的作用》（国务院侨办一般项目）。

国企业进军俄罗斯，但迄今为止，在俄罗斯市场，仍有大量的家电、服装、鞋袜等“中国制造”的商品是通过华侨华人商户这一渠道进入俄罗斯市场的。

俄罗斯资源丰富，市场空间大，对许多中国企业有较强的吸引力，但中国企业走进俄罗斯需要了解俄罗斯的政府法规和具体商情民情。目前，在俄罗斯取得成功的中资企业，在最初的市场调查、法律法规的咨询、风俗民情掌握以及对当地“潜规则”的了解等方面都离不开已经在当地生活了多年的华侨华人的帮助。按照俄罗斯的法规，企业需要“属地化”管理，必须聘请会讲当地语言的员工，在这方面，俄罗斯的华人具有独特的优势，对中资企业在俄罗斯的发展起到了重要的帮助作用。

2. 弥补俄罗斯劳动力不足，增加就业岗位

俄罗斯国土广袤，但人口数量不足，长期面临劳动力不足、分布不均和老龄化等问题，尤其是在邻近中国的东部地区，这些问题更为突出，严重影响着这些地方的经济发展。华侨华人不仅给俄罗斯带来商业上的繁荣，更重要的是增加了劳动力供给。以俄远东地区为例，华人的进入填补了建筑施工、农业种植、森林采伐、商品物流等许多领域的岗位，改变了远东地区大片土地荒芜的现象，也改变了远东地区蔬菜市场产品缺乏和价格昂贵的局面。建筑行业也是如此，高效率、技术娴熟且低成本的中国建筑商和工人深受当地政府和居民的欢迎，为当地开发做出了贡献。虽然有部分俄罗斯人担心中国人抢走就业机会，但中国人从事的领域多是劳动力严重短缺和当地人很少愿意从事的岗位。同时，中国人在当地从事商贸活动和劳动力补充，活跃了经济，扩大了政府的税收来源，增加了更多的就业机会。

3. 促进中俄人文交流，增进中俄友谊

华侨华人积极融入当地社会，举办了各类文化活动，促进中俄人文交流，如成功举办1997年莫斯科文化节、2000年莫斯科华人文化周、代表旅俄华人参加庆祝莫斯科建城850周年的大型活动等，这些活动对中俄人文交流起到了促进作用；此外，俄罗斯华人社团还积极组织华人为当地社会做善事，树立中华文化乐善好施的良好形象。如2000年8月，在莫斯科地铁爆炸案发生后，华人组织起来为伤员献血；2008年5月给俄罗斯孤儿院捐赠生活和学习用品。通过这些活动，提升了华人在俄罗斯的整体形象，扩大了影响，增强了凝聚力。华侨华人还通过创办华文媒体，在宣传中俄友好关系、介绍中俄国情、宣传中华文化等方面发挥着积极作用，增进了俄罗斯新侨对当地情况的了解，也为当地人了解中国文化增加了更多的渠道。

（三）华人经济、华人社团、华文媒体及华文教育概况

1. 华人经济概况

20世纪90年代至今，新一代华侨华人大多从事服装、鞋帽、皮货、蔬菜、粮食、木材等进出口生意，少部分从事餐饮、旅游、旅馆、酒吧等服务行业，也有部分华人在俄罗斯打工和从事农业。1991年起，除留学生和公派人员外，到俄罗斯的大多数中国人的主要目的是做生意，或者打工挣钱。随着俄罗斯经济逐渐恢复以及社会形势趋于稳定，华人的经济水平和规模也有所提升，一些华人在经济上逐步融入俄罗斯，为当地经济和社会发展做出了更多的贡献。目前在俄罗斯的华人华企相对集中在贸易、建筑、农业和餐饮业等行

业，可分成以下几个不同类型。第一类是从 20 世纪 90 年代到俄罗斯，发展到今天成为老资格的华人华企。他们在俄罗斯奋斗了一二十年，多数已经有了一定经济实力，在国内有固定的合作伙伴，在俄罗斯接客户的订单，或者有办公室、仓库进行仓储批发销售中国的轻工产品、建筑材料或小型设备等。第二类是在俄采购化工原料、木材和有色金属等，从事进口贸易。第三类是开办服务性公司，如在当地开中餐馆、组织国际运输清关一体化服务、签证服务、旅游服务、票务服务和办报纸、做广告等。总体上看，新世纪以来，随着中国经济的快速发展和国际地位的提升，在俄华人华企，无论是从经营规模、经济实力、驾驭市场的能力以及国际贸易水平、经验和人员素质上都有了极大的提升。他们是中俄经贸关系的重要桥梁，是两国人民友好往来的纽带，在异国他乡求生存、求发展的辛勤劳动中，为中俄两国的经济发展和贸易往来做出了贡献。

2. 华人社团概况

随着 20 世纪 90 年代以后华人新移民群体的形成，相对稳定的俄罗斯华人社会逐步发展起来，莫斯科、圣彼得堡、叶卡捷琳堡、新西伯利亚、伊尔库茨克、克拉斯诺亚尔斯克、乌兰乌德、海参崴等十几个城市都成立了规模不等的华人社团。比如莫斯科中俄文化交流中心（1992 年成立）、莫斯科华侨华人联合会（1993 年成立）和莫斯科中华总商会（1993 年成立）等。至今，在俄罗斯已经成立了华人、华商、企业家和同乡会等上百个华人社团。其中莫斯科的华人社团数量最多，较有影响的有：旅俄华人中国和平统一促进会、莫斯科华侨华人联合会、莫斯科中华总商会、俄罗斯远东中俄工商联会总会、莫斯科华侨华人妇女联合会等。上述社团与中国驻俄大使馆、国内侨务部门保持着经常性联系。如莫斯科华侨华人联合总会就是一个成立较早、规模较大、与外界联系比较广泛、组织活动较多、在当地华人社会较有影响的华人社团组织，它将新老华侨华人和不同行业、不同地区的华人团结在一起，对于华商加强内部联系与团结、协调外部关系、提高整体形象发挥着积极作用。总体上看，俄罗斯华人社团有这样几个特点：①由于俄对中国移民限制很严，旅俄华人绝大多数未获得在俄长期居住身份。因此，旅俄华人从心理上对母国有较强的依赖性。俄罗斯华人社团大多与国内和中国驻俄大使馆保持着较密切的联系。在政治上，他们热爱祖国、赞成国家统一；在经济上，华商将经营收益大部分汇回国内，而不像北美和东南亚国家的华人那样就地投资、就地发展。②俄罗斯华人社团不像东南亚华人社团以血缘和地缘为主，而是以业缘为主，以地缘为特征的同乡会所占比重不大，几乎没有血缘社团。③俄罗斯华人社团的目的性很强，就是组织起来、团结互助、维护华人的合法权利。

3. 华文媒体与华文教育概况

目前俄罗斯有十多家中文媒体，其中影响较大的有《莫斯科华人报》《莫斯科龙报》《华商报》《路迅参考》《华俄时报》《莫斯科晚报》《捷通日报》等。这些华文媒体在宣传中俄两国有关政策方针、介绍国情、传递资讯等方面发挥着积极作用。[1] 近年来，随着互联网蓬勃发展，俄罗斯华文媒体纷纷建立了自己的网站。除了路迅网、龙报在线、莫斯科华人报网等传统媒体转型而来的网站，原来一些不发行期刊和报纸的组织也纷纷建立了

① 欧阳向英：《成长中的俄罗斯华文媒体》，《对外传播》2010 年第 4 期。

自己的网站，成为新闻发布、华人交流的窗口。如圣彼得堡华人协会网站，俄罗斯华人论坛等，这些网络媒体成功地运用Web2.0全新理念，形成华人信息发布的集散地，信息量很大。①

近些年来，随着中国经济快速发展以及中俄两国关系的不断发展和人员往来日趋频繁，俄罗斯青年对汉语的学习热情也日益高涨，学习汉语在俄罗斯成为一种时尚。2009年启动的中俄互办“语言年”活动，成为汉语热在俄罗斯不断升温的催化剂，也对华文教育起到了重要的宣传与推广作用。目前，俄罗斯有中文学校十几所，俄罗斯各大高校都开设并正在增加汉语教学课程，此外，俄罗斯有20所高校已经成立了孔子学院，满足了俄罗斯大学生对学习汉语的需求。②

四、俄罗斯经济社会形势及其对华侨华人的影响

（一）俄经济陷入困难，影响华侨华人的生活与发展

2014年以来，俄罗斯遭遇西方国家的政治与经济制裁，俄罗斯经济遭遇了严重困难，外来投资锐减、资本流出加剧，加上国际油价大幅下跌，导致严重依赖能源出口收入的俄罗斯财政收入恶化，进而引发卢布贬值和通货膨胀。2016年，卢布兑美元已下跌50%。卢布的大幅贬值严重影响到了普通俄罗斯人的生活，在俄罗斯市场上，很多日常商品是从国外进口的，由于卢布的贬值，进口商品价格比往年要高出不少，物价上升造成俄罗斯民众的生活成本大幅上升。在这样的经济形势下，华人的生活和华商的经营也受到不同程度的影响。

一方面，卢布的不断贬值，对俄罗斯的华商群体造成较大的冲击。由于卢布贬值和经济动荡，俄罗斯华商群体的生意雪上加霜，面临成本上升、货物积压等困境，尤其是经营进口商品的店铺，汇率的变化让国外供货商发货时异常谨慎。对于华商而言，卢布贬值导致物价上涨，在俄罗斯销售的进口商品价格涨得厉害，销售会较困难。在严峻的经济形势下，俄罗斯民众纷纷“捂紧”钱袋子，削减消费开支，许多华商的生意不好做。另一方面的损失来自直接的汇率损失。由于卢布贬值迅速，在俄罗斯经商的华人挣到的卢布利润迅速缩水，为避免卢布捏在手里迅速贬值，华商纷纷抢着去兑换美元，抛掉手里的卢布以避免贬值带来的更大损失，但是，下半年俄罗斯政府加强了资本管制，他们发现自己手里的外汇按以往的渠道汇到国内已经有些困难。目前一些在俄罗斯从事贸易的华人企业开始缩小业务规模，其中经营服装鞋帽的小商贩和餐饮店生意明显清淡，主要原因是以前俄罗斯人是这些商店的主要顾客，现在卢布大幅贬值更不敢大手花钱，而是将支出集中到了生活必需品上，如柴米油盐、鸡鸭鱼肉等，减少了对服装上的开支，也减少了外出用餐的次数。由于华商在俄的生活成本也在增加，此消彼长，一些店主已经暂时弃店回国。另外华商还可能面临债务危机，因为在俄罗斯很多经营都是赊账结算，经济危机会导致债务偿还困难，继而使资金断链，加上俄罗斯经济现状，华商可能会感到困难加剧。一位华商感

① 王忠：《俄罗斯华文主流媒体网站概述》，《新闻知识》2012年第1期。

② 《俄罗斯高校汉语热持续升温》，网易新闻：http：//news.163.com/12/1102/07/8F9OGLCN00014AEE.html。

叹："俄罗斯的淘金时代已经伴随卢布贬值结束，而且货币危机不知会持续多久。"①

（二）俄罗斯加强与中国的经济合作关系，有利于为华侨华人提供更多的经济发展机会

由于乌克兰问题，俄罗斯与西方国家的关系陷入冷战结束以来的最低点，西方国家对俄罗斯实施了经济制裁，给俄罗斯造成了严重的经济困难。为了减轻对西方国家的市场与资金依赖，俄罗斯被迫将发展经济合作的主要方向转向"东方"，积极挖掘与中国、韩国、印度以及越南等东南亚国家的经济合作关系。其中中国作为世界最大的经济体之一，并且一直与俄罗斯保持着友好合作关系，因而特别受到俄罗斯的重视。2014 年 10 月，李克强总理访问俄罗斯期间，中俄签署了包括能源、航天航空、交通等领域合作等 39 项协议和备忘录。俄罗斯政府已经表示愿与中国共同努力，充分挖掘两国合作的潜力，在这样的背景下，俄罗斯有望对中国开放更多的经济合作空间。在中俄进一步扩大经济合作空间的前景下，华侨华人也有机会参与其中，特别是俄罗斯远东地区的开发可能为华人提供更多的经济发展机会。

2014 年底，俄罗斯加快远东开发的政策趋于明朗。俄罗斯远东地区经济发展长期落后，普京总统在 2012 年曾提出"向东看"战略，把远东地区的开发提高到国家战略的高度，列入政府的优先发展目标，并专门新设立"远东发展部"。但由于远东地区地广人稀，经济基础薄弱，要实现远东发展的目标，需要大量的资金、技术和劳动力，这些条件仅仅依靠俄罗斯自己的力量是不可能实现的，因此远东开发迟迟没有大的进展。历史上，华人在开发远东地区起到过重要的作用，当前在俄远东地区的华人数量远超其他亚太国家在该地区侨民的数量，华人已经熟悉当地环境，就客观条件来说，华人是俄罗斯开发远东最便利的力量。

此前由于俄罗斯的法律不完善及俄罗斯政府和当地居民对华人华资持有顾虑，使华人华资在当地投资和开展经济活动受到限制，华侨华人也有很多顾虑。在经济形势尤为严重的 2014 年，开发远东，吸引更多来自亚洲国家的资金和技术成为俄罗斯政府紧迫的任务。俄远东开发的政策将进一步明朗化，2014 年 12 月，俄罗斯副总理兼总统驻远东联邦区全权代表特鲁特涅夫一行访问中国，会见了汪洋副总理，特鲁特涅夫介绍了建立俄远东跨越式开发区等情况，表示希望中方积极参与俄远东开发合作。俄罗斯将在远东地区设立类似中国深圳的经济特区，实行对参与投资的企业 10 年内减免 90% 的税收优惠。11 日，特鲁特涅夫在北京举行的"中俄远东地区合作圆桌会"上表示，将把俄远东地区建设成为"俄罗斯的深圳"。他呼吁中国企业踊跃投资，并承诺给予各种优惠待遇。俄方还决定设立"迎资局"，专门为外资企业提供"行政优惠"。俄高层近年来大力推动的"转向东方"战略、东部开发战略，俄副总理的此番讲话给人们的强烈印象是，俄政府真的要敞开怀抱欢迎中国企业进入了。一旦俄罗斯真心实意地对中国资本"敞开怀抱"，远东开发的新措施将为中俄经贸关系发展提供新机遇，促进中俄的区域合作。在俄罗斯对华人华资的政策趋于开放和公平的背景下，华人华资也有望成为帮助俄罗斯远东开发的重要力量。随着"一

① 《危机之下俄罗斯生意难做，钱都汇不出去》，中俄资讯网：http：//www. chinaru. info/huarenhuashang/eluosihuashang/31436. shtml，2014 年 12 月 18 日。

带一路”构想的逐步实施，中国开始加大力度推进中国企业走出去。尤其在2015年5月普京访华之后，俄罗斯邀请中国参与俄罗斯最大的经济特区——远东地区的开发，并提出希望中国能够成为远东地区开发的领跑者，促进两国互联互通。

五、俄罗斯侨情趋势及政策建议

中俄关系处于历史上最好的时期。首先，中俄政治和战略互信不断增强。边界问题的彻底解决，为中俄两国关系长期健康稳定发展清除了最大障碍。《中俄睦邻友好合作条约》将世代友好、永不为敌的和平思想和不结盟、不对抗、不针对第三国的外交理念以法律文件形式固定下来。中俄最高领导人良好的关系，以及中俄总理定期会晤机制等各类合作机制，为两国高层及时沟通奠定了基础。其次，到2016年，中国已经连续七年成为俄罗斯最大的贸易伙伴国，两国关系的物质基础更加牢固。同时，中俄两国关系的民意基础亦日趋深厚，在中俄互办“国家年”“语言年”和“旅游年”的推动下，两国人文交往蓬勃发展，内容不断充实，机制日益健全。两国人民的相互了解和信任进一步加深，夯实了中俄全面战略协作伙伴关系的民意基础。多年来，中俄两国权威民意调查机构的数据都显示，两国民众都把对方国家视为最友好的国家之一。可以预见，在今后相当长的一个时期内，中俄关系不会发生实质性的倒退。俄罗斯华侨华人主要来自中国内地，他们大多具有勤奋、坚韧、克己、不惹是生非的华人传统品性。随着新一代高素质华人移民数量比例的提高，以及母国政治经济地位的提高，旅俄华人的生活与发展也将有更美好的未来。

当然，在俄罗斯华侨华人生活与发展总体情况良好的同时，也有一些问题值得关注。俄罗斯与中国接壤，历史上曾经从中国掠夺了大量的土地，尽管中俄边境问题已经得到解决，但由于俄罗斯与中国相邻的地区地广人稀、人口稀少且持续负增长，俄罗斯政府对中国人在俄罗斯的居留始终保持着戒心和顾虑。尽管俄罗斯政府开放远东的决心很大，但俄罗斯中央和地方政府仍然没有完全放下担心华人控制远东经济命脉的“心理包袱”。对俄罗斯民众而言，面对越来越强大的中国，内心深处也存有一些不安全感。俄罗斯地广人稀的远东地区，在620万平方千米的面积上只有约七百万人口，而中国东北三省的人口则超过1.2亿，与俄罗斯接壤边界长度超过3 200千米，过去多年大量中国民众跨进俄罗斯远东地区贸易、工作和居住，俄罗斯曾估计，目前在远东地区的中国人口或超过100万人。不少俄罗斯舆论担心随着高速运输走廊的建设，尤其是中国至俄罗斯的高铁开通了之后，会有越来越多的中国民众前往俄罗斯居住，再加上俄罗斯人口老化及出生率低带来的人口危机，长此以往，居俄华人将会成为俄罗斯最大的少数族裔。在这种人口的巨大差异和漫长的边界下，不少俄罗斯舆论对中国“一带一路”这种增进两国经贸合作、增加人员往来以及互联互通的政策，既欢迎又担心。如何克服这种“心理包袱”，考验着俄罗斯政府的智慧。

此外，目前俄罗斯经济“向东看”主要还是集中在能源和军工两个领域。俄罗斯不仅在2014年5月与中国签署了东线天然气管道合同，还急切地催促中国签署西线天然气管道备忘录。在石油领域，俄罗斯石油公司同意向中方出售其属下万科尔石油公司10%的股份。此外，中俄双方就有关S-400反导系统、苏-35战机等重大军售项目达成协议。与以往不同的是，由于受到西方制裁，俄罗斯对华的技术和金融需求也在上升。俄罗斯油气、电信和航天领域近年来迅速扩大了从中国的装备进口数量，而为了减少美元交易潜在的风险，俄罗斯也与中国签署了货币互换和扩大双边贸易中本币结算的相关协议。[①] 尽管俄罗斯强化了与中国的"准联盟"关系，但其目前偏好亚洲的外交行为并不是因经济发展需要而驱动的，更多的是面对西方制裁的"无奈之举"。除与中国合作的几个大项目外，俄罗斯与中国的经济合作也面临着一些严重的问题。迄今为止，绝大多数俄罗斯与中国之间的重大项目都是中国的国有企业主导的，而中国的民营企业在俄中贸易中并不活跃。此外，中俄经贸合作中也常常出现不和谐的一幕，例如，2015 年 11 月，俄罗斯主导的欧亚经济联盟公布了关于采取对进入欧亚关税区源自中国的卡车胎实施反倾销关税的反倾销措施，表明中俄经贸合作还有许多需要加强沟通的地方。

从俄罗斯的社情上看，俄并不是一个传统的开放式社会，非常在乎民族的主体性，虽然迫于经济发展需要外来移民，但国内始终有一股民族主义情绪。特别是近些年来，随着中国成为世界最大的经济体之一，在经济总量上拉开了与俄罗斯的距离，一些俄罗斯人对在俄罗斯进行经济活动的华人怀有复杂的心情。体现在华人往往会成为敲诈、勒索的对象，但随着俄罗斯法律制度的完善和政府对腐败行为的打击，这些行为已经大为减少。但华人在俄罗斯仍应谨言慎行，一方面应该勇敢维护自己权益，另一方面应该遵守法律，避免为自己招惹麻烦。此外，近年来，俄罗斯经济形势的恶化还可能激化极右排外势力的活动，在偏远地区务工的华工则要注意人身安全，避免成为排外极右分子的攻击对象。另外，近些年，俄罗斯加大了对非法入境和滞留的外籍人士的打击力度，2013 年 8 月，《俄罗斯联邦行政违法行为法典》修订生效。根据新法规定，凡在俄无有效居留证件、有效证件遗失后未及时向有关部门申报，以及在规定居留期限到期后未按时离境的外国公民或无国籍人士均被视为违法。这些违反俄罗斯联邦入境、居留制度相关规定者，均需送交法院判决，处以 2 000 至 5 000 卢布罚款并被行政驱逐。在莫斯科市、圣彼得堡市、莫斯科州及列宁格勒州存在上述违法现象者，将被处以 5 000 至 7 000 卢布罚款并被行政驱逐。在这样的背景下，出现了多起俄罗斯警方抓捕和驱逐华人的事件，例如 2014 年 4 月，圣彼得堡移民部门以中国留学生无证无牌带旅行团为由，抓捕并起诉数十名中国留学生。[②] 2014 年 4 月 26 日，俄罗斯苏尔古特警方在一处生产基地拘捕了 200 名来自中国的非法移民，俄罗斯警方对这些据称来自中国的非法移民采取行政措施，当地法院也有可能对他们展开刑事调查。因此华人到俄罗斯从事经济活动，一定要通过合法渠道进入俄罗斯，并且在当地移民和外劳管理部门备案，以便当经济和人身安全受到威胁时得到法律的保护。另外，到俄罗斯务工的华人要注意了解当地法律并切实遵守。由于语言问题、个人素质问题以及其他原因，一些华人不了解旅居国的法律，想当然地将国内的一些习惯带到了俄罗斯，引起不必要的纠纷。因此，到俄罗斯务工和从事商业活动的华人应当避免类似的事情，了解清楚俄罗斯在相关领域的法律。在这一点上，一方面，除了务工华人自身的责任外，国内有关机构应该加强相关方面的法律培训；另一方面，驻中国俄机构、华人社团和"老"华人也应该积极主动地向新移民介绍俄罗斯的法律。

---

① 《俄罗斯经济"向东看"与中俄经贸合作前景》，中国网：http：//www. china. com. cn/opinion/think/2015 - 03/24/content_35139791. htm。

② 《俄罗斯以无证导游为由抓捕数十名中国留学生》，网易新闻：http：//news. 163. com/14/0419/06/9Q637I8L0001121M. html。

俄罗斯华侨华人在中俄经贸和人文交流中发挥着重要的作用，中国政府应该重视俄罗斯华侨华人的发展，在华侨华人权益受到侵害的时候，国家有关部门应及时与俄罗斯政府有关部门进行沟通协商，及时、有效地提供保护、支持与援助。国内有关部门及研究机构、我国驻俄大使馆和华人社团，应加强俄罗斯侨情的搜集和研究，及时掌握俄罗斯华侨华人最新动态，并依托信息交换机制，及时将掌握的俄罗斯市场动态、外贸政策、法律法规通报给国内有意去俄罗斯发展的企业和个人，以及已经在俄罗斯发展的华侨华人。国内相关部门也应加强对俄罗斯华侨华人的工作，定期出访、慰问老朋友、结识新朋友，广泛了解华侨华人所需、所思、所盼，帮助协调解决各种困难。

乌克兰

一、乌克兰基本国情

乌克兰位于欧洲东部，国土面积60多万平方千米，是欧洲领土面积第二大的国家。南临黑海和亚速海，北邻白俄罗斯，东北接俄罗斯，西连波兰、斯洛伐克、匈牙利，南同罗马尼亚、摩尔多瓦毗邻。乌克兰地理环境优越，国土肥沃，95%的国土为平原。1917年12月，建立乌克兰苏维埃政权，1919年1月成立乌克兰苏维埃社会主义共和国并于1922年加入苏联（西部乌克兰1939年加入）。1990年7月16日，乌克兰最高苏维埃通过了《乌克兰国家主权宣言》。1991年8月24日，乌克兰正式宣布独立，首都设在基辅。

乌克兰总人口4 555多万，共有130多个民族，主要民族为乌克兰族、俄罗斯族和白俄罗斯族，其中乌克兰族约占总人口的77%，俄罗斯族约占22%，其他为白俄罗斯、犹太、克里米亚、鞑靼、摩尔多瓦、波兰、匈牙利、罗马尼亚、希腊、德意志、保加利亚等民族。乌克兰官方语言为乌克兰语。主要宗教为东正教和天主教。

乌克兰概况

国家全名	乌克兰共和国
地理位置	欧洲东部，黑海、亚速海北岸
领土面积	60.37万平方千米
首都	基辅
官方语言	乌克兰语
主要民族	乌克兰族、俄罗斯族、白俄罗斯族
政体	议会制总统制
执政党	祖国党、自助党等执政联盟
现任国家元首/政府首脑	彼得·波罗申科总统/弗拉基米尔·格罗伊斯曼总理
人口数量	4 555万（2015年）
华侨华人数量	约1.8万
华侨华人所占比例	约0.04%
GDP	906.2亿美元（2015年）
通胀率	48.7%（2015年）
经济增长率	-9.9%（2015年）

数据来源：中华人民共和国外交部、世界银行、乌克兰国家统计署。

二、乌克兰与中国关系

1992 年 1 月 4 日，中国与乌克兰正式建立外交关系。建交后，中乌双边关系健康稳步发展。中国与乌克兰都非常重视发展双边关系，建交以来，国家元首和政府首脑多次互访，促进了中乌关系不断向前发展。1992 年 10 月 29 日至 11 月 3 日，乌克兰总统克拉夫丘克对中国进行正式访问，双方签署了中乌两国联合公报及其他 10 个文件。1993 年 4 月，乌克兰最高苏维埃主席普柳希访华。1994 年 9 月，中国国家主席江泽民对乌克兰进行正式访问，双方签署了《中华人民共和国和乌克兰联合声明》及一系列合作协定。同年 12 月，中国政府就乌克兰加入核不扩散条约发表关于向乌克兰提供安全保障的声明，这是中国政府发表的第一个向某一国家提供安全保障的政府声明。1995 年 12 月，乌克兰总统库奇马访问中国。1995 年 6 月，中国国务院总理李鹏访问乌克兰，双方签署了《中华人民共和国国务院总理李鹏正式访问乌克兰联合公报》等文件，同年 12 月，乌克兰总统库奇马访华，与江泽民主席和李鹏总理举行了会谈，就两国共同关心的双边和国际问题及进一步扩大两国经贸合作交换了意见，两国签署了《中华人民共和国政府和乌克兰政府关于发展与加深友好合作关系的声明》以及避免双重征税、和平利用宇宙空间、金融和统计合作等文件。2001 年 7 月，中国国家主席江泽民对乌克兰进行国事访问，两国元首签署了《中华人民共和国和乌克兰关于在二十一世纪加强全面友好合作关系的联合声明》等文件。2002 年 11 月，乌克兰总统库奇马对中国进行国事访问，两国签署了《中华人民共和国和乌克兰联合声明》等文件。2010 年 9 月 2 日至 4 日，乌克兰总统亚努科维奇对中国进行国事访问，访华期间，中国国家主席胡锦涛、全国人大委员会委员长吴邦国、国务院总理温家宝分别与亚努科维奇总统举行了会晤，双方签署了《中华人民共和国和乌克兰关于全面提升中乌友好合作关系水平的联合声明》。2011 年 6 月 18 日，中国国家主席胡锦涛对乌克兰进行国事访问，两国元首宣布建立和发展战略伙伴关系，确定了两国关系新定位。同年，中乌副总理级政府间合作委员会正式成立并举行第一次会议，两国经贸、农业、科技、人文等领域合作取得积极进展。2013 年 12 月 3 日，乌克兰总统亚努科维奇访问中国并会见中国国家领导人，习近平主席、李克强总理、张德江委员长等中方领导人同他就深化中乌战略伙伴关系、发展各领域务实合作达成重要共识，为两国关系发展注入新动力。中乌两国经济互补性强，自建交以来，双边经贸合作稳步发展，2016 年，乌克兰与中国货物进出口额为 64.9 亿美元，增长 5.2%。其中，乌克兰对中国出口 18.1 亿美元，减少 24.4%，占乌克兰出口总额的 5.0%，下降 1.3%；乌克兰自中国进口 46.8 亿美元，增长 24.1%，占乌克兰进口总额的 11.9%，上升 1.9%。

三、乌克兰侨情概况

（一）华侨华人历史发展

历史上乌克兰长期与俄罗斯合并在一起，因此乌克兰的华侨华人历史很大程度上包括在俄罗斯华侨华人历史中。具体到乌克兰这片土地，华人移居此地的初始时间难以考察，有稽可查的华人最早来到乌克兰生活的时间是在19世纪末20世纪初。乌克兰国家历史档案馆的档案资料表明，在世纪之交，首批中国人来到乌克兰。在1901年，经过敖德萨港进出的华人呈现一个小高峰，许多华人出入境经过这里。据俄罗斯帝国敖德萨（今乌克兰敖德萨）警察局的报告，仅从1900年12月至1901年12月，就有357名华人由此离境。在这些出入乌克兰的中国人中，其中有一些曾经旅居在乌克兰①。1906年，因俄国二月革命之缘故，一批华人离开俄罗斯，又形成一个华人出入境的小高峰，其中有100余华人经过敖德萨入境，同时有2 000余人出境。此后至第一次世界大战爆发，经常有一定数量的华人经过敖德萨出入乌克兰。②

第一次世界大战爆发之前，有一些华人经由远东陆路来到乌克兰的基辅、达夫里亚、波尔达瓦等地。这些华人主要是小生意人和小手工业者，也有不少是完全凭借体力谋生的苦力。能够万里迢迢来到乌克兰，并且在乌克兰的大小城镇中生活下来的华人，不同于一般的仅仅出卖体力的苦力。他们凭借自己的刻苦耐劳、精明信用以及独特的手艺，依靠自己辛勤的劳动，克服种种困难，在远离祖国的乌克兰生存下来。按照波尔达瓦省的报告，这些生活在乌克兰的华人是生意不错的小工商业者。他们制作、出售自己的纸制品和木制品，如灯笼、纸花、扇子和其他小工艺装饰品，还有的人做裁缝。③ 在当时旅居乌克兰的华人中，有一些人自幼就被带到乌克兰。乌克兰国家档案里记录了这样一个实例。1904年之后，有一个两岁左右的中国男童，被一个称为安德烈·拉夫林耶维奇·卡修拉的俄国军官从中国东北黑龙江带到乌克兰。男童没有中国姓名，取名为谢尔盖。谢尔盖由安德烈抚养、教育，曾先后在达拉舍、切尔卡萨等城镇生活。他学会了俄语、乌克兰语，还学会了铁匠、园艺等手艺，16岁时已经能够独立生活④。在切尔尼戈夫省的小车站也有一个于1911年从中国东北被带到乌克兰的中国男童赵金生（音译），俄文名字为叶甫盖尼。⑤

第一次世界大战时期，作为奥匈帝国与俄国战争的前沿，乌克兰遭受了重大的牺牲和损失。大量的青壮年被征召入伍，在战争中或死亡或伤残。此外，还有不计其数的乌克兰人为躲避战争逃离家乡。所以，在第一次世界大战中，乌克兰地区深感劳力的匮乏，地方当局考虑从东方招募华人劳动力。由于当时乌克兰是俄罗斯帝国的一部分，乌克兰招募华工受到俄罗斯政府有关政策的限制，因此考察乌克兰独立之前的华人移民情况，要与整个俄罗斯的华人移民情况联系起来。俄国政府对于雇佣华工的政策大致可分为三个阶段。第一阶段：1912年以前，华人来俄问题没有引起俄国政府注意，控制很松。第二阶段：1912年至1916年，由于中国辛亥革命之后的动荡局势，有相当数量的华人进入俄国。据俄国官方统计，自1901年至1910年，有15.2万华人来到俄国。华人来俄问题引起了俄政府

① 《基辅乌克兰国家中央历史档案馆档案》，卷宗339；转引自林军：《中国与乌克兰历史上的联系及十月革命前的旅乌华工》，《求是学刊》1995年第5期，第80－85页。

② 《基辅乌克兰国家中央历史档案馆档案》，卷宗268；转引自林军：《中国与乌克兰历史上的联系及十月革命前的旅乌华工》，《求是学刊》1995年第5期，第80－85页。

③ 《基辅乌克兰国家中央历史档案馆档案》，卷宗575；转引自林军：《中国与乌克兰历史上的联系及十月革命前的旅乌华工》，《求是学刊》1995年第5期，第80－85页。

④ 《基辅乌克兰国家中央历史档案馆档案》，卷宗440；转引自林军：《中国与乌克兰历史上的联系及十月革命前的旅乌华工》，《求是学刊》1995年第5期，第80－85页。

⑤ 《基辅乌克兰国家中央历史档案馆档案》，卷宗320；转引自林军：《中国与乌克兰历史上的联系及十月革命前的旅乌华工》，《求是学刊》1995年第5期，第80－85页。

的注意，并且试图加以控制。① 由于来俄华人所持护照仅用汉文，并且未经认证，俄帝国内务部警察署根据有关条例下令驱逐这些华人。② 第三阶段：1916 年 2 月以后，由于第一次世界大战中俄国尤其是乌克兰地区劳力奇缺，俄罗斯政府考虑雇佣华人以弥补劳动力欠缺。1916 年 2 月，俄罗斯内阁召开了在俄利用有色人种的专门会议，并于 3 月修改了以往的有关条令，放宽了限制。新规定允许贝加尔以西至伏尔加河以东，可以雇佣华人。而其他地区，包括乌克兰，每次均须经内阁、国防部和交通部的批准。第一次调整后的政策显然还不能适应大量需要华工的形势。南俄矿业者联合会执行委员会多次函请帝国内务部批准其雇佣华工，甚至有的人试图通过与内阁成员的私人关系打通雇佣华人的路子。③ 在这种情况下，俄罗斯内阁不得不再次放宽政策限制，规定贝加尔以西，除了战区之外均可使用华工。此外，内阁还规定了雇佣华工的许多优惠政策，如简化办理签证手续，华工可持哈尔滨总领事馆认证的护照入境，整车厢运送华工可按 4 等票价计价，为华工提供全程免费医疗，华工自带衣物、用品和工具运输免费等。④ 根据这一新规定，乌克兰地区可以雇佣华工。乌克兰地区急需华工的呼声最高，行动也最积极。南俄矿业者联合会很快开始行动。1916 年 9 月，联合会执行委员会请工商部全权代表批准将需要至少一万名华工用于乌克兰的矿业企业。联合会还决定成立远东局，专门负责为乌克兰招募华工，排除中间介绍人，直接或者受企业委托同中方签订合同，由远东局雇佣翻译人员护送华工抵达车里雅宾斯克，然后转车到基辅。前往乌克兰的大部分民用企业的华工大都是由该联合会的远东局负责的。

共有多少华工在第一次世界大战中前来乌克兰不可确估，仅西南战线工程建筑管理局自 1917 年初起至 6 月共招募了 16 批计 5 988 个华工经过基辅分配到西南战线各工程建筑队。⑤ 另外，根据 1921 年 5 月，旅俄华工联合会、苏俄外交人民委员会和劳动人民委员会等组织联席会议的统计资料，在乌克兰以及高加索地区的华工有 5 000 人，仅次于外贝加尔地区而居第二位，⑥ 这里面还不包括在军队服务的华工。粗略估计，第一次世界大战中在乌克兰的华工有 6 000—7 000 人。

在第一次世界大战后及俄国十月革命后俄国政权交替的社会混乱之中，在乌克兰的华人一部分返回祖国，一部分继续留在当地或参加了革命。例如在 1917 年底在乌克兰敖德萨港口的搬运工，以及在工矿企业从事采石的华工参加了红军，组织了专门的华工支队。⑦ 苏联成立后，一些华侨转为工人并最终成为苏联公民。中华人民共和国成立后，国家建设急需各类人才，向苏联派出了大批的留学生，其中一些留学生在乌克兰的大学深造，他们

---

① 《俄罗斯侨民与外侨》，1926 年，第 110 页；转引自林军：《中国与乌克兰历史上的联系及十月革命前的旅乌华工》，《求是学刊》1995 年第 5 期，第 83 页。

② 《基辅乌克兰国家中央历史档案馆档案》，卷宗 2161；转引自林军：《中国与乌克兰历史上的联系及十月革命前的旅乌华工》，《求是学刊》1995 年第 5 期，第 83 页。

③ 《基辅乌克兰国家中央历史档案馆档案·工商部致南俄矿业企业联合会函》，1915 年 5 月；转引自林军：《中国与乌克兰历史上的联系及十月革命前的旅乌华工》，《求是学刊》1995 年第 5 期，第 83 页。

④ 《基辅乌克兰国家中央历史档案馆档案·内阁特刊》，1915 年 9 月 6 日。

⑤ 《基辅乌克兰国家中央历史档案馆档案》，卷宗 720；转引自林军：《中国与乌克兰历史上的联系及十月革命前的旅乌华工》，《求是学刊》1995 年第 5 期，第 83 页。

⑥ 《基辅乌克兰国家中央历史档案馆档案》，卷宗 100；转引自林军：《中国与乌克兰历史上的联系及十月革命前的旅乌华工》，《求是学刊》1995 年第 5 期，第 83 页。

⑦ 《争取苏维埃政权斗争中的中国志愿者》，1967 年。

中的绝大多数都学成回国，成为建设中华人民共和国的知识人才。

1991 年乌克兰独立后，中乌两国确立了友好合作关系，这为两国民间交往奠定了良好的基础。苏联时期，国家实行计划经济，各加盟共和国的产业布局不一，乌克兰主要发展造船、航空等重工业，轻工业和服务业不发达。乌克兰独立后，许多生活用品短缺，这给华人带来了不少的商机，一些华人找准机会，在中乌之间从事商品进出口贸易，取得了不小的收益，也丰富了乌克兰的商品和服务市场。

乌克兰独立后，进入乌克兰的中国新移民主要以经商为主，也有一些长学制的留学生在乌克兰学习，其中一些留学生完成学业后留在乌克兰工作，甚至在乌克兰娶妻生子。目前乌克兰的华人主要集中在哈尔科夫、敖德萨和基辅三地。其中敖德萨主要是华商，以来自东北三省、江苏、浙江和四川的为主。中国留学生主要来自东北三省、山东、陕西，共有 5 000 余人，主要集中在乌克兰首都基辅、敖德萨、利沃夫等城市的乌克兰著名高等院校，如基辅大学、克里米亚综合大学、乌克兰国立师范大学、乌克兰国立美术学院、敖德萨音乐学院等。

纵观一个多世纪以来乌克兰华侨华人的历史，早期离乡背井的中国苦力——华工用自己的血汗甚至生命滋润了乌克兰大地，他们的刻苦耐劳给乌克兰留下了深刻印象。乌克兰独立后来到乌克兰经商的华人，以自己的聪明才智和经济头脑使乌克兰的经济生活更活跃，为乌克兰的发展做出了贡献。无论是老一辈的华侨华人还是新移民，他们都在中乌两国交往史和经济与人文交流上写下了不可忽略的一章。

（二）华人经济

乌克兰的华商主要集中在敖德萨、基辅和哈尔科夫三座城市，尤以黑海海滨城市敖德萨为多。作为一座港口城市，敖德萨是中国商人从事进出口生意的重要基地，各种来自中国的小商品从敖德萨涌入，乌克兰向中国出口的木材也经过敖德萨港口；而零售业主要在基辅，这里集中了大量尚无公开统计的中国个体商人，他们大多来自江浙和四川、重庆等省市，华人在乌克兰大多从事进出口贸易、餐饮、旅游等传统华人擅长的商业形式。除此以外，值得一提的是华人还在教育产业上有所建树，例如旅乌华人李泽皋在乌克兰克拉马托尔斯克创办了私立的克拉马托尔斯克经济人文学院。学院下辖大学本部、一个分校、一个中学部、三个职业培训中心、一个业余补习学校和全市唯一的话剧院。学院有包括教学楼、学生宿舍楼、图书馆、体育馆和艺术馆在内的 5 栋楼，固定资产超过 100 万美元。学院每年上交 20 万美元利税，已成为所在城市的纳税大户之一。在乌克兰 400 所三级制和四级制（硕士为四级）国办和非国办大学中，克拉马托尔斯克经济人文学院排名 146 位，在整体实力上已超过许多乌克兰国办大学；在 120 所私立大学中，克拉马托尔斯克经济人文学院排名也进入前十之列，位居东部私立大学之首。该校生源比较稳定，大部分是所在州的学生，占总数的 90%（其中本市学生占 55%），其余部分来自独联体国家、中国等国。目前，学院有 2 100 名学生。

（三）华人社团

乌克兰华人社团的主要形式是同乡会和商会，也有一些留学生的组织，比较有影响力的华人社团包括乌克兰华人总会、乌克兰华商会、乌克兰华人华侨联谊会、乌克兰华人华侨企业家协会、乌克兰敖德萨浙江同乡会、乌克兰华人社团联合会、乌克兰华人工商业联合会、乌克兰华人留学生互助会等，这些华人社团成员人数并不算多，主要起着联谊和互助的作用，中国大使馆也常常通过这些华人社团联系当地华侨华人。以敖德萨浙江同乡会为例，浙江同乡会和中国驻乌克兰大使馆的关系密切，2014 年 2 月，当基辅独立广场的运动发生流血冲突时，中国大使馆曾经通过浙江同乡会向相关的中国个体商人发出警告。逢年过节，浙江同乡会组织各种庆祝活动，大使馆都有官员到场。在平时，如果在当地出现了商业纠纷，大使馆也会帮忙解决。上述社团与中国驻乌克兰使领馆、国内侨务部门保持着经常性联系。

乌克兰的华人社团大多以团结互助、和谐平等、服务和帮助华人同胞们为宗旨。这些华人社团在团结华人、为华人排忧解难和维护合法权益、协调各种内外部关系以及参与各种社会公益活动等方面做了大量工作。同时，乌克兰华人社团一贯热爱祖国，热心公益活动，例如在 2008 年 6 月 16 日，乌克兰华人工商业联合会、乌克兰中国和平促进会、乌克兰中国留学生总会、乌克兰基辅华侨华人联合会等主要华人社团组织了“全体旅居乌克兰的华侨华人和中国留学生支持和声援北京申奥签名大行动”。签名活动在基辅市最大的“特拉叶什”服装批发市场拉开帷幕。这次活动中共有 1 500 多名华侨华人和中国留学生在丝绸长幅上签名。又比如，在 2014 年香港“占中”事件中，乌克兰中国商会与全球各地其他华侨华人社团一道发表联合声明，坚决支持中国政府的态度和立场，赞成香港特区政府所表明的态度，坚决支持香港特区政府为恢复和稳定香港局势所采取的一切措施，呼吁香港“占中”者必须立即结束所谓的“抗议示威”动乱行为，恢复香港本来的繁荣稳定局面，还原香港民众原本平安正常的生活秩序。

（四）华文媒体与华文教育

乌克兰独立建国时间短，华侨华人发展历史短暂，华文媒体也不发达，在最鼎盛的时候，乌克兰全国也只有几家正式注册的中文媒体，目前仅剩的最有影响力的华文媒体是《华商报》。华文媒体在宣传中乌两国有关政策方针、介绍国情、传递资讯等方面发挥着积极作用。近年来，随着互联网蓬勃发展，华文媒体纷纷建立了自己的网站。最具有代表性的中文网站是乌克兰中文网，这是一家在乌克兰的综合中文门户网站，面向华人介绍乌克兰的网络信息平台、乌克兰新闻、突发事件、乌克兰签证、乌克兰旅游、经贸、留学、商业投资等信息。该网站的分类包括乌克兰新闻、经贸、旅游、留学、机票预订等板块，全力打造本地第一新闻及商业经贸门户网站。

华文教育方面，目前乌克兰已经开设了几家中文学校，其中最知名的是在乌克兰东部的克拉马托尔斯克经济人文学院，这所学院也被当地人称为“中国大学”。克拉马托尔斯克经济人文学院的负责人是李泽皋。李泽皋原籍中国湖北，1954 年被选派到乌克兰哈尔科夫矿业学院留学，1959 年毕业后偕乌克兰籍夫人回国，曾在山西矿业学院任教近 20 年。1980 年，李泽皋与夫人重返乌克兰，来到夫人的故乡克拉马托尔斯克市。1991 年 7 月，他与夫人在克市登记注册了“白塔”业余补习学校，第一期就招收了 200 多名学生，补习热门的外语、电脑、市场经济知识。由于补习学校大受欢迎，1992 年 8 月，56 岁的李泽皋与三位志同道合的乌克兰人合伙出资一万美元，创办了克拉马托尔斯克经济人文学院，并获得乌克兰教育部颁发的办学许可证。李泽皋出任董事长兼院长，成为乌克兰唯一外籍大学校长。学院下辖大学本部、一个分校、一个中学部、三个职业培训中心、一个业余补习学校。汉语教学是克拉马托尔斯克经济人文学院的特色之一。汉语语言文学教研室是学院十大教研室之一，共有五位汉语教师，除李院长外均为乌克兰人。汉语教师大部分在中国高校进修过，他们重视口语化教学，实行课堂汉语化，并在课外创造语言学习环境。学院汉语教学的着眼点是，为独联体国家在中国的机构和中国在独联体国家的机构培养汉语人才。目前，学院共有130名学习汉语的学生，其中汉语专业的70多人，第二外语选修汉语的近60人。克拉马托尔斯克经济人文学院成立以来已经培养了不少人才，例如俄罗斯财团驻北京的总代表就是该学院的毕业生。①

四、乌克兰政治经济社会形势对华侨华人的影响

（一）政局动荡与社会不稳，影响华侨华人的生活与发展

2014年以来，乌克兰局势动荡不安，为躲避社会动荡与战乱的影响，大批在乌华商撤离乌克兰返回中国，留在乌克兰的华商也人心惶惶。所幸尽管乌克兰战乱造成的流血冲突不止，但截至2014年底，尚没有当地华侨华人在动乱中伤亡。总体而言，乌克兰局势虽然对华侨华人的人身安全影响不大，但经济受到较大影响，在这里经商的华人和开展业务的中资企业受到了不小的负面影响。乌克兰动荡的局势持续，严重影响了该国经济，乌克兰货币格里夫纳在短短几个月里贬值了三分之一，导致商品的成本上涨了超过20%。由于政局动荡、经济形势不好，中资企业正常经营和拓展业务遇到很大困难，有些合作项目受时局影响无法敲定。不过，处境更艰难的是在这里打拼的个体经营者。乌克兰货币大幅贬值令华人个体商户叫苦不迭。他们的主顾是乌克兰低收入群体，这些人购买力不强。如果因货币贬值涨价，个体商户手里的货物就很难卖出去，但如果不涨价，则会亏本。严峻的经济形势迫使一些华商不得不回国。在南部港口城市敖德萨著名的七公里市场，华商最多时曾超过3 000人，现在已不足千人。中国新华社驻乌克兰记者在基辅采访时遇到一位在基辅"欧洲市场"经营副食和调味品生意的王姓老板，他向记者感叹："生意越来越难做。下一步该怎么走还不知道，再观望一段时间吧。"②

除了在乌克兰经商和工作的华人受到影响外，动荡也干扰了在乌克兰的中国留学生的学业。在冲突最严重的时刻，很多学校停课，物价猛涨，货币贬值，使留学生的生活费翻倍。虽然目前留学生的人身安全尚未受到威胁，但乌克兰当局还是比较谨慎。乌克兰教育部在4月底曾召集各国驻乌大使馆教育处负责人开会，要求外国留学生在本学期考试结束后于5月20日前离境，9月1日开学前再回来，大部分中国留学生按要求回国暂时避乱。

（二）腐败问题损害华人利益

乌克兰法律不够健全和完善，腐败现象较为严重。从税收、消防到环保，每个与经商有关的环节都存在腐败问题，很多问题的解决需要用钱疏通。此外，法律法规不稳定，例

① 黄晓东：《中国人在乌克兰办大学》，《环球时报》，2004年10月29日。

② 张志强：《安全无忧　生意难做——动荡时局中的乌克兰华侨华人》，新华网，2014年6月6日。

如，为了增加国家收入和保护乌克兰本国工业，乌克兰不断提高进口关税，乌克兰的海关税制常有变动，华商的货物要进入乌克兰，乌克兰海关会找各种理由不许入境或者提高关税价格，据一位在乌克兰经商的华商彭先生反映，“乌克兰海关的收费没有标准，甚至早晚的价格都不同，要想顺利通关，难免要塞点好处才行”。另一位在基辅经商多年的杨先生也深有同感，他向一位记者反映：“因为法律不健全，乌克兰的腐败现象很严重，只要你有钱，在乌克兰没有办不了的事情，人们在办事时会先想到送钱，商人贿赂官员是普遍的腐败现象，经商时，凡是涉及金额比较大的生意，就会被警察和执法部门盯上，在各方面找经商者的麻烦，让很多经商者不得不花钱‘消灾’，即使举报也没有用。”① 腐败问题对在乌经商的华人造成了不少的困扰，以至于一些在乌克兰经营了多年的华商放弃了多年打拼后才熟悉的环境而离开乌克兰回国或到其他国家寻找新的机会。

（三）乌克兰政府取消对投资移民地域限制，有利于吸引更多的华侨华人

乌克兰的移民政策较严格，其中尤以对投资移民的地域限制为甚。2013 年，乌对投资移民限制最严格的地区包括：沃伦州的投资移民配额 1 人，顿涅茨克州 2 人，克里米亚共和国 3 人，此外，文尼察州、切尔尼戈夫州和利沃夫州均为 5 人，切尔诺夫策州为 10 人，敖德萨州为 20 人，伊万弗兰科夫斯克州为 25 人，其余各州没有投资移民数量限制。2014 年，政府将科技文化工作者移民配额数量提高一倍：各州为 10—20 人，基辅为 25—50 人。2014 年，乌克兰移民配额为 6 376 人，较去年的 6 221 人有所增长。乌克兰政府 2014 年 6 月 11 日公布的 571 号《关于确定 2014 年移民配额的政府令》显示，乌克兰政府彻底取消了对向乌投资超过 10 万美元可自由兑换货币投资移民的地域限制。这一政策的调整对有意向以投资方式移民乌克兰的中国人提供了便利。虽然目前乌克兰社会形势尚不稳定，但许多人相信这种不稳定的形势不会长期持续下去。此外，乌克兰有加入欧盟的强烈意愿，乌克兰危机发生的直接原因就是亚努科维奇政府欲中止和欧洲联盟签署政治和自由贸易协议而引发，2014 年 9 月 16 日，乌克兰议会和欧洲议会同时批准欧盟联系国协定，这被视作乌克兰迈向成为欧盟成员的第一步。2015 年 1 月 1 日乌克兰总统波罗申科在其新年致辞中表示将在 2015 年启动深化改革，为乌加入欧盟开辟道路。一旦乌克兰政局稳定下来，并且在今后几年内成功加入欧盟，将吸引更多的中国人移民乌克兰。

五、乌克兰侨情发展预测及政策建议

乌克兰是一个新兴的自由市场经济体，重工业发达，轻工业较弱，很少有生产纺织、家电、日用品的企业，这与中国恰恰形成互补。此外，乌克兰客户很关注产品价格和工厂规模，对产品质量没有欧盟国家那么高要求，这有助于中国产品在乌克兰市场上打开局面，因此中乌两国开展经济合作潜力很大。此外，对于华资而言，乌克兰是一个很好的贸易“中转”国家，一方面乌克兰可以辐射俄罗斯市场，并且发货无须关税；另一方面，通过乌克兰这个平台还可以自由发货到波兰、匈牙利等东欧国家。随着乌克兰“坚定决心”加入欧盟，在乌克兰进行商贸活动还可能获得更为广阔的市场。考虑到乌克兰的市场准入

---

① 朱淑婷：《乌克兰危机冲击当地华人生活》，《华侨华人资料》（内部资料）2014 年第 5 期，第 17－20 页。

门槛相对较低，经济活动成本也较低，竞争也相对平缓，华侨华人在乌克兰从事经济发展大有可为。但是在短时期内，华商要注意控制风险，目前乌克兰货币出现大幅贬值，直接影响乌克兰国民的购买力，从而最终影响乌克兰进口商的付款能力。所以在双方交易过程中，中国外贸企业要特别提高警觉，及时核查乌方贸易伙伴的财务状况，防范乌克兰危机给企业带来新的风险。此外，华侨华人在乌克兰从事经济活动要注意遵纪守法，虽然乌克兰腐败现象严重，很多中国商人迫于无奈而"花钱消灾"，但中国商人还是应该恪守当地法律，守法经营，不应为了生意上的便利而主动贿赂乌克兰相关部门官员和执法部门。事实上，腐败的官员会对收贿形成依赖，一旦形成中国商人喜欢用钱"开路"的印象，将不利于华人的整体形象和在乌克兰的长期经营。由于乌克兰已经启动加入欧盟的步伐，必然要参照欧盟的标准去努力完善国内的法律法规和提高社会治理水平，预计未来几年，乌克兰在法律和政策方面会健全许多，腐败现象也会减少，这将有利于华侨华人在乌克兰的经济发展和生活。

值得注意的是乌克兰不少华人参与"赌博"的现象。乌克兰博彩业兴旺，大到赌场，小到地铁站出口的刮刮卡、球彩等，各种赌法一应俱全。很多早期前往乌克兰经商的华人，由于文化程度不高，在异国事业有所成后，精神懈怠空虚，在博彩业合法的环境下很容易陷进去。身处那儿的华商"好赌"，则成了一个常见的现象，不少华商从身价百万、一掷千金，到沦落到流浪街头、衣食无着。① 华人社团和华文媒体应加强宣传与引导，特别是华文媒体应当肩负起社会责任，拒绝刊登赌场的广告，引导华侨华人在他国过健康文明的生活。

另外，到乌克兰的华人要注意了解当地法律并切实遵守。一些华人不了解旅居国的法律，想当然地将国内的一些习惯带到了乌克兰，引起不必要的纠纷。例如2014年7月，出现多起中国留学生因未携带临时居留卡（学生白卡）入境乌克兰受阻并被遣返事件。因此，有意向到乌克兰的华人应当了解清楚乌克兰在出入境方面的法律，避免发生类似的事情。国内有关机构也应该加强相关方面的法律培训，提醒进入乌克兰的中国人临时居留卡是具有签证功能的证件，进入乌境必须随身携带并向边防人员出示，如未带临时居留卡，需向乌克兰驻华大使馆申请赴乌签证。

---

① 《乌克兰华商好赌有因》，《上海侨报》，2009年8月12日。

匈牙利

1949 年 10 月 4 日，匈牙利宣布承认中华人民共和国，10 月 6 日，两国建立外交关系。建交后，两国友好关系全面发展，领导人互访等各种形式的往来密切，各领域合作不断加强，两国人民的友谊进一步加深，双方在国际事务中相互支持，密切配合。

一、匈牙利基本国情

匈牙利是一个位于欧洲中部的内陆国家，与奥地利、斯洛伐克、乌克兰、罗马尼亚、塞尔维亚、克罗地亚和斯洛文尼亚接壤，首都为布达佩斯。官方语言为匈牙利语，这是欧洲使用最广泛的非印欧语系语言。

匈牙利是欧洲内陆国家，位于多瑙河冲积平原，依山傍水，西部是阿尔卑斯山脉，东北部是喀尔巴阡山脉。著名的多瑙河从斯洛伐克南部流入匈牙利，恰恰把匈牙利截成东、西两部分。匈牙利资源贫乏，但山河秀美，建筑壮丽。一年四季受地中海气候与大西洋暖流的影响，冬暖夏凉。

表 1　匈牙利概况

国家全名	匈牙利共和国
地理位置	欧洲中部
领土面积	93 030 平方千米
首都	布达佩斯
官方语言	匈牙利语
主要民族	匈牙利（马扎尔）族
政体	议会制共和制
执政党及主要党派	青民盟/社会党、自民盟
国家元首/政府首脑	阿戴尔 · 亚诺什总统/欧尔班 · 维克多总理
人口数量	987. 7 万
华侨华人数量	华人 6 154 人、华侨 8 852 人（2011 年）
华侨华人所占比例	0. 15%
GDP/人均 GDP	1 086. 36 亿美元/12 653 美元
CPI	同比上涨 1. 8%
失业率	4. 4%

注：除表中特别注明外，所有数据均为 2016 年 12 月数据。

数据来源：中华人民共和国外交部网站：http：//www. fmprc. gov. cn/；匈牙利中央统计局网站：http：//www. ksh. hu/？lang = en。

匈牙利经济发达，人均生活水平较高，自东欧剧变后，匈牙利经济高速发展。到2014年，匈牙利的人均国内生产总值按国际汇率计算已经达到1.39万美元，这已经达到中等发达国家水平。主要民族为匈牙利（马扎尔）族，约占90%。少数民族有斯洛伐克、罗马尼亚、克罗地亚、塞尔维亚、斯洛文尼亚、德意志等族。

2016年匈牙利国内生产总值（GDP）增长2%，增幅低于2015年的3.1%。匈牙利经济在保持增长的同时，外贸和财政状况都继续向好。贸易顺差接近100亿欧元，创历史最高纪录，而财政赤字率则远低于3%，失业率也下降至4.4%。①

二、中匈关系

（一）政治外交

中国与匈牙利建立外交关系至2016年已有67年。建交以来，双方在国际事务中相互支持，密切配合。在中国抗美援朝、争取国家统一、恢复我国在联合国合法席位及反对西藏分裂势力等问题上，匈牙利积极支持中国立场。1989年匈牙利剧变后，双边交往一度减少。1991年3月，钱其琛外长应邀访匈，这是匈牙利剧变后中国外长首次访匈，对中匈关系的发展具有重要意义。1994年9月和1995年7月，匈牙利总统根茨和江泽民主席实现互访。自此，中匈双方之间的高层互访不断，2003年8月，匈牙利总理迈杰希对中国进行正式访问，双方签署《中华人民共和国政府和匈牙利共和国政府联合声明》。2004年6月，胡锦涛主席对匈牙利进行国事访问，中匈签署联合声明。2005年9月，匈牙利总理久尔恰尼访问中国，2011年6月温家宝总理访问匈牙利，2014年2月国家主席习近平会见匈牙利总理欧尔班。这些高层互访都标志着中匈关系进入发展黄金期。②

（二）双边经贸关系和经济技术合作

2015年，匈牙利与中国合作关系进入了一个全新的发展阶段。匈牙利作为首届中国—中东欧国家经贸论坛主办国，对“16+1合作”机制的创建做出了突出贡献。6月，匈牙利与中国签署了《中华人民共和国政府和匈牙利政府关于共同推进丝绸之路经济带和21世纪海上丝绸之路建设的谅解备忘录》，成为第一个同中国签署此类合作文件的欧洲国家，在共建“一带一路”方面发挥了引领和先行作用。③ 两国政府在11月签署了《中华人民共和国政府与匈牙利政府关于匈塞铁路匈牙利段开发、建设和融资合作的协议》，这一“16+1合作”框架下的首个互联互通项目已正式启动。

中匈在金融领域的合作也取得了很大进展，双方共同签署了关于人民币主权债券发行合作的谅解备忘录，匈政府计划于2016年发行人民币主权债券。这将成为中东欧地区首只、全球第三只人民币主权债券，旨在使匈牙利企业和金融机构通过中国金融市场的借贷开展投资活动。同时，中东欧地区首个人民币清算中心——中国银行匈牙利人民币清算行

① 经贸新闻，中国驻匈牙利大使馆经济商务参赞处网站：http://hu.mofcom.gov.cn。
② 中国驻匈牙利大使馆网站：http://www.chinaembassy.hu/chn/zxgx/zzgx/t63971.htm。
③ 静水：《中匈文化交流：“厚积”之上再谱新篇》，《中国文化报》，2015年6月15日。

正式启动服务，这标志着两国金融合作迈出新的重大步伐。①

中国企业积极参与匈牙利的经济建设。以华为公司为例，华为匈牙利公司自2004年成立以来，在当地投资累计已达2亿欧元。沃达丰匈牙利公司提供的4G网络技术和匈牙利电讯公司提供的IP电视技术等，都由华为公司给予支持。去年，华为匈牙利公司营业额增长18%，达到近380亿福林（约合1.26亿欧元）。华为匈牙利公司除制造、物流业务外，还承担欧洲地区的售后服务，布达佩斯总部员工人数今年将增至290人。②

截至2015年底，两国企业已签署了总额20亿美元的合作协议，其中包括：建信金融租赁有限公司与匈威兹航空公司签署价值14亿美元的租赁协议、国开行与匈牙利进出口银行签署5亿美元的金融合作框架协议、华为公司与匈牙利久尔大学签署30万美元的合作协议、中兴公司与匈牙利EPS停车公司关于合作建设智能停车系统协议等。③

中国与匈牙利“一带一路”工作组首次会议于2016年11月30日在北京举行。中国外交部长王毅和匈牙利外交与对外经济部部长西雅尔多共同出席开幕式并致辞。西雅尔多表示匈牙利将尽最大努力继续成为促进中东欧与中国合作的领头羊，为推进“一带一路”建设做出积极贡献。④

2016年，中匈双边贸易额达88.9亿美元，同比增长10.1%，匈牙利继续保持中国在中东欧地区第三大贸易合作伙伴地位，中国也是匈牙利在欧盟外第一大贸易合作伙伴。其中，中国自匈牙利进口34.6亿美元，同比增长20.5%，匈牙利是中国在中东欧地区最大的进口来源国；中国对匈牙利出口54.3亿美元，同比增长4.4%。⑤

（三）在文化、教育、卫生与科技等方面的双边交往与合作

中匈两国在文化教育领域合作密切。1997年双方签署了关于相互承认学历、学位证书的协议。2004年9月，中匈两国政府合作创办布达佩斯匈中双语学校，这是目前欧洲地区唯一的一所同时使用驻在国语言和汉语教学的全日制公立学校。建校之初仅有4个年级87名学生，现已发展到8个年级13个班，在籍学生320名。学校现有教师31人，设有匈语、中文、数学、自然、英语、物理、化学、计算机、音乐、体育、绘画等课程。匈语授课时间占65%，汉语授课时间占35%。⑥

孔子学院在匈牙利多所大学的设立也将深入推进中匈教育文化合作。2006年12月，孔子学院在罗兰大学设立，由北京外国语大学与匈牙利罗兰大学共同建设，是匈牙利第一所孔子学院，目前正成为面向中东欧16国培训本土汉语教师的区域中心。匈牙利罗兰大学孔子学院成立后，除了成人班以外，在匈牙利全国27所大、中、小学开设汉语课程，进行汉语教学及推广。目前，孔子学院拥有43名汉语母语专业教师，注册学生达到3 000余人，教学点辐射至全国10个主要城市，达33处。这些教学点为匈牙利政府机构和各大

---

① 刘键：《中匈经贸关系全面深化》，新浪网：http：//news. sina. com. cn/c/2015－12－29/doc－ifxmxxsr3942108. shtml。

② 刘键：《华为继续扩展在匈牙利业务》，《经济日报》，2015年2月26日。

③ 刘键：《中匈经贸关系全面深化》，新浪网：http：//news. sina. com. cn/c/2015－12－29/doc－ifxmxxsr3942108. shtml。

④ 梁晓辉：《中匈“一带一路”工作组首次会议在北京举行》，中新网：http：//www. chinaqw. com/jjkj/2016/12－01/115544. shtml。

⑤ 经贸新闻，中国驻匈牙利大使馆经济商务参赞处网站：http：//hu. mofcom. gov. cn。

⑥ 杨永前：《布达佩斯匈中双语学校庆祝建校10周年》，新华网：http：//news. xinhuanet. com/world/2014－09/06/c_1112387402. htm。

公司、中国驻匈机构公司、一对一学习提供量身定制的汉语课程。此后，赛格德大学、米什科尔茨大学等先后建立了孔子学院，佩奇大学与中国河北联合大学合作建设了中医特色孔子学院。

孔子学院的兴办、中国国际地位的提高，使汉语在匈牙利得到了迅速的推广，各汉语教学机构教育规模连年扩大。匈中双语学校的建立为汉语推广奠定了坚实的基础。这所为解决当地华侨华人子女就学问题而设立的学校，经过六年的发展，非华裔学生人数（占51%）已超越华人子女，而且一年级新生中非华裔学生数量已由 2004 年的 19% 发展为 2009 年的 85%。这些数字与 20 世纪 80 年代初期在匈牙利的汉语学习者只有二十几个人相比，不得不说是一个巨大的飞跃。2008 年中国奥运会和 2009 年上海世博会的成功举办都让汉语学习者的数量有了大幅度的增加。2010 年，据不完全统计，匈牙利的汉语学习者已达到 4 500 余人，比 2008 年增长了 3.76%，比 1980 年增长了近 150 倍。随着中匈两国交往日益密切，匈牙利人深刻认识到汉语实际上是一门非常值得重视的语言，它可帮助拓宽个人前途的发展。同时，随着越来越多的中国人来到匈牙利经商，匈牙利人也开始认为能掌握汉语，在职业规划空间上有着非常重要的作用，因此匈牙利汉语学习者人数呈逐年递增趋势。①

表 2　1930—2011 年匈牙利汉语使用人口数量的变化

单位：人

年份		1930	1970	1980	1990	2001	2011
以汉语为母语	男	14	0	0	193	1 347	3 084
	女	1	0	0	11	1 067	2 735
	合计	15	0	0	204	2 414	5 819
汉语非母语，但会说汉语	男	0	0	0	91	1 792	836
	女	0	0	0	43	1 842	773
	合计	0	0	0	134	3 634	1 609

注：此表数据包括匈牙利公民、获得匈牙利"蓝卡"的人员。

数据来源：匈牙利中央统计局网站：http：//www. ksh. hu/population_ and_ vital_events。

匈牙利中央统计局数据显示，全国人口中，与家人或朋友使用汉语交流的人数（应包括匈牙利公民、获得匈牙利"蓝卡"的人员）2001 年为 2 547 人，2011 年则为 6 072 人。

将匈牙利"汉语热"推向高潮的是匈牙利国家电视一台所开播的中文新闻。该台从 2016 年 1 月 4 日晚起开始播出中文新闻，向在匈牙利生活和工作的中国人用中文播报匈牙利新闻。匈牙利媒体支持与财产管理基金会发表公告说，中国是匈牙利具有战略意义的经济伙伴，是启动中文新闻的重要因素。中文新闻的名称为"匈牙利新闻联播"，每次时长控制在 5 分钟以内，每天 23 时 45 分至 24 时之间播出。②

中匈两国均拥有深厚的文化传统。近年来，两国文化交流不断取得新的成果。2012 年

---

① 曾曦：《匈牙利汉语学习者现状分析与对策》，辽宁师范大学硕士学位论文，2011 年。

② 《匈牙利国家电视台播中文新闻》，《中国有线电视》2016 年第 1 期。

两国音协为纪念匈牙利音乐教育家柯达伊诞辰130周年举办系列纪念活动。2013年匈牙利交响乐团（米什科尔茨）首次来华巡演。2014年中匈建交65周年时在匈牙利艺术宫举办图片展。同年10月，中国外文局和中国驻匈牙利大使馆在布达佩斯艺术宫举行《美丽中国·美丽匈牙利》画册首发式暨同名摄影展、《诗经》中匈文本再版发行仪式。2015年1月29日，由匈牙利国家美术馆、中华艺术宫、北京画院共同主办的“蒙卡奇和他的时代：世纪之交的匈牙利艺术”在北京画院美术馆开展，展出19世纪著名画家蒙卡奇及其追随者的作品。20世纪50年代，蒙卡奇的作品曾在北京、上海巡展，对中国现实主义以及写实主义艺术创作产生了深远影响。继1930年和1938年匈牙利展出过齐白石作品之后，2015年4月，“天然之趣——北京画院院藏齐白石精品展”在布达佩斯民族画廊开幕，展出了齐白石创作生涯特别是中晚期的108幅绘画精品等。[①]

中匈科技合作关系良好并富有积极成果。合作领域涉及电子、化工、通信、电力机械、交通工具生产、制铝、真空技术等，合作方式从交换技术资料、种子、苗木，发展到互派专家考察组、共同研究、互换科技成果等。

两国在旅游领域的交流与合作持续发展。2002年12月，中国正式批准匈牙利为中国公民出境旅游目的国。据统计，2014年匈牙利来华旅游人数达2.08万人次，其在我国游客中的知名度也越来越高，已成为我国公民赴中东欧地区旅游的重要目的地。2015年为“中国—中东欧国家旅游合作促进年”。同年3月，“中国—中东欧国家旅游合作促进年”启动仪式在布达佩斯举行，中国国务院总理李克强和匈牙利总理欧尔班均发来贺信。与此同时，中国国家旅游局还与匈牙利等中东欧16国旅游部门共同在布达佩斯组织了中国旅游信息日、中国美食之夜、中国—中东欧旅游合作中文网站上线仪式等多项活动。此外，部分旅游企业组织近700名中国游客赴匈牙利旅游，匈牙利政府专门为中国游客举办了“你好，匈牙利”大型推介活动。[②]

三、华侨华人的发展状况

（一）人口变迁

1988年10月中匈签订“中匈互免签证协议”成为中国新移民进入匈牙利的新起点，当年的中国新移民实际为零，而1991年则迅速跃升至4万人左右。[③] 据匈牙利警方的数据，1989年至1990年间，平均每月收到中国人的居留申请约3 000件，1990年全年入境中国人近11 621人，1991年又增加到27 330人，1992年10 128人，1993年7 885人，1994年8 979人，1996年13 946人，同年匈牙利警方向398名持中国护照者颁发匈牙利“蓝卡”（永久居留卡），另有5 000人获得“黄卡”（暂时居留卡）。[④] 2001年，尽管匈牙利警方和边境管理机构估计进入匈牙利的中国新移民大约在3万—10万人，但实际上持有

① 静水：《中匈文化交流：“厚积”之上再谱新篇》，《中国文化报》，2015年6月15日。

② 静水：《中匈文化交流：“厚积”之上再谱新篇》，《中国文化报》，2015年6月15日。

③ PAL NYIRI. New Asian migration to Eastern Europe：the case of the Chinese in Hungary，1999－10－18，http：//www. eurozine. com.

④ 李明欢：《欧洲华侨华人史》，北京：中国华侨出版社2002年版，第553、557页。

匈牙利居留证的中国人从未超过 1 万人。①

表 3　1995—2015 年匈牙利华侨华人人口数量的变化

年份	男	女	合计	占亚洲侨民总数之比例（%）	占外国侨民总数之比例（%）
1995	2 394	1 075	3 469	36. 0	2. 5
1996	2 891	1 385	4 276	37. 4	3. 1
1997	4 383	2 256	6 639	44. 2	4. 7
1998	5 088	2 721	7 809	46. 7	5. 3
1999	5 132	3 174	8 306	45. 5	5. 5
2000	5 407	3 454	8 861	45. 9	5. 8
2001	3 269	2 550	5 819	46. 2	5. 3
2002	3 852	2 988	6 840	47. 5	5. 9
2003	3 569	2 851	6 420	47. 6	5. 5
2004	3 713	3 077	6 790	46. 1	5. 2
2005	3 781	3 075	6 856	45. 3	4. 8
2006	4 737	3 847	8 584	46. 3	5. 6
2007	4 937	4 042	8 979	45. 5	5. 4
2008	5 606	4 612	10 218	45. 7	5. 8
2009	5 874	4 835	10 709	45. 5	5. 8
2010	6 101	5 072	11 173	44. 5	5. 6
2011	6 494	5 335	11 829	45. 0	5. 7
2012	5 546	4 568	10 114	40. 9	7. 0
2013	6 219	5 285	11 504	42. 5	8. 1
2014	6 749	5 967	12 716	44. 1	9. 0
2015	8 556	7 911	16 467	48. 6	11. 3

注：此表数据仅限于获得"蓝卡"（永久居留卡）和"黄卡"（暂时居住卡）的中国人，不含无证居留人员。

数据来源：匈牙利中央统计局网站：http：//www. ksh. hu/population_and_vital_events。

随着中国新移民和其他来自第三世界的移民的短时间大量涌入，有关新移民"损害本国社会安宁"的负面舆论开始出现在匈牙利的媒体上，并引发匈牙利议会的激烈辩论，从而导致匈牙利内政部于 1991 年 10 月 8 日颁布和实施《移民控制法》。该法明确提出将所有在匈牙利从事不法生意、无合法居留的外国人全部驱逐出境。与此同时，中匈两国重新规定从 1992 年起中国人入境必须持有由匈牙利使馆签发的有效签证，而且必须在申请人

① PAL NYIRI. Chinese migration to Eastern Europe. International migration，Vol. 41，No. 3，2003.

护照签发地申请，这意味着那些已经进入匈牙利但未获得“蓝卡”或“黄卡”的中国人必须返回中国申请新的签证才能重返匈牙利。新移民法的实施，加上匈牙利官方的种种限制，使初来乍到的中国人“梦碎匈牙利”。约1万人于1992年离开匈牙利，有些重返中国，另一些则转往相邻的罗马尼亚、捷克和南斯拉夫等国家。[①] 而到了1999—2000年间，居留在匈牙利的中国新移民仅存1万—2万。2007年移民到匈牙利的中国公民仅有1 800多人，占当年全部2.3万匈牙利新移民的8%。[②]

2013年匈牙利国会修订移民法，正式将匈牙利国债移民项目写入移民法，在移民方面比许多欧洲国家显得更为开放。自4月启动以后，许多新移民在一年时间内便可获得永久居留证，甚至无须登陆、无须移民监、无语言要求，一次办理，全家获得永久居留权。匈牙利国债移民项目至今已平稳运营了三年，并取得了非常令人瞩目的成绩。据匈牙利移民局最新的统计数据显示，至今总共有3 429位主申请人（及5 961名家属）申请了居留卡，其中有2 946位主申请人来自中国，占86%，有超过1 300个家庭已经获得了匈牙利永居身份，表明国债移民项目在中国地区取得了显著的成绩。而中国新移民的迅速剧增也推高了后来者的国债移民成本。2015年初，由于国债移民项目的日益火爆，匈牙利国会第一次对移民国债投资金额进行审核、调整，于1月1日正式将国债的认购金额提升至30万欧元（仍是5年后全款返还投资者）。虽然价格增长了5万欧元，但与其他欧洲国家移民投资金额相比还是相当具有竞争力的，再加上全程国内办理、无风险、无移民监、无语言要求等其他优势，国债移民项目依旧是众多移民投资者的首选欧洲项目。[③]

那么，近年来匈牙利的华侨华人人口数量究竟有多少？虽然2012—2015年华侨华人人口的确切数据存在缺失，但1995—2015年间匈牙利华侨人口的完整官方数据却比较详尽（见表3）。这21年间，持有居留证的匈牙利华侨人数从3 469人增长到16 467人，增长了375%。到2015年，匈牙利华侨人数几乎占到亚洲侨民人数的一半，占全部匈牙利外国侨民总数的11.3%。同年，亚洲侨民人数为33 868人、北美侨民的人数为6 008人（其中美国3 090人）、非洲为4 985人、大洋洲为606人；欧洲侨民的人数最多，为100 501人。在所有居住在匈牙利的各国侨民中，中国侨民的人数位居第三，排在罗马尼亚侨民（28 641人）和德国侨民（18 773人）之后。这21年来，匈牙利华侨人口中男性的数量明显比女性多。不过，两者的差距呈逐年递减之势，由1995年的2.2：1减少到2015年的1.1：1。

① 李明欢：《欧洲华侨华人史》，北京：中国华侨出版社2002年版，第558－560页。

② DOROTTYA NAGY. Fiery dragons：Chinese communities in central and Eastern Europe，with special focus on Hungary and Romania. Religions & christianity in today's China，Vol. 1，No. 1，2011：p. 76.

③ 《匈牙利国债移民项目2015年回顾》，中国网：http：//news. china. com. cn/live/2016－02/29/content_35391594. htm。

表 4 1980—2011 年匈牙利华侨华人人口数量的变化

单位：人

	男	女	合计
1980	0	0	0
1990	0	0	0
2001	1 059	1 004	2 063
2011	3 038	2 846	5 884

注：此表数据仅限于匈牙利公民。

数据来源：匈牙利中央统计局网站：http：//www.ksh.hu/population_and_vital_events。

匈牙利华人人口数据也是在 2001 年的全国普查之后才开始出现，当年为 2 063 人。10 年之后的 2011 年则是 5 884 人，增长了一倍多。十多年来男性比女性略多一些，与华侨华人人口的性别之比基本相似。

（二）经济生活

在匈牙利的华侨华人以从事贸易业者居多，大部分都自己开公司，已成为匈牙利商品批发零售市场的主要开发者和参与者，在匈牙利以及周边的欧洲各国进口中国商品领域发挥了重要作用。

自 20 世纪 90 年代开始，中国新移民在布达佩斯建立了四虎市场，并成为中国商品进入中东欧的集散中心后，中东欧许多国家主要的露天市场都与这个四虎市场有着密切的联系，许多批发业务也在此经营。根据华商介绍，当年可能有 5 万—7 万中国人将大量来自中国的轻工产品通过匈牙利这个桥头堡输往中东欧各国。匈牙利康曼德公司看准了这一巨大的商机，与匈牙利国家铁路局洽谈租下了火车站货运场近 30 公顷的土地，建起 3 000 多间"巴威隆"（摊位），招引了数千中国商家进场经营。四虎市场也在中东欧地区引领起一股"中国风"。1999 年开始，首先是罗马尼亚建起了红龙市场，紧接着波兰建起了 GD 市场、乌克兰建起了敖德萨中国市场。随后，前南地区、捷克、斯洛伐克等国大大小小的中国市场如雨后春笋般地冒出来。中国产品从这些市场出发，直接走进了中东欧乃至全欧洲的千家万户。但四虎市场的经营条件一直没有得到较好的改善，离开四虎市场铁皮棚的华商不断增多，部分华商融资买下了四虎市场对面已处于破产境地的匈牙利铁路桥梁工厂，改建成华人自己的批发市场——欧洲广场。此外，华丽的布达佩斯唐人街（莫罗里中心，Monori Center）也拔地而起，成为环境优雅的高档次中国商品集散地。四虎市场曾经一位难求的巴威隆摊位逐渐严重贬值，最终于 2014 年 6 月彻底关闭。① 直到前些年，这些中国商品集散中心的角色才开始被波兰所取代。但在布达佩斯开办的中国品牌贸易中心则仍声称自己是中国商品在欧洲的集散中心。②

与此同时，华侨华人还经营华文媒体，有约 10 种中文的报刊和网站。如今的匈牙利

① 张红：《在匈华人：淡定目送"四虎市场"》，《人民日报（海外版）》，2014 年 6 月 20 日。

② DOROTTYA NAGY. Fiery dragons：Chinese communities in central and Eastern Europe，with special focus on Hungary and Romania. Religions & christianity in today's China，Vol. 1，No. 1，2011：p. 76.

华人已经走过了最初的创业阶段，进入事业扩张期。华人有钱，已是当地人的共识，用当地人的话来说："这里的华人几乎个个是老板。"①

（三）华侨华人社团

匈牙利华侨华人社团比较活跃。匈牙利华侨华人社团联合总会，简称匈华总会，是匈牙利最大的华社侨团，于1998年3月匈牙利首都法院社团批准成立。匈华总会是由20多个匈牙利华社成员社团组成的联合总会，注册时成员社团有：中匈友好促进会、华侨华人联合总会、匈牙利中国和平统一促进会、市场华商自治会、华人工商联、中华总商会、中匈友好经贸科技发展协会、妇联会、中匈文化交流协会、体育协会、武术协会、匈牙利华人移民互助协会、东北商会、福建同乡会、福建商会、温州商会、河南商会、四川同乡会、广东同乡会、天津同乡会、山东同乡会、上海商会、陕西商会、丽水商会、福建青田同乡会、福建明溪商会、浙江温州瑞安同乡会、福清同乡会等。2015年3月，匈牙利华侨华人社团联合总会主席余美明应邀列席在北京召开的全国政协十二届三次会议。2015年7月匈牙利侨界在布达佩斯举行隆重活动，纪念中国人民抗日战争暨世界反法西斯战争胜利70周年，并在多瑙河游船上举行纪念音乐会。此次活动由匈华总会主办。匈牙利中国和平统一促进会等37个社团和单位负责人及退伍军人代表等300多人出席。②

匈牙利华侨华人社团在维护祖国利益方面也发挥了积极的作用。1995年失窃的福建省大田县阳春村章公祖师肉身坐佛在匈牙利自然科学博物馆的展览中现身。2015年3月，匈华总会执行主席刘文建、秘书长李震等到博物馆进行实地调查并进行敬拜活动，之后积极与匈牙利和荷兰博物馆、荷兰藏家、阳春村村民及中国相关部门和法律界人士进行联系，全力追讨章公祖师像。10月，匈华总会和福建商会组织人员赴阿姆斯特丹，在荷兰国家博物馆前举行章公祖师诞辰纪念活动。12月底，匈华总会和福建商会在匈牙利接待了前来欧洲进行取证的中国律师刘洋。2015年10月，匈牙利中国和平统一促进会在布达佩斯台湾大酒楼隆重举行台湾光复70周年活动，活动组织者表示，纪念台湾光复是为了牢记历史，不忘过去，弘扬中华民族的伟大胜利精神，激励两岸同胞，团结一心维护国家主权和领土完整，促进两岸和平稳定发展，推动祖国和平统一进程。这些社会活动得以顺利开展，表明匈牙利华侨华人社团具有较强的族群动员能力。③

匈牙利华侨华人社团还积极参与匈牙利的社会公益事业，并获得主流社会的赞誉。2015年以来，大批难民涌入匈牙利，匈牙利政府和社会为妥善安置他们做出了艰苦努力，并动用各方资源和物资为难民提供了必要的人道主义帮助。匈牙利各大华侨华人社团联合驻匈华商企业向匈牙利红十字会捐赠了大量物资。2015年9月7日，在匈牙利国家红十字会总部举行了捐赠物资交接仪式，捐赠物资：防寒毛毯1 750条、防雨衣1 800件、双肩包30个、毛衣绒裤等各种衣物近千件及手电等必需品，总价值达485万福林。匈牙利国

① 《华人在匈牙利的生活经历：匈牙利被中国承包了?》，网易新闻：http：//j. news. 163. com/docs/17/2015081419/B10TOIS89001OIS9. html。

② 卢秀钦：《匈牙利侨界纪念抗战胜利70周年，赵一曼孙女出席》，中新网：http：//news. china. com/focus/kzdyb/11169818/20150727/20085616. html。

③ 《匈牙利华媒评选出2015匈牙利华侨华人十大新闻》，中国侨网：http：//www. chinaqw. com/hqhr/2015/12－30/75539. shtml。

家红十字会主席 Kardos István 在接受物资后表示：“我要向匈牙利所有华侨华人表示衷心感谢，你们已和这个国家的所有人民连成一体，我们把你们看成是自己的兄弟、自己的家人，从很多年前开始，匈牙利的华侨华人及侨团就和我们融合在一起，你们在这里为有序发展而努力工作着，并且，中国文化和你们的实干精神已经为这个国家做出了贡献，我代表匈牙利红十字会再次表示衷心的感谢。”①

与此同时，居住在匈牙利的一些中国新移民开始在卫理公会的一位韩国裔传教士的带领下参与宗教活动，并组成了华人基督教社团。起初这样的宗教社团主要是在学校的建筑物中开展活动，后来发展到可以在布达佩斯的基督教教堂活动。1992 年，华人基督教会正式在官方注册，并在匈牙利各主要城市建立了几个大的社团，聚焦了大量的在匈牙利经营的中国新移民，成为他们集会、信息交流的重要组织。②

（四）华文媒体

华文媒体也非常活跃。匈牙利华侨华人虽然人数不是很多，但华文媒体的数量却并不少。先后办有《联合报》《布达佩斯时报》《万事达报》《新导报》和《欧洲论坛》等报，并有电子网站“欧洲万事达网”（http：//www. wsd. hu）。

《万事达报》创刊于 2005 年 10 月 7 日，半月刊，每期 24 版，内容主要为匈牙利新闻、匈华新闻、中国新闻、国际新闻、社会新闻、世界华人、体育新闻、娱乐新闻、健康、海西乡音、文化、小说等，发行量 2 000 份，发行地区为匈牙利全国。

报纸隶属的万事达公司于 1993 年成立于匈牙利，1998 年增设万事达广告公司，是匈牙利华人最早成立的专业广告制作公司。2005 年组成欧洲万事达传媒集团，如今的万事达不光保持了平面制作的优势，更在影视制作、产品摄影与《欧洲万事达杂志》《欧洲万事达时报》《万事达匈牙利文杂志》、欧洲万事达中文电视网 、路牌广告、电线杆招牌广告、城市灯箱、站台广告、有轨电车广告、公车广告、地铁广告、地方电视台广告等诸多领域全面开拓，为客户提供一整套、多方位的全面服务。2012 年 7 月 18 日，匈牙利欧洲万事达传媒集团与《文汇报》建立合作伙伴关系。《万事达报》的“匈牙利华人新闻”栏目是深受在匈华人喜爱的栏目，“匈牙利华人新闻”以图文并茂的形式，报道在匈华人的工作生活情况、成功华人的典型，以及祖国内地与在匈华人的交流和互访情况。

集团旗下还有《万事达匈牙利文杂志》（月刊），全彩版发行量 2 000 本，免费赠阅。《万事达匈牙利文杂志》主要把中国的文化、风景、美食介绍给匈牙利人，让匈牙利人通过杂志了解中国。欧洲万事达中文电视网是集团自采自编的电视网，只需点击即可轻松收看旅匈华人电视新闻，是旅匈华人身边的电视传媒，同时电视网又与中央电视台四套《华人世界》建立合作关系，为《华人世界》栏目拍摄旅匈华人的节目。③

---

① 冯德其：《众侨团联手献爱心，与当地人心手相牵》，欧洲万事达网：http：//www. wsd. hu/hrst/2015/09 - 25/10639. shtml。

② DOROTTYA NAGY. Fiery dragons：Chinese communities in central and Eastern Europe，with special focus on Hungary and Romania. Religions & christianity in today's China，Vol. 1，No. 1，2011：p. 76；NAGY，DOROTTYA. Displaying diaspora：Chinese christian presence in Hungary after 1989. AHEA：E-journal of the American Hungarian Educators Association，Vol. 5，2012.

③ 《万事达传媒集团》，欧洲华文传媒协会：http：//www. ouhuamedia. com/members/Hungary%20/20130705/74. html。

《新导报》创建于2000年4月，发行量3 000份左右，免费发行于匈牙利及周边各国，与中新社、央视以及各地侨办有着良好的合作关系。《新导报》是匈牙利一家经常参与采访国家及政府各种重要事件的亚洲（裔）媒体，与匈牙利总统府、总理办公室、外交部、文化部、经济部、国家警察局、记者协会等机构的新闻部门有着良好关系，经常参与各种采访交流活动，向华侨华人传递匈牙利的政治、经济、文化和社会动态等方面的新闻和信息。2007年至今，《新导报》签约为凤凰卫视驻布达佩斯特约记者站，并源源不断地为凤凰卫视提供新闻信息。《新导报》根据受众群获取信息习惯的变化，紧随时代潮流，除了在创刊的同时推出网络版外，还相继推出形式生动活泼的电子报、网站手机版，开通了QQ空间、新浪微博、Facebook和最近比较火的微信公众平台等。①

《欧洲论坛》创刊于1999年3月13日，逢周六出版，由匈牙利华侨华人社团联合总会主办。总部设在布达佩斯，在欧洲各国设有代理处和特约通讯员。

匈牙利《联合报》前身为《欧亚新闻报》，创办于1999年4月，2011年更名为《联合报》，为综合性新闻周报，发行于匈牙利境内及周边国家。报纸秉持公正、客观的报道立场，及时传递新闻和各种服务资讯，是《人民日报》海外版唯一的匈牙利合作伙伴，是中国新闻社的海外合作伙伴，也是上海《新民晚报》的海外合作伙伴。

《布达佩斯时报》创刊于2000年8月2日，系中文周报，共32版。版面内容包括匈牙利新闻、环球视点、中国新闻、军事新闻、财经新闻等。《布达佩斯时报》的国际新闻专版深受在匈华侨华人欢迎，专版侧重于各国与中国的关系发展的报道。

然而匈牙利华文媒体的发展并不十分顺利，它们面临较多困境。一是发行量之困。匈牙利首都布达佩斯，是欧洲华人比较集中的地方之一，有3万多人，但华文报纸有9家，在这些报纸中，发行量最大的《新导报》也只有5 000份不到。二是内容之困。一方面由于报纸内容受到当地政府的严格监管，若有背离当地政府的政治倾向，就会被勒令停刊，因此读者较为关注的政治敏感话题不敢登出；另一方面则是采编力量较为薄弱，影响报纸的信息量；相当多的媒体大量下载网上稿件、转载其他媒体稿件。三是市场之困。不少华文媒体往往依靠一个华人社区或一个华人市场支撑。例如《布达佩斯时报》靠的是当地的温州华人社区和四虎市场支撑着。四是读者之困。并非所有华人都认可华人报纸，因此购买华文报纸的人并不太多。五是人才之困。许多华文媒体缺乏专业人才。②

四、华侨华人面临的挑战

匈牙利华文报纸《欧洲论坛》2014年12月2日报道，匈牙利华商集中经营的各大商贸中心受到匈牙利海关和税务等部门的联合大检查已经持续近一个月，致使整个华商市场一片萧条，经营遭受严重影响。匈牙利华侨华人社团联合总会也召开数次紧急会议，商量对策，呼吁匈牙利当局停止长时间对华商市场封锁式检查。匈华总会主席余美明说，这次史无前例的大检查，海关和税务封门把守、一店重复多次检查、警车巡逻、遇上运货车就拦截检查，给华商和前来上货的周边国家客户带来了极大恐慌。若长期这样下去，华商市

① 齐志：《华文媒体——匈牙利华人的“娘家”》，《军事记者》2015年第3期。

② 胡舜文：《我眼中的欧洲华文媒体》，《军事记者》2010年第12期。

场将面临倒闭的危险，数千华商公司在匈牙利生存受到严重威胁。匈牙利华侨华人社团联合总会和匈牙利甘茨华人商会等其他社团组织目前正积极与匈牙利相关部门沟通和对话，要求尽快结束对华商市场封锁检查，协助华商市场尽快解决存在的问题，恢复华商的正常经营环境。①

这也许是匈牙利华商市场经受的多次检查中较大的一次。我们需要思考的问题是，为什么匈牙利官方一直对华商市场经营者缺乏信任？为什么不采取普通程度的检查手段，而是采取了特别严厉的措施？这需要我们了解匈牙利官方和社会对华商、华人的态度。

据匈牙利时事周刊 *HETEK* 曾组织的一期《匈牙利华人的生活》专题报道，匈牙利的华商市场曾发生过多次官方检查。仅 2006 年，税务部门就总共动用了 220 位检查人员对华商云集的四虎市场进行了六次检查，结果发现“忘了开发票”的情况高达 76%。一个到处打游击的摊位小贩说：“一旦对市场进行海关检查，中国商人立即关掉商亭。”他认为，每个商人为了检查，都会对检查者进行贿赂，一般来说花 5 000 欧元可以免除打开货柜的检查。有知情者透露：“住着布达别墅、开着宝马车、腰缠万贯的中国人，早就开始自己印刷报关单了。”税务检查人员不时遇到当事人塞钱的情况。

匈牙利的一些华侨华人是否真的如 *HETEK* 周刊报道的那样在当地不注意遵守法律法规和公共秩序？匈牙利本地人是否对华侨华人存在着偏见？这需要我们今后开展相应的实地调查。

五、结语

总之，近年来中匈关系发展态势良好，匈牙利的经济社会发展状况也有利于当地华侨华人的发展。随着 2013 年匈牙利推出了国债移民项目，今后中国新移民将以投资移民为主，这将对匈牙利华侨华人的人口结构产生一定的影响。在经济生活领域，居住在匈牙利的绝大多数华侨华人都从事经营活动，他们对匈牙利的经济发展尤其是中匈之间跨国贸易的贡献不容小觑。不过，需要重视的是，匈牙利官方针对华商的市场监管则越来越严厉。这样的生存和发展环境富有挑战性，它要求华侨华人尽快适应匈牙利的法制和社会规范并融入当地社会，当地的华侨华人社团应充分发挥沟通与协调的作用，以改善华侨华人与当地社会的关系。

① 刘文建：《匈牙利侨团呼吁当局停止持续对华商市场封锁检查》，中新网：http：//www. chinanews. com/hr/2014/12 –02/6835466. shtml。

埃　及

埃及领土横跨亚、非两大洲，地处亚、非、欧三大洲交通要冲，是沟通中西方海上航线的捷径——苏伊士运河的所在地。埃及因为其特殊的地理位置，故而在阿拉伯地区乃至世界范围内都具有十分重要的战略地位。埃及是仅次于尼日利亚的非洲人口第二大国，也是阿拉伯地区人口最多的国家。埃及作为苏伊士运河的所在地，也是古代海上丝绸之路最为重要的战略枢纽。随着中国“一带一路”倡议的提出，埃及自然成为这一战略沿线中重要的战略支点。2016 年 1 月，习近平主席对埃及进行国事访问期间，与塞西总统举行会谈时指出要将两国的发展战略和愿景对接，通过不断加快和加深基础设施建设和产能合作，将埃及打造成“一带一路”沿线的支点国家。同时双方还签署了诸多领域的多项双边的合作文件。① 埃及的经济与中东及北非地区的其他国家相比多元化程度较高，是非洲第三大经济体，在地中海、中东和伊斯兰信仰地区都拥有较强的经济影响力。尽管埃及是非洲和中东地区一个较有实力的大国，但是全国大部分人口仍属于贫困人口，尤其是 2011 年初以来“阿拉伯之春”所导致的动荡局势对其国民经济造成了严重的打击，当前埃及的整体经济形势亟待改善。

一、埃及基本国情

表 1　埃及概况

国家全名	阿拉伯埃及共和国
地理位置	北非东部
领土面积	100.1 万平方千米
首都	开罗
官方语言	阿拉伯语
主要民族	阿拉伯人、科普特人
政体	总统制共和制
主要政党	新华夫脱党、埃及社会民主党、自由埃及人党等
现任总统	阿卜杜勒·法塔赫·塞西
人口数量	9 240 万（2017 年 1 月）

① 《习近平访问埃及的三大成果》，央视网：http：//news. cntv. cn/2016/01/23/ARTI6ql8glcJPBwrcSqnA907160123. shtml，2016 年 1 月 23 日。

（续上表）

华侨华人数量	2万多（含劳工）
华侨华人所占比例	约0.0008%
GDP总量/人均GDP	3 308亿美元/3 635美元
通胀率	10.5%（2015年数据）
失业率	2.4（2015年数据）

数据来源：中华人民共和国外交部网站：http：//www.fmprc.gov.cn/web/gjhdq_676201/gj_676203/fz_677316/1206_677342/1206x0_677344/，除标注外，数据更新时间为2017年1月。

二、中埃两国关系发展现状

（一）经济关系方面

埃及是阿拉伯国家中第一个承认我国并同我国建立正式外交关系的国家，中埃两国之间一直以来都有着传统的深厚友谊。在经贸联系方面，早在两国建交前，中埃两国的商贸部门的高层就曾进行过互访。1956年5月，中国才与埃及正式建交，而早在1955年8月两国就已经签署了政府间第一个贸易协定。双方又在1956年10月签订了通过以政府间记账清算的方式作为两国间贸易的支付方式的协定，之后的近30年间，双方都维持着这样的交易方式，并一直延续到了1985年。在这期间，每年政府都会不定期地派代表团互访，以双方的国有企业为载体，通过签订年度贸易议定书，附进出口货单等方式，不断加深双边的经贸合作。[①] 进入21世纪后，全球化与区域化趋势不断加深，中埃两国关系得到飞速发展，双边的贸易联系也日益紧密。2011年，"阿拉伯之春"在埃及爆发，穆巴拉克下台，政治上的动荡局势对埃及国民经济的发展造成了无可挽回的破坏。之后埃及各届政府都积极采取各种各样的措施加快埃及经济的恢复与发展，加快基础设施建设，扩大内需，改善民生，同时还进一步扩大对外招商引资的力度，鼓励外国企业进入埃及投资项目，并在国际上不断寻求支持与援助。2013年7月，随着埃及塞西政府的上台，许多海湾阿拉伯国家开始向埃及提供财政支持，大量资本的进入也使得埃及原本陷入困境的经济情况较之前有所好转。[②] 埃及贸工部公布的数据显示，2017年1月埃及出口额达到了16.6亿美元，比去年同期（13.27亿美元）增长3亿多美元；进口额为36.26亿美元，比去年同期（48.26亿美元）下降25%。[③] 据埃及《每日新闻报》报道，世界银行认为，2016/2017财

① 《中埃经贸概况》，中国驻埃及大使馆经济商务参赞处网站：http：//eg.mofcom.gov.cn/article/i/201701/20170102499004.shtml，2017年1月10日。

② 《埃及近年经济情况》，中国驻埃及大使馆经济商务参赞处网站：http：//eg.mofcom.gov.cn/article/ddgk/zwjingji/201506/20150601025603.shtml，2016年8月4日。

③ 《埃1月份出口增长25%》，中国驻埃及大使馆经济商务参赞处网站：http：//eg.mofcom.gov.cn/article/jmxw/201703/20170302532275.shtml，2017年3月12日。

年埃及的经济增长率将略降至4.3%，但有望在2019/2020财年回升至5.4%。[①] 另外，著名的信用评级机构穆迪在近期发布的经济展望中表示，目前，经济受到一定负面冲击的埃及在非洲地区仍是最具竞争力的经济体之一，私人消费以及公共及私人投资的增长是未来埃及经济主要的经济拉动点。2017/2018财年埃及经济增长率估计将会在4.0%—4.5%之间。[②] 从这些相关的数据可以看出，近些年来埃及的经济状况得到了一定的恢复并具有一定的发展势头。2006年中国完全市场经济地位得到埃及政府的承认，这也进一步促进了双边经贸合作的发展。早在2013年中埃贸易额就首次突破了百亿美元。据中国商务部统计，我国2015年对埃及直接投资流量达到了8 081万美元；截至2015年末，中国对埃及直接投资存量达6.63亿美元，投资领域主要集中在工业、建筑业、金融业、信息技术产业及服务行业。其中，以中石油、中石化、国家电网、埃及泰达公司、中埃钻井公司、华晨汽车公司、中国港湾、巨石集团等为代表的部分大型国有或民营企业成为对埃投资的龙头企业，直接帮助解决就业人口就近万人。越来越多的中国企业重视并看好对埃及市场的投资，截至2015年末，在中国驻埃及大使馆经济商务参赞处经过统计备案并开展经贸活动的埃及中资企业机构共有126家。其中除去以办事处、项目部等方式进入埃及的企业外，在埃及合法注册设立境外分公司或子公司的企业就有70家。另外，据埃及投资总局统计，截至2015年底，在埃及进行投资的中国企业总数超过1 200家，在外国投资国家中排第23位。[③]

2016年初，习近平主席访问埃及，双方签订了多项贸易协定及合作订单，总金额超过100亿美元。这也标志着中埃双边贸易进入了一个新的发展阶段。据中国海关统计，2016年1—12月，中国与埃及双边货物进出口额为113.25亿美元，比去年同期下降12.03%。其中，中国对埃及出口107.76亿美元，下降9.92%；中国自埃及进口5.48亿美元，下降39.76%。中国对埃及主要出口商品为机电类产品、汽车及汽配产品、钢铁及钢铁制品、塑料制品和纺织品等，从埃及主要进口商品为原油、液化石油气和石材、柑橘和矿砂等。中国与埃及的贸易顺差为102.28亿美元，同比下降了7.47%。中国已经成为埃及最大的贸易伙伴和最大的进口来源国。2016年，埃及也成了中国在非洲的第三大贸易伙伴。[④] 中国驻埃及大使宋爱国表示，在中埃双方领导人互访之后，中埃双方经贸合作发展的速度十分惊人，中国对埃投资额也成几何倍数增长。目前埃及国内环境逐渐企稳，具有强烈的经济发展意愿，中埃合作能优势互补，以中埃苏伊士经贸合作区为代表的双边重大合作项目发展顺利，其他的一些重大的基建工程合作项目也已经提上议程即将签署。同时，两国的产能合作也迈上了新的台阶。埃及具有人口多、劳动力充足、人口素质较高、市场广大等

---

① 《世行预测2017年埃GDP增长将降至4%》，中国驻埃及大使馆经济商务参赞处网站：http：//eg.mofcom.gov.cn/article/jmxw/201701/20170102505991.shtml，2017年1月22日。

② 《穆迪预测2017/2018财年埃及经济增长率为4.0%—4.5%》，中国驻埃及大使馆经济商务参赞处网站：http：//eg.mofcom.gov。

③ 《双边投资》，中国驻埃及大使馆经济商务参赞处网站：http：//eg.mofcom.gov.cn/article/f/201701/20170102499005.shtml，2017年1月10日。

④ 《中国同埃及关系》，中华人民共和国外交部网站：http：//www.fmprc.gov.cn/web/gjhdq_676201/gj_676203/fz_677316/1206_677342/sbgx_677346/，2017年1月；《2016年中埃贸易额下降　为近6年来首次》，中国驻埃及大使馆经济商务参赞处网站：http：//eg.mofcom.gov.cn/article/i/201702/20170202510620.shtml，2017年2月6日。

优势，中埃产能合作具有广阔的前景。[①]

（二）政治关系方面

中埃两国自1956年建交后，无论国际形势发生了怎样的变化，中埃两国一直保持着良好的关系，两国在许多重要问题上都有积极的互动与合作。近年来随着"中阿合作论坛""中非合作论坛"等区域性对话平台的成立，中埃两国双边关系的互动变得更为多元化。2014年12月，中埃两国关系在21世纪迎来了里程碑式的发展，双方签署了《中国埃及关于建立全面战略伙伴关系的联合声明》。2016年1月，习近平主席作为中国的最高领导人，时隔12年首次访问埃及，对两国关系发展做出长远规划。习近平在与塞西总统的会谈中表示，中国与埃及作为友好的全面战略伙伴，近年来在各领域的互利合作中取得了显著的成果。双方应不断加强协调，以两国人民的利益为根本出发点，推动双边关系进一步发展，全面落实两国的战略伙伴关系，将这一伙伴关系转化为更多的能服务于两国和两国人民的具体行动举措，早日将共识化为实际成果。中埃双方要以共同建设"一带一路"为框架，不断加深合作，加强发展战略对接。当前的国际形势复杂多变，中埃两国在许多重大国际事务上立场相近、看法相同，双方应该加强沟通，积极协调，在重大国际问题的处理和解决上发挥积极的建设性作用。塞西也表示，埃及同中国有着悠久的传统友谊，埃及支持中国的"一带一路"倡议，愿意加强沟通，深化同中国在各个领域的合作，成为连接中国同欧洲、非洲以及阿拉伯地区贸易的重要通道；埃及愿加强同中国在联合国事务和其他多边领域的协调。最后，双方还共同发表了关于加强两国全面战略伙伴关系的五年实施纲要以及中埃关于共同推进"一带一路"建设的谅解备忘录。[②] 当前，中埃双边关系发展前景广阔，也面临前所未有的机遇和挑战，由于埃及在阿拉伯伊斯兰世界和非洲的重要战略地位，中埃两国良好的双边关系基础可以为中国在该地区营造一个良好的外交平台，为中国与其他非洲、阿拉伯国家关系的进一步发展提供帮助和便利。

（三）埃及华侨华人状况

目前，在埃华侨华人总数尚未有明确的官方统计，根据不完全估计，到2017年，有2万人左右。[③] 华人移民埃及具有悠久的历史，最早可追溯到1949年，国民党政权败退台湾，当时的西北军阀马步芳的部分部属及后代移至阿拉伯国家谋求发展，有部分人就来到了埃及，因此，至今埃及还有部分马家的后裔；二十世纪八九十年代，随着中国对外开放的发展，越来越多的华人从国内或国外移民到埃及进行贸易活动；同时，还有一部分华人因参与中国对埃及的援助工程项目建设而留居埃及；到了2000年以后，又有部分来自浙江、福建、东北的一批新移民通过投资或者旅游渠道进入埃及，从事商贸活动。[④] 从2000年到2015年底，来到埃及的华人有1万—15万，同时大量来自中国的国企或者私企进入埃及，据埃及投资局的数据显示，在这期间就有多达1 380家左右的中国公司和工厂在埃

① 《中埃合作站在新起点上》，光明网：http：//news. gmw. cn/2016 - 03/15/content_19289752. htm，2016年3月15日。

② 《习近平主席访问埃及十大亮点》，人民网：http：//politics. people. com. cn/n1/2016/0122/c1001 - 28077801. html，2017年1月22日。

③ 该数字为笔者根据2017年资料估算得出，其中包括了长期旅居埃及的华商、劳工以及留学生等。

④ 欧亚非：《埃及的华侨华人经济》，《侨务工作研究》2006年第2期。

及进行注册。由于埃及验资门槛很低，只需要5 000埃镑即可注册个体小型企业，多数人在埃及注册公司只是为了获得居住证，因而当时对埃投资额仅仅约1.3亿美元。2011年“阿拉伯之春”在埃及爆发，大量华人返回了国内，只有约一半人坚持留在埃及。因此，埃及华人到2015年底时应该有1万人左右。2016年初，随着“一带一路”倡议的稳步推进，许多国企和大型私企积极响应国家政策，开始布局埃及，使得埃及的区位优势日益明显，越发突显了埃及的战略支点作用。2016年是中埃建交60周年，双边的经贸和文化交流活动更为频繁，越来越多的中国企业在埃及承包大型工程，使得以工人为主的大量中国人口陆续进入埃及。据不完全统计，从2016年初到现在通过各种渠道涌入埃及的华人数量就有近万人。虽然目前埃及华侨华人整体规模因受到诸多因素的局限，与埃及总人口相比比例虽仍然偏小，但近些年来，我国与埃及的经贸合作领域进一步拓宽，使得埃及的华侨华人经济呈现良好的发展态势。大量的华资企业在埃及进行投资，也有越来越多的中国小企业主、商人远赴埃及寻找商机。它们在带去技术和资本的同时，也带动了新一波埃及移民潮。中埃同作为四大文明古国，都具有悠久的历史和灿烂的文化，近年来，随着经贸关系的发展，两国间的文化、教育、新闻、科技等领域交流合作也日渐增多。越来越多的华侨华人来到埃及，积极融入当地社会，并以他们为纽带，通过举办大量艺术节、电影展、文物展、图片展等丰富多彩的文化活动，得到了热烈的回应，不断提升两国人民之间的文化联系，深化友谊。

三、境外经贸合作区的深入发展促进中国企业在埃投资

中埃苏伊士经贸合作区于2008年9月开始建设，是由中国商务部确认的以天津泰达投资控股有限公司下属的埃及泰达投资公司主导运营的国家级境外经贸合作区之一。截至2016年，合作区建设完成的总面积已达1.34平方千米，以石油产业、电器制造、纺织服装、建筑材料和农用机械制造五大产业园区为主的一期工程已经初步形成规模。合作区已累计投资近9 000万美元，共有68家企业入驻，其中大部分是中资企业，吸引了近10亿美元的投资，年均销售额约1.5亿美元，每年向埃及政府纳税约2亿埃镑，为埃及当地创造并提供2 000多个工作岗位和就业机会。2016年1月21日，中埃苏伊士经贸合作区二期工程正式揭牌。根据规划，二期工程总占地约6平方千米，计划投资2.3亿美元，全面建成后，可容纳200家企业入驻，预计将吸引投资30亿美元，预期销售额将高达100亿美元，不但能为我国的投资企业创造更多的利润，还能为埃及当地的政府提供税收和就业机会，实现真正意义上的双赢。①

从下表当中可以清晰地看到近年来中埃苏伊士经贸合作区所取得的成就以及对中埃经济贸易的交往和发展起到的重要作用。

---

① 《中埃苏伊士经贸合作区8年风雨路：跨越文明的发展坐标》，网易新闻：http：//news.163.com/16/0122/14/BDUJJKVH00014AEE.html，2016年1月22日；《苏伊士经贸合作区二期全面启动 占地6平方千米》，新华网：http：//www.tj.xinhuanet.com/bhpd/2016-01/29/c_1117932823.htm，2016年1月29日。

表 2　中埃苏伊士经贸合作区近年经营成果

单位：万美元

项目	2011 年	2012 年	2013 年	2014 年	2015 年
历年累计基础设施投资	4 940. 5	7 000	8 000	10 000	10 500
累计实际对外直接投资	10 482	32 450	66 087	89 587	90 691
累计带动国内设备出口	9 423. 1				9 160. 9
利润总额	230	353. 5	295. 27	686. 01	1 262. 2
进出口总额	3 445. 91	4 540	12 092. 84	19 910	24 048. 1

注：本表由笔者整理自马霞、宋彩岑：《中国埃及苏伊士经贸合作区："一带一路"上的新绿洲》，《西亚北非》2016 年第 2 期，第 114、115 页表 1、表 2。表上相关数据均来自中非泰达投资股份有限公司内部资料。

境外经贸合作区目前是我国对外投资合作中的一种较为新兴且愈发重要的模式。据统计，目前已经有 75 个分布在亚洲、非洲及欧洲等地的境外经贸合作区正在推进建设，带动了高达近 180 亿美元的境外投资，其中，中埃苏伊士经贸合作区是目前唯一一个位于中东地区的境外经贸合作区。20 世纪 90 年代以来，全球经济一体化趋势进一步加深，国际贸易环境发生了深刻的变革，国家之间贸易联系和投资合作日益密切，同时投资形式呈现出多元化的特征。越来越多的国家，特别是发展中国家开始关注这种区域集团式的经济合作模式（包括各类经济贸易合作区、出口加工区、工业园区、高新技术产业园区、自由贸易区等形式），这种新兴的经济合作模式能够提供较强的创新性产业发展能力以及带动、辐射周边区域产业发展的能力。[①] 埃及作为"一带一路"倡议沿线重要的辐射国家，同时掌握着苏伊士运河这一沟通欧亚的重要交通贸易枢纽，对我国对外战略的实施和发展的重要性不言而喻。中国在埃及建立境外合作区既有利于加深中埃两国经贸联系，营造良好对外交往的空间和环境，也能合理消化过多的外汇储备，优化国内产业发展的资源结构配置，为中国企业对外投资发展搭建集群式的经济合作平台。

中埃苏伊士经贸合作区成立 8 年多来，其发展和取得的成就有目共睹，迄今为止，该经贸合作区每年都还吸引着大量中国投资，展现出旺盛的生命力。随着我国"一带一路"倡议的提出和进一步实施，以及埃及政府为振兴埃及经济而提出的"苏伊士运河走廊经济带"计划的加速，中埃双方在战略目标与经贸合作方面出现了许多新的契合点和共同利益，这些也为中埃经贸关系的进一步合作与发展提供了新的基础和平台。通过不断深化双方基础设施投资合作及产能合作的模式，中埃苏伊士经贸合作区已经成为创新中埃经济合作模式、推进双边经济关系、提升"一带一路"框架下双方产业合作水平的重要途径之一。埃及泰达投资公司首席执行官邵月波就表示，与很多企业以单一项目走出去的模式不同，中埃苏伊士经贸合作区突出的是平台效应，通过多产业布局与相关国家做好产业链、价值链对接，通过两国政府高度协商合作，真正推动当地经济的发展，造福当地人民，助

① 安春英：《浅析中国埃及苏伊士经贸合作区》，《亚非纵横》2012 年第 4 期第 1 页。

力“一带一路”建设。[①]

四、埃及华侨华人经济和主要职业分布状况

从90年代开始，随着中国改革开放的一步步发展，中国的对外经贸发展日益扩大。同时也随着中国产业结构转型的逐步升级，国内的手工业、制造业陷入饱和状态，于是大量中国中小型民营企业、个体企业的经营者选择到海外寻求商机，越来越多的新移民开始来到埃及谋生。居埃的华侨华人目前主要聚集在首都开罗市内和郊区工作，还有少量人员在亚历山大和苏伊士港工作，在埃及其他地区也有零散分布。华侨华人所从事的主要行业涵盖服装、餐饮、建材、旅游、通信、纺织、手工制品、制鞋等行业。除此之外，到目前为止，一些新兴的高科技产业、环保产业如垃圾处理循环再利用等产业也开始逐步引进埃及，发展十分迅猛。

除去近年因大型工程或集团性质大量涌入的中国大型企业的工人和工作人员，在埃及从事个体民营工作的中国人总数约有一万人，绝大部分是20至40岁的青壮年，并且大部分以血缘及亲缘关系网来辐射分布。

中国美食享誉世界，与其他国家的海外华侨华人一样，餐饮业也是埃及华侨华人从事的最早和最传统的产业。由于从事餐饮业的华人主要来自香港、广东、台湾等地区，因而在埃及的中餐馆也多以粤菜菜系为主，其中比较有名的有“北京餐厅”“唐城”等。“北京餐厅”的老板阎瑞祥是其中比较成功的华人代表，作为一名从小生长在埃及的华侨，他的“北京餐厅”在开罗、亚历山大、卢克索等地已经拥有了十几家连锁店。[②]

由于埃及自身制造业及手工业（包括纺织业、制鞋业等）的欠缺及发展不平衡等原因，越来越多的中国商人开始从中发现商机。林贤非（音）和陈开梅（音）是定居在埃及的一对中国夫妇。林贤非来自浙江农村，他读完小学五年级便选择辍学。2001年，受家乡人的启发和介绍，他毅然决定远赴埃及寻找财富，于是在埃及的艾斯尤特定居下来，成为这一地区最早的华商之一。他最早销售的商品主要为领带、珍珠和内衣，后来发现中国的女式内衣在当地最受欢迎，于是开始专门从事内衣销售。在埃及北部和开罗等地区，随着对中国内衣的需求量的不断扩大，当地的内衣进口和制造业迅速崛起。林贤非和陈开梅在艾斯尤特租下了一家店面，他们从家乡请来亲戚和朋友，在城里经营另外两家商店。董卫平（音）也是内衣商人并且在开罗有一家内衣工厂，他在埃及有40多位亲人，基本都在销售他的产品。他曾表示，在埃及包括大部分埃及人经营的内衣店在内，都是由中国的商人在供货。[③]

居埃华侨华人中也存在不少缺乏语言背景、文化程度较低、背井离乡出来打工的中国社会底层的劳动者，甚至大量的中国非法移民。石料加工业是华侨华人在埃及从事的最大也是最多行业之一。埃及大理石、花岗石、玄武石等重要的非金属矿藏的资源相当丰富。

---

① 《中埃加快苏伊士经贸合作区建设　落实“一带一路”构想》，凤凰网：http：//news. ifeng. com/a/20160122/47183572_0. shtml，2016年1月22日。

② 欧亚非：《埃及的华侨华人经济》，《侨务工作研究》2006年第2期。

③ 《从在埃及卖情趣内衣的浙江商人看中国式全球化》，网易财经：http：//money. 163. com/15/0809/16/B0JFAP8J00253G87. html，2015年8月9日。

例如大理石，其原料品相非常好，由于埃及政府对其没有进行配额也没有壁垒，其加工产品可以出口到北美和欧洲，一方面靠近原料地，一方面又靠近销售地，具有相当好的优势。除了像巨石集团一样的大型民营建材加工企业外，在过去几年里，例如在开罗南郊的赫勒万地区，就有大量中国的小型出口企业承包下当地许多大理石、花岗石加工厂，并将成品销往世界各地。这些工厂中就有许多平均学历仅为初中水平的中国工人在这里从事辛苦的体力劳动。[①] 同样的，在埃及各大城市的街道旁，也会有许多兜售山寨手机、电吹风、电动剃须刀、塑料挂饰、清凉油等小商品的中国小商贩。他们不会说阿拉伯语、英语，只会用计算器与埃及人讨价还价。这些小商贩大部分都是中国农村外出打工的年轻人，希望在埃及小赚一笔，存够钱后就可以回国。

五、埃及华文教育与中埃教育文化交流

从1955年起，中埃两国就开始互派留学生。直到现在，每年都有大量中国留学生前往埃及留学，并且逐年增加。中埃双方于1995年12月签署了两国间第一个教育合作协议，并从1997年后两国教育部开始相互承认学历以及学位证书。目前埃及已有10所大学开设中文专业，并且先后在埃及设立了两个孔子学院。[②] 近年来，埃及的华文教育水平在中东和阿拉伯地区居于领先地位，中埃两国的教育文化交流也有了长足发展。

（一）孔子学院及孔子课堂的成立

2007年，开罗大学孔子学院正式成立，这所由北京大学与开罗大学合作成立的孔子学院是当时北非地区的第一家孔子学院。此后，华北电力大学与苏伊士运河大学合作的埃及第二所孔子学院也在2008年正式落成。两所孔子学院目前共有专、兼职教师各68名，其中中方教师55人，埃及当地教师13人。2015年共开设各类汉语教学班一百多个，参与学员达两千多人次，同时还组织了各类文化活动数十次，累计参加人数更是超过了一万人。开罗大学孔子学院不但是埃及开设最早的孔子学院，还是2014年经汉办批准成为全球示范单位的孔子学院之一。成立9年来，作为阿拉伯国家办得最好的孔子学院之一，开罗大学孔子学院一直致力于开展多层次多维度的现代化汉语教学，累计注册学员已达3 000多人。目前，该孔子学院拥有教学场地近700平方米，教育教学设施较为齐全。2016年3月26日，开罗大学孔子学院全新的专用大楼举行了奠基仪式，并正式开工建设。这栋全新的大楼共六层，配有更为现代化的教室、语音室、图书馆等，顶楼还有极具中国特色的餐厅。这次的奠基仪式意味着这所孔子学院在经历了八年的稳定成长与发展后，进入了相对成熟、更具特色的发展阶段，未来在对外汉语教学、当地汉语师资培养、汉语教材编撰以及网络课程教学等方面都将得到更大的提升，对其进一步发展具有十分重要的意义。[③]

---

① 《迁移的丝绸之路：中国人在埃及》，《外滩画报》公众号，飞豹网：http：//www.freepard.com/african/news.html?t=1000021433，2013年11月27日。

② 《中国同埃及关系》，中华人民共和国外交部网站：http：//www.fmprc.gov.cn/web/gjhdq_676201/gj_676203/fz_677316/1206_677342/sbgx_677346/，2017年1月。

③ 《开罗大学示范孔子学院大楼奠基》，人民网：http：//world.people.com.cn/n1/2016/0327/c1002－28229244.html，2016年3月27日。

2016年是中埃建交60周年，埃及的孔子学院不仅注重自身学院的教学，同时还帮助一些初高中开办中文课，不断推广华文教育事业。同时在埃及开展了许多丰富多彩的文化交流活动，例如举办中国艺术节、庆祝传统中国节日、举办“汉语桥”中文竞赛等，宣传了中华民族悠久而精彩的民族文化，切实服务于两国其他各领域的务实合作。

此外在埃及还开设有三个孔子课堂。2015年8月4日，中国驻埃及大使馆与埃及尼罗河电视台、北京语言大学合作的第一所“孔子课堂”在尼罗河电视台正式成立。这也是首家面向埃及和阿拉伯世界亿万观众的在外国卫星电视台进行汉语教学的节目，这也使得中国的华文教育在当地更具影响力，更加深入人心。① 埃及的孔子学院以及孔子课堂不仅能作为一张中国对外的文化名片，见证着埃中两国文化教育的交流合作的历史，它们还能够成为埃中之间合作与友谊的桥梁，为深化人文交流、增进两国人民的友谊做出更多更大的贡献。

（二）埃及华文教育发展势头迅猛，越来越多高等院校开展中文教育

随着中埃关系发展的日益密切，越来越多埃及人意识到了学习中文的重要性及发展前景，从而开始选择学习中文。开罗大学于2004年最早设立中文系，但当时学生人数十分少，只有20名学生，到如今每年都会有60名新生进入开罗大学中文系学习中文。最早在埃及开设中文系的是艾因·夏姆斯大学，该校早在20世纪50年代就已经开设了中文系，但当时学习中文的学生很少。而如今，这一人数已经超过了两千人。目前已经开设中文课的埃及高校还包括爱兹哈尔大学、苏伊士运河大学、法尤姆大学、法鲁斯大学、阿勒旺大学和埃及科技大学等。② 另外，如包括塞得港大学、苏伊士运河大学和贝尼苏韦夫大学在内的多所埃及高等院校也正在考虑开设中文系，这也说明了华文高等教育得到越来越多埃及高等院校的认可和青睐。2017年3月20日，苏伊士运河大学孔子学院首个在埃及私立大学设立的汉语教学点在埃及英国大学成功开设。苏伊士运河大学孔子学院不但将在该教学点开设各个水平的汉语教学班，同时还会专门开设中国文化课程，除汉语教学外，还将教授武术、中国歌曲等各类丰富的中华文化相关内容，并根据学生对中国文化感兴趣的程度及意愿向他们提供短期赴华游学奖学金的机会。据中国驻亚历山大总领事徐南山介绍，埃及目前开展汉语教学的高校已有14所，有超过5 000名在校生正在进行汉语学习。③

（三）两国教育领域高层合作不断加深，赴埃留学生逐年增加

中国和埃及教育领域的交流往来同样具有很长的历史。我国清代经学大师伊斯兰学者马复初早在1841年就曾前往埃及爱兹哈尔大学进行交流学习，成了第一个赴埃留学的中国留学生。我国从1931年开始就有计划地向埃及派遣留学生，直到到中华人民共和国成立前，先后共有5批共20余人赴埃及留学。在此期间，埃及方面也曾派数名学者赴华讲

---

① 《驻埃及使馆临时代办齐前进出席“尼罗河电视台孔子课堂”揭牌仪式》，中国驻埃及大使馆教育处网站：http：//www. egchinaedu. org/publish/portal21/tab5198/info117765. html，2015年9月18日。

② 《埃及掀起中文热，更多大学设中文系中文教师紧缺》，中国侨网：http：//www. chinaqw. com/hwjy/2016/01－22/77690. shtml，2016年1月22日。

③ 《埃及开设首个私立大学汉语教学点》，环球网：http：//world. huanqiu. com/hot/2017－03/10350479. html，2017年3月21日。

学。1956年两国建交后，随着中埃友好关系的深入发展而不断扩大，中埃教育的合作与交流进入了新的历史阶段。1996年第一届面向21世纪教育中埃高层研讨会在北京举行。由此，中埃教育高层接触形成机制，教育与校际交流合作日趋密切，两国留学生交流逐渐增加。①

我国地方各级政府也设立了多项奖学金鼓励中国学生积极赴埃进行交流学习，比如专门针对新疆籍学生的"爱疆奖学金"。2006年，时任新疆维吾尔自治区党委书记王乐泉在访问埃及期间接见了在埃及爱兹哈尔大学的新疆籍留学生代表，爱兹哈尔大学是埃及著名的伊斯兰大学，在会谈后决定在埃及为新疆籍优秀留学生及生活困难的学生建立"爱疆奖学金"，并于当年开始该奖学金的发放工作。2010年中央新疆工作会议召开后，新疆维吾尔自治区政府派遣专员来埃及考察新疆籍留学生的情况，并决定自2010年起，将"爱疆奖学金"由每年20万元人民币提高到40万元。② 这一奖学金也成功延续至今，令越来越多的新疆籍学生从中受益。

截至2016年，赴埃及留学的中国学生总人数已达近万人。这些赴埃中国留学生及学者们还成立了专门的埃及中国学生学者联合会。这是一个由中国旅埃各民族留学生和学者志愿组成的公益性组织，于2011年5月21日正式成立，接受中国驻埃及大使馆教育处的领导，目前已经成为埃及华人中规模最大的社团组织之一。③

2016年3月27日，教育部副部长郝平在开罗同埃及高教科研部部长希哈签署了有关中埃两国教育交流合作项目的三份合作协议。④ 这意味着中埃两国未来在教育领域的交流与合作进入了新的发展阶段，未来，中埃两国高层也将加大在教育领域的交流与合作，如增设奖学金，增加中国学生的赴埃进行海外学习交流机会，开展教育教学领域的交流与合作等。

六、结论与思考

在经历了2011年的政治动乱后，随着塞西政府的上台，埃及整体的政治环境趋于稳定，塞西当局在稳定国内政局后也将重心转向恢复及发展国民经济方面。同时，埃及当局也在不断加大力度开展对外商贸合作、招商引资，中埃两国在经贸方面的各个领域的合作都在不断加深。中埃经济合作进入了一个快速发展的新时期。但是，在总体趋势大好的情况下依然充满困难和挑战。例如2016年12月22日，埃及贸工部就发布公告，决定对自中国、土耳其进口的钢制棒、卷和扦类产品进行反倾销和反补贴调查。我国有关涉事企业立即积极开展应诉。⑤ 早在2006年埃及政府就已经承认中国的市场经济地位，并在进出口中给予中国企业非歧视待遇，但埃方仍然可能会相应地采取一些保护性措施来保护本国产

① 《中埃教育交流基本概况》，中国驻埃及大使馆网站：http：//eg. china-embassy. org/chn/zaigx/jyjl/t79032. html，2006年3月15日。

② 《"爱疆奖学金"情况及申请》，中国驻埃及大使馆教育处网站：http：//www. egchinaedu. org/publish/portal21/tab5198/info94158. html，2012年10月9日。

③ 《学联简介》，埃及中国学生学者联合会网站：http：//www. aijixuelian. com/about. asp

④ 《中埃签署五项教育科技合作协议》，人民网：http：//world. people. com. cn/n1/2016/0328/c1002 - 28229975. html，2016年3月28日。

⑤ 范丽敏：《应对埃及"双反"不能掉以轻心》，《中国贸易报》，2017年1月19日第006版。

业的发展。目前，尽管埃及对中国发起的贸易保护调查数量还较少，但是近年来有逐渐增多的趋势，并且调查手段越来越多，要求也越来越严格，相关中资企业面临的贸易摩擦形势也将更加严峻，应该给予足够的重视。另外，在2016年初，埃及面临外汇短缺的问题，埃及政府改变了以往的进出口政策，试图通过提高进口关税来增加本国财政收入，限制外汇支出，使得大量的进口商购汇困难，再加上埃及货币大幅贬值，使得进口商进口成本和费用增加，利润空间大大降低，很多中国企业因此由盈转亏，经营出现困难。另外，一些非正规的埃及公司在贸易过程中恶意拖欠货款、赖账转移损失或进行经济诈骗活动，也给中国企业造成了严重的经济损失。① 这也提醒了许多赴埃进行投资贸易的中国公司应该谨慎选择合作伙伴，尽量与正规公司或长期合作的信誉良好的埃及公司合作，及时做好防控及预警，降低遭受经济损失的风险。

随着近些年中埃关系的良好发展，两国在政治、经贸、教育、旅游等领域的联系日益紧密。越来越多的中国企业、中国商人选择赴埃进行投资贸易，也使得大量的中国劳动力、中国资本涌入埃及。同时，如上文所述，在教育方面，赴埃的中国留学生人数也在快速增加。由于埃及是世界闻名的文明古国，拥有众多著名的旅游景点，目前中国赴埃及旅行的游客人数也在大幅增多。这也使得近年内在埃及的中国公民及华侨华人大幅增多。尽管埃及国内政治状况正趋于稳定，但仍存在不少安全隐患。埃及属于阿拉伯地区，近年来随着IS组织的兴起，各类恐怖袭击事件在阿拉伯地区时有发生。从2016年12月到2017年4月，埃及连续发生多起暴恐事件，多地教堂等公共场所遭到自杀式爆炸袭击，许多政府军队和居民遭到恐怖分子袭击，造成大量的人员伤亡。经埃及议会批准，自2017年4月11日起埃及进入为期3个月的全国紧急状态。② 这一类的恐怖袭击很有可能成为威胁在埃中国公民及华侨华人的重大安全隐患，因此，需要在埃中方人员不断提高自身安全意识，同时各驻外使领馆应及时提升领事保护机制，切实维护在埃中国公民及华侨华人的生命财产安全。

---

① 《近期案件频发，对埃出口谨防收汇风险》，中国驻埃及大使馆网站：http：//eg.china-embassy.org/chn/rdwt/20161228/t1437800.htm，2017年2月12日。

② 《驻埃及使领馆再次提醒在埃中国公民》，中国驻埃及大使馆网站：http：//eg.china-embassy.org/chn/rdwt/20161228/t1453121.htm，2017年4月12日。